suhrkamp taschenbuch 55

»*Wilde Kinder*« oder »*Wolfskinder*« sind Kinder, die außerhalb jeder menschlichen Gesellschaft entweder mit Tieren oder völlig isoliert und folglich ohne jede menschliche Erziehung aufgewachsen sind. Zum ersten Mal stellt hier der Pariser Sozialpsychologe *Lucien Malson* alle 53 bis heute bekannten Fälle dar und behandelt an ihrem Beispiel die Frage nach der menschlichen »Natur«, nach dem, was vom Menschen bleibt, wenn man seine Erziehung, seine Kultur abzieht. Dieser Analyse (die durch eine kommentierte Bibliographie ergänzt ist) folgen die faszinierenden Beschreibungen der Sozialisierungsversuche des »*Wilden von Aveyron*«, die dessen Erzieher, der berühmte Arzt *Jean Itard* (1774–1838), zu Beginn des 19. Jahrhunderts verfaßte und die bei ihrer Wiederveröffentlichung in Frankreich ein solches Aufsehen erregten, daß *François Truffaut* nach ihnen seinen berühmten Film »Der Wolfsjunge« drehte. Die in diesem Film anklingende Kritik an den Erziehungsmethoden von Itard und an seiner Unfähigkeit, zu erkennen, was er seinerseits von seinem »Wilden« und aus dem weitgehenden Scheitern seines Erziehungsprogramms hätte lernen können, erfährt durch die abschließende Arbeit des Pariser Psychoanalytikers *Octave Mannoni* ihre theoretische Rechtfertigung.

Die wilden Kinder

Lucien Malson
Jean Itard
Octave Mannoni

Suhrkamp

Aus dem Französischen von Eva Moldenhauer. Originaltitel: Les enfants sauvages, Mythe et Réalité. *Umschlagfoto: United Artists Corp. aus dem Film »Der Wolfsjunge«*

suhrkamp taschenbuch 55
Erste Auflage 1972

Druck: Ebner, Ulm · Printed in Germany
Umschlag nach Entwürfen
von Willy Fleckhaus und Rolf Staudt

Inhalt

LUCIEN MALSON
Die wilden Kinder 7

Einführung
Die wilden Kinder und das Problem der menschlichen Natur 9

Erstes Kapitel
Die Vererbung des Individuums und die Vererbung der Art 14
I. Die Vererbung des Individuums 14
II. Die Vererbung der Art 27

Zweites Kapitel
Legendäre Dichtungen und historische Berichte 42
I. Die Literatur der Isolierung 42
II. Die Kritik der Fakten und ihrer Bedeutung 54

Drittes Kapitel
Die drei Arten von homines feri und ihre berühmtesten Beispiele 72

Bibliographie 94

JEAN ITARD
Gutachten und Bericht über Victor von Aveyron 105

Einführung 107

Gutachten über die ersten Entwicklungen des Victor von Aveyron (1801) 114

Bericht über die Weiterentwicklung des Victor von Aveyron (1806; gedruckt 1807) 164

OCTAVE MANNONI
Itard und sein »Wilder« 221

Lucien Malson

Die wilden Kinder

Für Jean Stoetzel

Einführung

Die wilden Kinder
und das Problem der menschlichen Natur

Es ist mittlerweile eine anerkannte Tatsache, daß der Mensch nicht eine Natur, sondern eine Geschichte hat – oder besser, daß er Geschichte *ist.* Was der Existentialismus behauptete und was damals etwas unerklärlicherweise so viel Aufsehen erregte, tritt heute als eine Wahrheit auf, die von allen Strömungen des zeitgenössischen Denkens verkündet wird: Vom Behaviorismus, der mit Naville »die Erblichkeit von Geisteszügen, Talenten und Fähigkeiten« leugnet; vom Marxismus, der mit Wallon anerkennt, daß »der Mensch bei seiner Geburt von allen Lebewesen *das unfähigste* ist, – eine Voraussetzung für seine späteren Fortschritte«; von der Psychoanalyse, die bestätigt (nach dem Ausdruck von Lagache), daß »die Vorstellung von Instinkten, die sich selbst entwickeln, keiner menschlichen Realität entspricht«; und schließlich vom Kulturalismus, der, sowohl dem Marxismus wie der Psychoanalyse verpflichtet, die letzten Zweifel beseitigt und in aller Deutlichkeit zeigt, was das Individuum bei der Entwicklung seiner Person der Umwelt verdankt.

Auch in der Tierpsychologie hat der Instinkt-Begriff seine einstige Strenge verloren. Heute weiß man, daß das Nachahmen und Lernen bei höheren Tieren sowie die Suggestivwirkung der Gruppe bei niederen Tieren, die in einer Art ständiger Hypnose leben, auf die unverkennbare Rolle hinweisen, die die Umwelt im Reifungsprozeß des Instinkts spielt. Dennoch erscheint dieser auch heute noch als ein »*a priori* der Art«, dessen Richtkraft jedes Lebewesen ziemlich präzise zum Ausdruck bringt, selbst im Fall einer vorzeitigen Isolation. In diesem Sinne verweist das tierische Verhalten trotz allem auf so etwas wie eine Natur. Beim Kind dagegen beweist jede extreme Isolation, daß ihm jene *a priori*-Grundlagen, jene spezifischen Anpassungsschemata fehlen. Kinder, die frühzeitig jeden gesellschaftlichen Verkehr entbehren mußten – jene Kinder, die man »wilde« nennt –, bleiben in ihrer Einsamkeit völlig hilflos, daß sie gleichsam wie minderwertige Tiere wirken. Statt eines Naturzustands, in dem der rudimentäre *homo sapiens* oder *homo faber* zu erkennen wäre, sehen wir nur eine Mißbildung, auf deren Ebene jede Psychologie in Teratologie umschlägt.

Die Wahrheit ist, daß das menschliche Verhalten der spezifischen Vererbung weit weniger verdankt als das tierische. Das System der biologischen Bedürfnisse und Funktionen, die bei der Geburt vom Genotypus übermittelt werden, verbindet den Menschen mit jedem beliebigen Lebewesen, ohne ihn zu charakterisieren und ohne ihn als Mitglied der »menschlichen Art« zu kennzeichnen. Andererseits ist jenes Fehlen besonderer Determinationen völlig gleichbedeutend mit dem Vorhandensein unendlich vieler Möglichkeiten. An die Stelle des geschlossenen, von einer *gegebenen Natur* beherrschten und geregelten Lebens tritt hier die offene, schöpferische und ordnende Existenz einer *erworbenen Natur*. So kann unter dem Einfluß kultureller Umstände eine Vielzahl sozialer Typen und nicht nur ein einziger spezifischer Typus entstehen, so daß sich die Menschheit je nach Zeit und Raum diversifiziert. Und was die Analyse der Ähnlichkeiten als das den Menschen Gemeinsame ermittelt, ist eine Struktur von Möglichkeiten, ja Wahrscheinlichkeiten, die ohne einen wie immer gearteten gesellschaftlichen Kontext nicht existent werden könnte. Bevor der Mensch mit dem Anderen und der Gruppe zusammentrifft, besteht er aus nichts anderem als aus Virtualitäten so flüchtig wie Dunst. Jede Kondensierung setzt eine Umwelt voraus, d. h. die Welt der Anderen. Wir wissen nicht, welche Hypothese sich über den Ursprung der Menschheit aufstellen ließe, allenfalls können wir uns vorstellen, daß sich Mutanten in großem Ausmaß eine protohumane Gesellschaft zunutze gemacht haben, eine Gesellschaft, die dasein muß, bevor es einen *einzelnen* Menschen geben kann.

Was immer es mit diesen Mutationen auf sich haben mag, die uns die Evolutionstheorien und die Psychosoziologie vermuten lassen –, wir können zumindest feststellen, daß heute ein Wesen auf der Welt lebt, das nicht wie alle anderen Wesen ein »zusammengesetztes System« ist, sondern das alles empfangen und alles erlernen muß und bei dem das Endogene – das, was man seinen natürlichen Fähigkeiten und angeborenen Anlagen zuschreiben kann – so flüchtig wie Nebel ist. Daß die Idee einer menschlichen Natur verschwindet, verweist zweifellos auf sozioökonomische Ursachen, auf politisch-moralische Motive, aber es hat unstreitig auch wissenschaftliche Gründe. Diese wollen wir hier untersuchen.

Das Problem der menschlichen Natur ist im Großen und Ganzen das Problem der psychologischen Vererbung, denn wenngleich die biologische Vererbung ein sonnenklares Faktum ist, so ist doch nichts anfechtbarer als die Auffassung, daß ganz bestimmte, ausmachbare »Eigenschaften« im Bereich der Erkenntnis und der Affektivität – also der Aktion – vom Keim übertragen werden, in einem Bereich also, der für die Menschheit typisch ist. Das Natürliche im Menschen ist das, was auf der Vererbung beruht; das Kulturelle das, was auf dem Erbe beruht (dem kongenitalen Erbe während der Schwangerschaft, dem peri- und postnatalen Erbe bei der Geburt und während der Zeit der Erziehung). Es ist nicht einfach, schon jetzt die Grenzen zwischen Natürlichem und Kulturellem im rein organischen Bereich abzustecken. Die Größe und das Gewicht des Kindes beispielsweise hängen von erblichen Möglichkeiten ab, aber auch von den mehr oder weniger günstigen Lebensbedingungen, die die bestehende Zivilisation bietet. Sobald es an Nahrung, Licht, Wärme, aber auch an Zuneigung fehlt, treten schwere Störungen im idealen Entwicklungsschema auf. Im psychologischen Bereich wird die

Schwierigkeit, Natürliches und Kulturelles streng voneinander zu trennen, schlechthin zur Unmöglichkeit. Das biologische Leben hat äußere *physische* Voraussetzungen, die es ihm ermöglichen, zu sein und sich zu erhalten; das psychologische Leben des Menschen hat soziale Voraussetzungen, die es ihm ermöglichen, hervorzutreten und fortzubestehen. Beim Tier läßt sich beobachten (im übrigen immer weniger deutlich, je weiter man sich den höheren Arten nähert), daß das Verhalten eng mit körperlichen Automatismen verbunden ist: die Vererbung der Instinkte ist im Grunde nur eine andere Bezeichnung für die physiologische Vererbung. Beim Menschen hingegen verliert der Begriff der psychologischen Vererbung jede faßbare Bedeutung, sofern man darunter eine innere Übertragung von Vorstellungen, Gefühlen und Willensäußerungen versteht, wie immer die organischen Prozesse aussehen mögen, die man an ihrem Ursprung vermutet.
Zu dieser Ansicht haben uns die Wissenschaften vom Menschen geführt. Im Bereich der geistigen Existenz hat einerseits der individuelle, andererseits der artspezifische erbliche Determinismus, nach der Prüfung durch objektive Methoden, seinen Charakter einer anerkannten Wahrheit verloren und ist ins Museum der Legenden und Mythen gewandert. Auf den ersten Blick scheint die Diskussion um die individuelle psychologische Vererbung die alten Überzeugungen weit weniger zu verletzen als die um die artspezifische psychologische Vererbung. Zumindest würde, nach Verwerfung des ersten Begriffs, die Auffassung bestehen bleiben, daß im Embryo psychische Anlagen der *Art* oder, wenn man lieber will, des *Menschen im allgemeinen* vorhanden sind. Die Infragestellung dieser zweiten Auffassung ist ein weit ernsterer Angriff auf die Vorurteile von einst und eine weit radikalere Weise, die Idee einer menschlichen Natur zu zersetzen. Man begreift, weshalb diese antinaturalistische Denkströmung auch diejenige ist, die auf den heftigsten Widerstand der »öffentlichen Meinung« gestoßen ist. Die Kritik der individuellen psycho-

logischen Vererbung hat sich in zwei verschiedenen, aber miteinander zusammenhängenden Richtungen vollzogen: Familiensoziologie und Zwillingsforschung. Die Kritik der artspezifischen psychologischen Vererbung hat ebenfalls zwei verschiedene Richtungen genommen: Kulturanthropologie und Analyse der Fälle extremer Isolation.
Diesem letzteren, am wenigsten bekannten Bereich, über den es fast nur deutsche und englische Literatur gibt, wollen wir unsere Aufmerksamkeit zuwenden, zuvor jedoch die wesentlichen Erkenntnisse auf den anderen Gebieten in Erinnerung rufen, denn diese erhellen und bestätigen Wahrheiten, die auf unserem Gebiet langsam zutage treten werden. So wird alles, was wir augenblicklich über die geistige Vererbung wissen, als ein zusätzlicher Beweis dafür dienen, daß die menschliche Natur bei den »wilden« Kindern deshalb immer den Blicken entgangen ist, weil diese Natur erst nach der gesellschaftlichen Existenz erscheinen kann.

Erstes Kapitel

Die Vererbung des Individuums und die Vererbung der Art

I. Die Vererbung des Individuums

Es gibt keine »psychologische Vererbung«, die an sich selbst existierte als ein wohldefiniertes System, als eine Reihe von Reflexen anatomischer und physiologischer Anlagen, ebensowenig wie es eine »soziale Ansteckung« gibt, d. h. ein Erbe, das sich dem Individuum von selbst aufprägt. Diese Begriffe eines mechanistischen Determinismus stehen in verschwörerischer Beziehung zueinander. Sartre sieht in ihnen zu Recht »zwei große explikative Idole«. In beiden Fällen vergißt man das Bewußtsein oder vielmehr die Existenz, das aktive Zentrum der Synthese, das den Reizen des Körpers wie den Einflüssen der Außenwelt Kraft und Sinn verleiht. Diese individuelle Existenz, insofern sie Aufbruch, Explosion und stetiger Neubeginn ist, läßt sich nicht auf ihre inneren und äußeren Erscheinungsbedingungen reduzieren, die im übrigen niemals Ursachen sind. Auf der Ebene des Bewußtseins, der Quelle des Neuen und des Hervortauchens, wird man dem, was geschieht, nicht durch das »schon Vorhandene« gerecht. Der Mensch verweigert, empfängt und verknüpft Einflüsse, zu deren Existenz er beiträgt. Er erzeugt Dinge, und er erzeugt sich selbst, er ist Subjekt und Objekt seiner eigenen Geschichte wie der Geschichte aller. Man versucht ihn in Determinismus zu vergraben, doch stets ragt der Kopf heraus. Es steckt mehr im Menschen als das Gegebene und diese Schöpferkraft äußert sich ebensosehr gegenüber dem dunklen Rauschen des Körpers wie in bezug auf die Botschaften der gesellschaftlichen Umwelt. Mit einem Wort: schon der Ausdruck »psychologische Vererbung« bezeichnet eine verwirklichte

Abstraktion, er ist eine Hypostase, ein simpler Fetisch. Es gibt lediglich eine »biologische Vererbung«, als Gesamtheit von Kräften und Grenzen im Hinblick auf spätere Ziele, als Gesamtheit von Vorwänden mit variablen existentiellen Reaktionen –, und das Bild, das sich das Individuum in seiner Kultur von sich selbst gemacht hat, versieht die körperlichen Vorgänge mit einem Sinn, den sie von sich aus nicht haben. Dieses Selbstbild, welches das Sein sich erschafft, sowie die Mittel zur Selbstverwirklichung, über die es in Berührung mit der Umwelt verfügt, kommen den körperlichen Zuständen oder Regungen entgegen und verleihen ihnen Bedeutung und Richtung. Folglich erzeugt die »biologische Vererbung« nicht unmittelbar das psychologische Verhalten. Zwischen die eine und das andere schieben sich stets bewußtseinsbedingte Hemmnisse oder Katalysatoren. Genau dies zeigen die Wissenschaften vom Menschen in aller Deutlichkeit, während die Genetik ausweichend bleibt.
Eigentlich sollte man meinen, daß die Genetik sehr wertvolle Aufschlüsse zu geben hat. Doch das ist nicht der Fall. Erstens muß sie auf jedes Experimentieren mit dem Menschen verzichten, zweitens kann sie nicht mit der »großen Zahl« operieren wie im Fall der kurzlebigen und sich schnell vermehrenden Drosophila, und drittens wird sie niemals durch die normale Geschlechterfolge überzeugt. Wenn man zudem an die Komplexität der psychologischen Tatsachen denkt, an die Unmöglichkeit, sie analytisch auf einzelne Merkmale zu reduzieren, die von ganz bestimmten Genen motiviert sein könnten; wenn man sich außerdem die Tatsache vor Augen hält, daß es Hunderte von Genen geben muß, die in die Prozesse eingreifen, und die vielen möglichen Verbindungen zu erwägen sind, die sie als unabhängige Variable eingehen; wenn man überdies berücksichtigt, daß die Mendelsche Theorie in diesem Bereich zwar gültig bleibt, aber die Schwierigkeiten der praktischen Unterscheidung zwischen Ererbtem und Erworbenem – insbesondere zwischen Ererbtem und

Angeborenem – nicht ausschließt; und wenn man vor allem darin übereinstimmt, daß die Beziehungen zwischen Genotypus und Phänotypus von den launenhaften Prinzipien der Mutation gelenkt werden, von denen der einfachen oder doppelten, direkten oder gekreuzten, geschlechtsbegrenzten oder geschlechtsgebundenen, atavistischen oder akkumulativen Vererbung und auch von den Prinzipien der Dominanz oder der Rezessivität, der relativen Penetranz und Expressivität –, dann wird man sich leicht von der Unsicherheit überzeugen können, die beim gegenwärtigen Stand der Wissenschaft in den Schriften der Genetiker herrscht. In Wirklichkeit gründen die genetischen Theorien vom Erbeinfluß im psychologischen Bereich nur selten auf der direkten Beobachtung oder dem direkten Experiment in der Welt der Chromosomen. Es sind mathematische Konstruktionen *a posteriori,* dazu bestimmt, statistischen Phänomenen Rechnung zu tragen, welche die Untersuchung des Soziologen zutage bringt. Man kann zwar die Methode nicht verurteilen, muß sich aber zumindest nach dem Wert und dem Sinn des gesammelten Materials fragen. Damit führt uns die Genetik zur Familiensoziologie und zur Kritik ihrer Dokumente.
Was hat man in dieser Hinsicht in Erfahrung gebracht? Die Studien darüber sind überaus zahlreich geworden. Ihr Gegenstand ist insbesondere die Genialität und umgekehrt die geistige Zurückgebliebenheit. Was die Genialität betrifft, so wurde auf berühmte Familien hingewiesen, auf die Mathematiker Bernoulli, die Naturwissenschaftler Darwin, die Botaniker Jussieu, die Ökonomen Say und selbstverständlich auf die Musikerfamilien Palestrina, Couperin, Scarlatti, Mozart, Haydn oder Bach. Die etwa fünfzig Künstler, die unter den 136 Familienmitgliedern der acht untersuchten Generationen der Bachs ermittelt wurden, sind im übrigen das meist zitierte Beispiel. Früher hat man es sich nicht entgehen lassen, in der Sukzession dieser erfolgreichen Lebensläufe den Einfluß einer erblichen Begabung zu sehen. Heute verwirft man diese

voreilige Interpretation. Eine Familie ist nicht nur eine Gesamtheit von Wesen, die gemeinsame biologische Möglichkeiten haben, sie ist auch ein Erziehungsmilieu, und in Wahrheit müssen wir in der Häufung von Begabungen die unbestreitbare Kraft einer Familientradition sehen, die sich durch die Gewohnheit fortpflanzt, sowie die ebenso unbestreitbare Kraft einer vom elterlichen Beispiel motivierten Nachahmung. Bei den Bachs war man von Geburt an für die Musik bestimmt, so wie man sich bei den Schuhflickern oder den Finanzleuten dazu prädestiniert sah, Sohlen zu hämmern oder sein Glück auf der Bank zu suchen. Im übrigen begegnet man stets nur einem einzigen Genie pro Familie, und wahrscheinlich hätte sich niemand um die anderen geringeren Talente gekümmert, wenn nicht eines von ihnen eine so hervorragende Bedeutung erlangt hätte. Warum z. B. hat man früher hinsichtlich der Serien berühmter Männer die parallelen Serien zu nennen vergessen, nämlich die ihrer Brüder, die im Dunkel der Geschichte versanken? Wenn man der Meinung ist, daß die Doppelberühmtheit ein Argument für die Rekurrenz der Fähigkeiten ist, dann muß die individuelle Berühmtheit im Fall der Bruderschaft als ein entgegengesetztes und nicht minder zwingendes Argument betrachtet werden. Andererseits gilt es, zwischen den verschiedenen Erfolgssektoren zu unterscheiden. Für den Sohn eines Rothschild ist es wesentlich leichter, ebenso viele Kunden an seinen Schaltern zu haben wie sein Vater, als für den Sohn eines Mariac, sich ein ebenso großes Publikum zu verschaffen. Die Stabilität der Namen bei ökonomischen Erfolgen, die weit größer ist als bei intellektuellen Triumphen, zeigt, daß die Überlegenheit, die sich dem Milieu aufgrund der gesellschaftlichen Stellung verdankt – die schon für die Söhne von Künstlern oder Denkern besteht –, um so stärker ist, je mehr der Erfolg des Vaters auf der materiellen Welt statt auf der geistigen Welt gründet. Wenn Galton allen Ernstes sagte, daß »die *erbliche* Chance, berühmt zu werden, vierundzwanzig Mal größer ist, wenn ein

Kind einen berühmten Vater hat«, wußte er nicht, daß er damit eine nicht zu widerlegende Anklageschrift gegen die Gesellschaftsordnung verfaßte – oder besser gegen die moralische Unordnung –, welche dem Minderbemittelten nur die Chance von eins zu vierundzwanzig einräumt, ein Vermögen zu behalten; wenn er sich nicht selbst eines schafft.
Wie steht es mit den Untersuchungen über Unangepaßtheit und Schwachsinn im Gegensatz zu denen über psychische Stärke und Erfolg? Goddard hat sich mit dem Fall von Martin Kallikak beschäftigt, der gegen Ende des 18. Jahrhunderts mit einer Gastwirtstochter einen Bastard zeugte und somit zwei Arten von Nachkommen hatte: eine offizielle und psychologisch normale, und eine offiziöse, in der es von Schwachsinnigen wimmelte. Anastasi und Foley fragen, was wohl aus den Bastarden geworden wäre, wenn man sie in einem ähnlichen Klima wie die legitime Familie erzogen hätte. Eine rhetorische Frage. Ausgestoßen, abgedrängt und verachtet, haben die »armen Verwandten« der glücklichen Kallikaks ein Schicksal erfahren, das von den Sitten vorgezeichnet war. Ähnliche Gedanken weckt die Lektüre von Dugdale, der den Fall von Max Jukes aufgreift, einem Säufer und Landstreicher aus New York, der ebenfalls im 18. Jahrhundert lebte und unter dessen bis zum Jahre 1915 bekannt gewordenen 2094 Nachkommen sich 140 Kriminelle (darunter 7 Mörder), 300 Prostituierte, 310 Bettler und 600 Schwachsinnige befanden. Die Vorstellung malt sich gern die Szene eines Hochzeitmahls bei den Jukes sowie die Alltagslektion aus, die ein gesundes Kind in solchem Fall wohl erhalten könnte.
Zugunsten des vorherrschenden Einflusses der Umwelt sprechen zahllose Beweise. Conrad und Jones haben gezeigt, daß die psychologische Ähnlichkeit zwischen Müttern und Töchtern größer ist als die zwischen Vätern und Söhnen. Liegt das nicht daran, daß Töchter ihre Mutter als Ich-Ideal haben und ihr im Hause häufiger konfrontiert sind? Freeman, Holtzinger und Mitchell betonen, daß die Ähnlichkeit zwischen Brüdern,

die eine Zeitlang getrennt aufwuchsen, umso geringer ist, je früher die Trennung erfolgte. Sie weisen auch darauf hin, daß in Adoptivfamilien die Koeffizienten der psychologischen Korrelation einerseits zwischen leiblichen und Adoptivkindern und andererseits zwischen Adoptivkindern verschiedener Herkunft, die in solchen Familien leben, einander vollkommen entsprechen. Man hat daran erinnert, daß von Vermittlungsorganisationen untergebrachte Kinder in künstliche Familien geleitet werden, von denen man glaubt, sie könnten das Ideal von natürlichen Familien verwirklichen, und daß die Verteilung oft *selektiv* zu sein scheint. Das läßt darauf schließen, daß das Individuum in einer neuen Familie entweder Erzieher von gleicher »biologischer Qualität« wie seine Erzeuger findet oder in eine *Umwelt* kommt, die derjenigen homolog ist, der es selbst entstammt, was in gewissem Sinn jede Bedeutung der Erfahrung zunichte macht; sobald jedoch kulturelle Mißstimmigkeiten auftreten, erweisen sich erneut die psychologischen Unterschiede bei unterschiedlich erzogenen authentischen Brüdern, und der Ähnlichkeitskoeffizient sinkt von.39 auf 28.

Wenn Cattell geglaubt hatte, ein sehr hoher Korrelationsindex der Ergebnisse eines Intelligenztests bei Brüdern sei ein Zeichen für vorhandene Erbanlagen, so deshalb, weil er naiv vermutete, daß seine Tests alle Faktoren ausschalten könnten, die auf der Kultur oder der Erziehung beruhen, um sich nur an das »reine« Denken zu richten. Nun läßt sich aber unmöglich eine konstituierende Vernunft vorstellen, die sich nicht auf eine konstituierte Vernunft, auf operationelle Schemata stützt, und auch ein sprach-freier Test impliziert geistige *Gewohnheiten.* Daher lassen sich alle entscheidenden Korrelationen mühelos als umweltbedingt interpretieren, und wenn die »reziproke geistige Zurückgebliebenheit« mit dem Verwandtschaftsgrad nachläßt, dann muß man erkennen, daß letzterer vielleicht nur eine andere Bezeichnung für den Grad der erzieherischen Ähnlichkeit ist. Wenn umgekehrt zwei

Elternteile Zeichen von Schwachsinn zeigen und fast alle Kinder ebenfalls, so liegt das auch daran, daß für letztere in ihrer unmittelbaren Umgebung die hundertprozentige Chance bestand, das »Modell« des Schwachsinns zu übernehmen. Auch hier findet die kulturalistische Hypothese ihren Beweis in der Tatsache, daß die Reziprozität des Schwachsinns bei Mutter und Kind, wie Penrose gezeigt hat, dreimal höher ist als bei Vater und Kind. Die Mutter, die in unseren Gesellschaften durch ihre pädagogische Funktion dem Kind näher steht, verkörpert und symbolisiert hier den Primat des Umwelteinflusses. Gleiches gilt für den Bereich der »Neurosen«, der »Dominanz« oder der »Autonomie«, wie Crook nachgewiesen hat: die Korrelationen schwanken zugunsten des Einflusses der Mutter und nicht des »ferneren« Vaters. Auf dem Gebiet der affektiven wie der kognitiven Faktoren wird also die Bedeutung, die man der »Erblichkeit« schenken darf, angesichts derjenigen, die das »Erbe« für sich beansprucht, immer geringer.

Andere Erfahrungen weisen in dieselbe Richtung. Jones, Richardson und Neff zufolge ist der Korrelationskoeffizient von Intelligenztests bei Ehegatten ebenso hoch wie der bei Geschwistern, wiewohl Mann und Frau unterschiedliche Erbanlagen haben und Geschwister gleicher Abstammung sind. Was ein gemeinsames Leben in Richtung auf die Ähnlichkeit bewirken konnte, das vermochten die gleichen Genotypen in einem identischen Rahmen nicht einmal hinzuzufügen. Bayley und Van Alstyne zufolge läßt sich der intellektuelle Wert, den ein Kleinkind nach zehn Jahren haben wird, weit besser aufgrund des schulischen oder universitären Bildungsniveaus der Eltern vorhersagen als mit Hilfe sämtlicher Säuglingstests, denen man es im zarten Alter unterzieht, wo es, da noch weniger vom Milieu geprägt, sich selbst näher ist, wenn ein solcher Ausdruck überhaupt sinnvoll wäre. Skeels zufolge erreichen Kinder von debilen Müttern, die bei normalen Adoptivfamilien untergebracht wurden, einen Intelligenzquotienten, der zumindest dem der Gesamtbevölkerung entspricht. Dieses Ergebnis bestätigt dasjenige von Freeman, Holtzinger und Mitchell, die in ihrer Studie ebenfalls darauf hinweisen, daß einige Adoptivkinder zurückgebliebene Eltern hatten und dennoch keines von ihnen eine ausgeprägte Geistesschwäche aufwies. Ruth Benedikt und Gene Weltfish zufolge haben schließlich die Schwarzen (vom Rassismus intellektuell als minderwertig verschrien), wenn sie gebildet waren, in einigen amerikanischen Nordstaaten Leistungen erbracht, welche die der gebildeten Weißen bestimmter Südstaaten bei weitem übertrafen. Das berühmte psychologische Handbuch von Carmichael hält es für legitim, hierin eine »selektive Migration« zu vermuten: die besten, begabtesten und aktivsten Schwarzen sollen in sich die Kraft gefunden haben, sich in Gebieten niederzulassen, in denen die Segregation am schwächsten war. Man hätte es dabei bewenden lassen können, wenn nicht die Erfahrung – über die das Handbuch sich ausschweigt – diese verzweifelte Hypothese widerlegt hätte. Bei der Lektüre von *Negro intelligence and selective migration* von Otto Klingenberg wird man sich dessen bewußt: die schulische und soziale Unterstützung derer, die früher im Süden gelebt haben und ausgebrochen sind, zeigt, daß es in der Mehrzahl keineswegs die Intelligentesten oder am besten Gerüsteten sind, die dem erstickenden Milieu entfliehen – ganz im Gegenteil –, und daß die Vorstellung eines Auszugs der Befähigtsten jeglicher Grundlage entbehrt.

Nebenbei sei noch bemerkt, daß gerade der Rassismus auf der Theorie einer Erblichkeit des Verhaltens beruhte, die gnadenlos mit der Erblichkeit einer Physiologie zusammenhing. Er trat auf als eine verschwommene Variante der Theorie der »psychologischen Vererbung«, denn er setzte die *statistische Frequenz* von Merkmalen voraus, die von ganz bestimmten Familientypen übertragen werden. Heute ist er nurmehr eine Leidenschaft, ein Produkt der Angst, die neurotische Ansicht derer, die zu schwach sind, um ihre Augen der Welt des Beweises zu öffnen, – und man weiß beispielsweise, daß die Psychiatrie die engen Bindungen aufdeckt, die sehr häufig zwischen der Haltung des Rassismus und der der Päderastie bestehen. Die ganze Verwirrung der einstigen Debatten rührte daher, daß man, wenn sich bei der Beschreibung der Familie oder der ethnischen Gruppe – d. h. einer Gesamtheit von chromosomischem Gepäck, aber *gleichzeitig* auch einer kulturellen Umwelt –, das Problem der Erblichkeit und der Erbschaft stellte, vorgab, nur von Biologie zu sprechen. Deshalb hat die Sozialpsychologie versucht, als letzte Lösung und letzte Instanz ein System der Zwillingsforschung aufzustellen. So wie die Genetik auf die Familiensoziologie verweist, da sie sich auf sie stützt, so verweist die Familiensoziologie ihrerseits auf die Zwillingsforschung. Warum? Aus dem einfachen Grund, weil einerseits die echten, andererseits die falschen Zwillinge von dem Augenblick, da man sie miteinander vergleicht, das Feld einer »entscheidenden Erfahrung« bilden, wenn es überhaupt eine solche geben kann. In der Tat entstehen eineiige oder monozygote Zwillinge aus der Teilung eines einzigen befruchteten Eies und haben eine gemeinsame Chromosomenbasis. Zweieiige oder dizygote Zwillinge sind das Ergebnis der Befruchtung zweier verschiedener Eizellen und ihren Erbanlagen nach ebenso verschieden voneinander wie normale Geschwister. Nach diesen Definitionen zeigt sich der Sinn des Unternehmens in aller Deutlichkeit: wenn es nachzuweisen gelänge, daß die psychologischen Ähnlichkeiten zwischen identischen Zwillingen im Durchschnitt größer sind als zwischen Geschwisterzwillingen, wobei beide *gleichermaßen* dem Einfluß ihrer Umwelt unterliegen, dann hätte man, wenn man sie ideal isolierte, die Wirkungen des Genotypus zur Erscheinung gebracht. In diesem Gedankenexperiment, bei dem Erblichkeit und Umwelt im Prinzip trennbar sind, könnte man beider Einfluß durch bloße Substraktion ermitteln.

Zahlreiche Untersuchungen dieser Art wurden von Psychologen vor allem hinsichtlich der Intelligenz unternommen. Eine Tatsache springt als erstes in die Augen; daß nämlich die Ähnlichkeiten zwischen echten Zwillingen plötzlich schwinden, wenn man von der »physischen« zur »psychologischen« Ebene übergeht. Ob identische Zwillinge getrennt aufgezogen wurden oder nicht, wirkt sich natürlich nur sehr geringfügig auf den Korrelationsindex z. B. hinsichtlich der Breite des Kopfes aus. Anders steht es mit dem Intelligenzquotienten. Es stellt sich also erneut die Frage nach der Beziehung von Psychologischem und Physischem, die ein simplizistischer Determinismus als eine Beziehung von Wirkung und Ursache beschrieben hatte. Die rassistische Theorie, die im letzten Jahrhundert die Intelligenz von der Schädelform abhängig machte, ist angesichts der Fortschritte, die in der Anthropologie (die Kaffern sind dolichocephal [langköpfig] wie die Germanen) sowie in der Psychologie gemacht wurden, zusammengebrochen (die besten Schüler der amerikanischen Universitäten sind in keinem entscheidenden Verhältnis dolichocephal). Ebenso läßt sich sagen, daß die Beziehung zwischen Geisteskraft und Gehirngewicht auf der Stufenleiter der Arten zwar erwiesen ist, keineswegs jedoch innerhalb einer bestimmten Art. Gewiß ist es unmöglich, nicht auch feinere Konditionierungen anzuerkennen wie z. B. diejenigen, die man anführt, wenn man von einer mehr oder weniger großen »nervösen Anfälligkeit« spricht oder auf den Einfluß der Drüsen mit innerer Sekretion hinweist. Aber wiewohl das geistige Leben unleugbar von organischen Bedingungen abhängt, muß man umgekehrt zugeben, daß das organische Leben auch von der gesamten Existenz abhängt. Lange Zeit war man der Meinung, daß der Grundumsatz der Chinesen, der niedriger ist als unserer, die Ursache ihrer Gelassenheit und ihrer »Weisheit« sei; doch steigt dieser, sobald sie in San Franzisko leben, wie er bei uns sinkt, wenn wir uns längere Zeit in Ostasien aufhalten. Gerade diese komplexe Beziehung zwischen Körperlichkeit und Existenz lehrt uns in aller Deutlichkeit auch die Psychiatrie der Neurosen, unter anderem jener, in denen der Kranke »mit seinem Körper fabelt« und *alle* Krankheiten verwirklichen kann; auch bestätigt sie die psychosomatische Medizin, wenn sie auf den psychogenen Charakter bestimmter Ekzeme oder bestimmter peptischer Geschwüre hinweist. Da es keine »reine Physiologie« gibt – ebensowenig wie eine »reine Psychologie« –, können wir verstehen, daß die Beobachtung einer *Korrelation* zwischen physiologischem und psychologischem Faktum nicht die Beobachtung einer *linearen Kausalität,* sondern stets die Feststellung einer *Interdependenz* ist. Ebenso können wir verstehen, warum man bei eineiigen Zwillingen, die in verschiedener Umwelt gelebt haben, zwischen dem organischen Erbfaktor und dem Verhaltensfaktor nicht jene wortwörtlichen Identitäten antrifft, die die vorkritische Auffassung von einst hatte vermuten lassen.

Bleiben aber wenigstens die Ähnlichkeiten zwischen identischen Zwillingen in allen Fällen größer als zwischen Geschwisterzwillingen? Auf den ersten Blick scheint es so, vor allem im Bereich der Intelligenz, wenngleich die Ergebnisse je nach der Art der Untersuchung – numerischer Test oder sprachlicher Test – und den Beobachtern schwanken. Sehen wir näher zu. Newman, Freeman und Holtzinger ermittelten beim Vergleich der Intelligenzquotienten ähnliche Unterschiede zwischen falschen Zwillingen (9,9) wie zwischen echten, aber getrennt aufgewachsenen Zwillingen (9,8). Außerdem kommt noch ein offensichtlich individueller Faktor hinzu, wie Newman feststellt, wenn er zwischen monozygoten Zwillingen im Rahmen dieses Intelligenzquotienten einen Abstand von 97 bis 130 beobachtet. Im Bereich des Charakters haben sich die Untersuchungen als heikler erwiesen. Zunächst wollte man kriminelle Zwillinge untersuchen, wobei der Begriff der Kriminalität im übrigen recht verschwommen blieb. *Verbrechen und Schicksal* von J. Lange (1929) stützte sich auf eine Statistik von 30 Fällen. Robert Weill zufolge (1959) bezogen sich die Untersuchungen auf 222 Fälle mit 111 eineiigen und 111 zweieiigen Zwillingspaaren. Bei den echten Zwillingen hatten 80 Paare 2 Kriminelle, gegenüber 38 Paaren bei den falschen Zwillingen, und die Konkordanzen nahmen ab, sobald man von den identischen Zwillingen (72 %) zu den Geschwisterzwillingen (34 %) und normalen Geschwistern (8 %) überging. Wir können hierin den Einfluß der Umwelt erkennen: in genetischer Sicht ähneln sich dizygote Zwillinge nicht mehr als normale Geschwister. Woher kommt es dann, daß die Kriminalität des Paares bei jenen häufiger vorkommt als bei diesen? Offensichtlich daher, daß die Erziehung, die zwei physisch ähnlichen Wesen zuteil wird, diese homogenisiert, während die Erziehung zweier physisch unähnlicher Wesen dahin tendiert, sie zu differenzieren. Andererseits haben die Diskordanzen – und die gibt es immer in großer Zahl – auf intellektueller wie auf affektiver Ebene die alten Thesen des erblichen Determinismus untergraben. Immer wenn eine Diskordanz vorliegt, kann die Schlußfolgerung die Gestalt eines Dilemmas annehmen: entweder ist die Erbanlage zweier eineiiger Brüder gleichermaßen günstig, dann beruht die psychische Trägheit oder die affektive Schwäche des einen auf exogenen Faktoren; oder aber beide Anlagen sind gleichermaßen ungünstig, und dann sind einem der Brüder Umstände zu Hilfe gekommen, die man ebenfalls als exogen bezeichnen muß. Für welche Lösung man sich auch entscheidet, im bloßen Kreis der Vererbung ist eine befriedigende Antwort nicht möglich.

Alles hellt sich auf, wenn man die Situation der identischen Zwillinge aus psychosozialer Sicht untersucht. Echte Zwillinge lassen sich an der Ähnlichkeit ihrer Gesichter erkennen – Augenfarbe, Ohrform, Haarfarbe, Kopfform. Das Vorhandensein nur einer Plazenta und eines Chorion bei der Geburt ist ein wenig entscheidender Hinweis. So umfaßt jede Statistik bezüglich monozygoter Zwillinge sowohl Faktoren physischer Ähnlichkeit wie die Folgen einer assimilierenden Reaktion auf das pädagogische Milieu. Die Umwelt neigt dazu, diejenigen, die sich den Blicken als objektiv ununterscheidbar darbieten, auf ein und dieselbe Weise zu behandeln. Es ist nicht verwunderlich, daß Studien dieser Art in der Schlußfolgerung eingestehen, was ihnen in den Prämissen anvertraut wurde, sobald sie sich darauf beschränken, Phänomene zu untersuchen, die eng mit der erzieherischen Wirkung zusammenhängen wie Kriminalität oder Delinquenz. Mehr noch: trotz der Uniformisierung, die sich der Haltung Dritter verdankt, läßt das Zwillingspaar, wenn man es aufmerksamer und gewissenhafter beobachtet, seine Disharmonien erkennen. Dies wurde bereits bei den »siamesischen« Zwillingen Chang und Eng deutlich, deren phantastische Geschichte im 19. Jahrhundert zu Berühmtheit kam. Zazzo hat sehr gut gezeigt, wie man »die Perspektiven umkehren« müsse. Er zeigte, daß auf der Ebene der Tiefenpersönlichkeit auch echte Zwillinge der Faszination des Doppelten, dem Taumel des Pseudo-Spiegels entrinnen, daß sich jeder von ihnen in seiner Rolle individualisierte und durch die Verinnerlichung seiner Erfahrung trotz demselben hereditären und kulturellen Erbgut eine *einzigartige* Persönlichkeit sei. Somit muß also das biologische Erbgut durch die gesellschaftlichen Einflüsse einen Sinn erhalten, und diese wiederum müssen den Eingriff jenes unveräußerlichen Elements akzeptieren: den des Bewußtseins. Alles geht so vor sich, als würde die Umwelt genotypische Kräfte freisetzen oder blockieren und als würde diese Umwelt selbst nur mittels der Anschauung zur Wirkung kommen, die das menschliche Wesen seiner Grundeinstellung zufolge von ihr hätte. Vererbung und Umwelt sind keine voneinander unabhängigen Realitäten, deren Einflüsse sich addierten, es sind keine autonomen Variablen, sondern die beiden Pole einer Dialektik, die das Subjekt, jenes »durchringende Licht«, hervorbringt und organisiert. Und die Idee einer individuellen psychischen »Natur« im Menschen bricht in sich zusammen wie der symbolische Turm des Denkens eines anderen Zeitalters.

Hat das menschliche Subjekt nun wenigstens die Anlagen und Regungen seiner Art als Erbgut in sich? Bleibt zumindest jener »artspezifische Kern« erhalten, der bewirkt, daß ein Menschenkind nicht der Abkömmling des Affen oder der Ameise ist? In Wahrheit muß sowohl der Begriff der »universalen menschlichen Natur« wie der Begriff der »individuellen menschlichen Natur« einer kritischen Prüfung unterzogen werden. Auch hier ist nichts so zweifelhaft wie die unmittelbaren Gewißheiten. Das 20. Jahrhundert, in dem sich die Ethnologie wie die Geschichtswissenschaft entwickelt haben, hat hinsichtlich der »primitiven« oder einst kaum bekannten Zivilisationen die naiven Überzeugungen von ehedem zerschlagen. Alle Studien der amerikanischen Kulturanthropologie z. B. haben die auf Unkenntnis gründenden Wahrheiten erschüttert und die unendliche Verschiedenartigkeit der Menschen offenbart. Diese Verschiedenartigkeit läßt sich sowohl auf synchroner oder statischer wie auf diachroner oder dynamischer Ebene wahrnehmen (wobei letztere sowohl die Entwicklung der Gesellschaften wie die des Kindes oder des Heranwachsenden innerhalb eines Volkes betrifft).

Auf synchroner Ebene widerlegen zahllose Beobachtungen die These einer genauen Ähnlichkeit der Art und zeigen, wie sehr sich die Erziehung auf die Grundpersönlichkeit – die ethnische Intelligenz und den ethnischen Charakter – auswirkt. Zunächst empfängt der Mensch von seiner Umwelt die Definition von gut und böse, von angenehm und unangenehm. So liebt z. B. der Chinese faule Eier und der Ozeanier verweste Fische. So sucht der Pygmäe zum Schlafen eine mörderische Holzforke auf und legt der Japaner sein Haupt auf einen harten Klotz. Seiner kulturellen Umwelt verdankt der Mensch auch die Art, wie er die Welt sieht und denkt. In Japan, wo es die Höflichkeit gebietet, die Menschen älter einzuschätzen, als sie scheinen, irren sich die Individuen sogar in Testsituationen und bei redlichem Bemühen in sehr hohem Maße. Es wurde gezeigt, daß sich die Wahrnehmung – von Farben, Bewegungen, Tönen (die Balineser z. B. haben ein sehr feines Gehör für Vierteltöne) – nach den Existenzbedingungen richtet und strukturiert. Gleiches läßt sich vom Gedächtnis und allen kognitiven Funktionen sagen. Schließlich entlehnt der Mensch seiner Umwelt typische affektive Verhaltensweisen. Bei den Maori, bei denen man nach Belieben weint, fließen die Tränen erst bei der Rückkehr des Reisenden, niemals bei seinem Weggang. Bei den Eskimo, die die eheliche Gastfreundschaft praktizieren, gibt es, wie auch in Samoa, keine Eifersucht; dagegen betrachten sie Mord an einem persönlichen Feind als normal, während ihnen der Krieg ein Kampf aller gegen alle, insbesondere gegen Unbekannte – als der Gipfel des Absurden erscheint; der Tod hat nichts Grausames, die Greise betrachten ihn als Wohltat, und man freut sich mit ihnen. Auf den Alorinseln wird die spaßhafte Lüge als normal angesehen: falsche Versprechungen gegenüber Kindern zu machen, ist ein allgemein übliches Vergnügen der Erwachsenen. Einer ähnlich neckischen Haltung begegnet man auf der Insel Normanby, wo die Mutter dem säugenden Kind spaßeshalber die Brust entzieht. Das Mitleid mit alten Leuten variiert je nach den Orten und den ökonomisch-gesellschaftlichen Bedingungen: einige kalifornische Indianerstämme erstickten sie, andere ließen sie auf den Straßen zurück; auf den Fidschiinseln wurden sie lebendig begraben. Ebenso unterliegt die Achtung vor den Eltern den geographischen Fluktuationen. In einigen Gegenden von Togo, Kamerun, Dahomey oder bei den Negritos der Philippinen besitzt der Vater Gewalt über Leben und Tod. Im präkommunistischen Kamtschatka oder bei den Ureinwohnern Brasiliens war die väterliche Autorität gleich Null. Die Tarahumarakinder sind es gewohnt, ihre Eltern zu schlagen und zu schmähen. Bei den Eskimo wird die Ehefrau durch Kauf erworben. Bei den Urabima Australiens darf ein Mann Nebenfrauen haben, die Hauptfrauen anderer

Männer sind. Auf Ceylon herrscht Polyandrie unter Brüdern: der älteste heiratet, und die jüngeren verkehren mit seiner Frau. Das Inzestverbot gibt es in allen Gesellschaften, aber keine definiert oder sanktioniert es auf die gleiche Weise. Mütterliche Liebe und Fürsorge für das Kind traten auf den Inseln der Torres-Straße und den Andamanen in den Hintergrund, wo man Söhne und Töchter gern den Gästen der Familie als Geschenk oder den Nachbarn als Zeichen der Freundschaft anbot. Eine hier »männlich« genannte Eigenschaft gilt anderswo als ein »weibliches« Merkmal wie z. B. bei den Tschambuli, wo in der Familie die Frau dominiert und die führende Rolle einnimmt. Schließlich ist der »Animismus«, der Piaget zufolge mit einer infantilen Mentalität verbunden zu sein scheint, bei einigen Primitiven weit weniger ausgeprägt als in unseren westlichen Gesellschaften, wo, wie Margaret Mead bemerkt, zuweilen Erwachsene ihn teilen.

Die Völker haben einen »Lebensstil« entwickelt, den jedes Individuum in ihnen – im übrigen nicht ohne darauf zu reagieren – für einen Prototyp hält. Dies liegt am Einfluß der Umwelt und des »sozialen Modells«, das Margaret Mead besser als irgendein anderer Autor ins Licht zu rücken verstand. Auf Bali sind die Bewohner schizoid und legen eine große Gleichgültigkeit gegenüber den glücklichen oder unglücklichen Umständen des Daseins an den Tag. Am Ursprung des schizoiden Charakters steht die geschichtliche Tradition einer zusammenhanglosen Erziehung, die planlos gute wie schlechte Behandlung zuteil werden läßt. Das Kind wird gehätschelt und dann plötzlich sich selbst und seinen Tränen überlassen. Ständig erfährt es Enttäuschungen seitens der Älteren, die sich über es lustig machen. Langsam löst es sich von dieser trügerischen Umwelt und betrachtet die Zeit als eine stetige Reihe von Gegensätzen, wo alles an die Stelle von allem treten kann, als »eine unbestimmte Kontinuität, die wirklich nirgendwohin führt«. Auf der Ebene der historischen Entscheidungen eines Volkes begegnet man auch dem Ausdruck der menschlichen Spontaneität. Die Menschen erfinden zahllose Lösungen für die Probleme ihrer Fortbewegung, ihres Wohnsitzes, ihrer Ernährung und ihrer Kleidung, desgleichen erfinden sie Lösungen im Bereich der Beziehungen zu sich selbst und zu anderen. Denen, die vielleicht glauben, diese historischen Entscheidungen würden uns erneut der Rasse als einem explikativen Prinzip gegenüberstellen, d. h. einer besonderen biologischen Erblichkeit, antwortet eine jede Anthropologie durch den Mund von Ruth Benedict, daß davon nicht die Rede sein könne. Zum einen sind die Zivilisationen sterblich, einige Völker erstrahlen vorübergehend in prekärem Ruhm und fallen dann ins ursprüngliche Dunkel zurück: so geschah es mit den prunkvollen Kulturen Afrikas wie mit der des alten Ägypten und Äthiopien zu Beginn des christlichen Zeitalters.

Zum anderen, wie im Fall von getrennt aufgezogenen Zwillingen, verfügen die Wissenschaften vom Menschen über die Möglichkeit einer »entscheidenden Erfahrung«, nämlich durch die Untersuchung ausgewanderter oder umgesiedelter Populationen. Beispielsweise sind die Zuñi und die Kwakiutl Indianerstämme *derselben Rasse:* in unterschiedlichen Reservaten zusammengefaßt, haben sie absolut entgegengesetzte Verhaltensweisen angenommen. Die Zuñi-Gesellschaft ist ruhig, friedfertig, heiter, besitzt komplexe religiöse Protokolle, die einen Wert an sich haben, ist durch Höflichkeit, Güte und Bescheidenheit gekennzeichnet. Die Kwakiutl-Gesellschaft dagegen ist ruhelos, in sich zerrissen, auf Wettbewerb eingestellt, verachtet den rituellen Formalismus zugunsten eines ekstatischen Kultus, legt Aggressivität, Schroffheit und Arroganz an den Tag. Bei den ersten zeigt sich gleichsam als Richtmaß, wie Benedict sagt, die »apollinische Zivilisation«, bei den letzteren die »dionysische Zivilisation«, um mit Nietzsche zu sprechen, oder die »faustische Zivilisation«, um mit Spengler zu reden. Die den beiden Völkern gemeinsame Rasse hat also *Gegenteiliges erlaubt,* d. h. sie spielt in den Verhaltensweisen nur eine Nebenrolle, wenn sie überhaupt eine spielt. Wie man weiß, gibt es wissenschaftliche Wahrheit erst jenseits des Nebensächlichen. Wer den Einfluß der Rassenerblichkeit nicht von vornherein leugnen kann, darf ebensowenig *a priori* den Einfluß der Tierkreiszeichen auf das Schicksal oder der Stellung Saturns auf die Kochtemperatur des Wassers bestreiten. Einst wollte man mit einem großen Aufwand an Phantasie die Welt von dem Einfluß des biologischen Faktors auf die ethnischen Faktoren überzeugen. Was ist heute von alledem geblieben? Absolut nichts. Umgekehrt wurde die Existenz einer »Natur« behauptet, die alle Menschen der Erde trotz ihren Unterschieden miteinander vereine. Was ist von dieser abenteuerlichen Auffassung heute noch übrig? Vielleicht nicht sehr viel.

Die Beweisführung im Raum ließe sich leicht durch eine Beweisführung in der Zeit ergänzen. Ob nun in de Sades Kopf Sparta-Lakedämonien Raub und Mord als Übungen einer Kriegstugend begünstigten; die alten Tataren die Prostitution in Ehren hielten; die Republikaner Griechenlands weder Ehebruch noch Selbstmord als Verbrechen ansahen; die Thebaner, Kreter, Perser und Gallier die Päderastie verehrten wie Lesbos den Sapphismus – alles verkehrte sich in die Rechtfertigung eines kopflosen Hedonismus. Der Irrtum des göttlichen Marquis war ein doppelter. Zum einen, weil er eine willkürliche Auslese vornahm und einen »ewigen Menschen« konstruierte, der lediglich, wie er sagte, von den großen Religionen verstümmelt worden sei; zum anderen, weil das ethnische Problem für jene, die sich des anthropologischen Pluralismus bewußt sind, eben darin besteht, das zu wählen, was auf die Verminderung des Leidens und die Erweiterung der Freiheit für sich selbst und damit für alle – abzielt. Aber es bleibt eine Tatsache, daß die Geschichte das Bild, das man sich vom Menschen machen könnte, in tausenderlei Facetten aufsplittert.

Die zeitliche Dimension erlaubt eine andere und neue Darstellung des Relativismus, die sich der Kulturalismus in der Kinderpsychologie zunutze macht. Die Psychologie, vor allem die europäische, betont die Phasen, die der junge Mensch durchlaufen muß, damit der Mensch sich vollende. Diese Phasen aber sind je nach den Kulturen mehr oder weniger erkennbar, und ihre Bedeutung schwankt. In Gesellschaften, in denen die Entwöhnung spät oder sehr langsam stattfindet, kann der Komplex, der anderswo mit ihr einhergeht, beträchtlich gemildert, sogar unfühlbar werden, wie z. B. auf den Trobriand-Inseln, wo die anale Phase im übrigen nicht auftritt und wo man vor Ankunft der Weißen keinerlei Verbindung zwischen der Libido und der Analität kannte. Freud hielt einen anderen Komplex für universal, den Ödipus-Komplex. Aber Kardiner hat darauf aufmerksam gemacht, daß er in den Gesellschaften der Alor-Inseln nicht vorkommt, wo sich die Eltern sehr wenig für ihre Nachkommen interessieren, sich kaum um sie kümmern, ihnen große Selbständigkeit lassen und ihnen jene engen Kontakte zu sich vorenthalten, die anderswo Ursachen für Konflikte sind. Auch Margaret Mead kann diesen Komplex bei den Mundugumor nicht feststellen, wo die Mütter ihre Kinder hassen, es verabscheuen, sie zu stillen, und ihnen gegenüber eine Feindseligkeit an den Tag legen, die schon in der Art zum Ausdruck kommt, wie sie sie tragen: ohne jede Hilfestellung müssen sich die Kinder an ihrem Hals und Rücken festklammern, so gut sie können. Eine solche mütterliche Haltung steht in radikalem Gegensatz zu der liebevollen Einstellung der Arapesh- oder Pilaga-Frauen aus Argentinien, die den Säugling an ihrer Brust in den Schlaf wiegen, oder der Pijentara-Frauen aus Zentralaustralien, die, wie Roheim berichtet, den Schlaf ihrer Kinder so bewachen, als würden sie sie bebrüten. Zwischen Jones, einem orthodoxen Freudianer, und Malinowski ist über dieses Thema eine Kontroverse entbrannt. Malinowski hatte gezeigt, daß der Ödipus-Komplex auf den Trobriand-Inseln nicht nach dem klassischen Schema in Erscheinung tritt, bei einem Volksstamm, wo der Ehemann sich nicht für die Geburt des Kindes verantwortlich hält und im übrigen innerhalb der Familie eine untergeordnete Rolle spielt, wo die Autorität vom mütterlichen Onkel getragen wird, wo der Gehorsam gegenüber den Vorfahren kein Zwang ist, wo die öffentlichen Sexualspiele bei Mädchen im Alter von vier Jahren, bei Knaben im Alter von sechs Jahren beginnen, wo schließlich das Kind im Vater keinen ernsthaften Rivalen in bezug auf die Mutter sieht. Jones behauptete, daß der trobriandische Komplex – Feindseligkeit gegenüber dem Onkel, Liebe zur Schwester – eine Verschleierung des wirklichen Komplexes sei, den die Psychoanalyse der Betroffenen im übrigen hätte enthüllen können. Malinowski antwortete zu Recht, daß sich die Psychoanalyse, wenn sie das Fehlen einer Erscheinung als den Beweis für eine tieferliegende Verdrängung betrachte, jenseits des Beobachtbaren und Nachweisbaren, d. h. jenseits der Wissenschaft bewege. Heute ist die Psychoanalyse, meint Lagache, »empfänglicher geworden für die Wechselwirkungen zwischen Reifung und Umwelt«, und sie vertritt die Ansicht, daß die Stadien »vielleicht nur Artefakte kulturellen Ursprungs sind«. Selbst Lacan räumt ein, daß dieser Komplex zweifellos nicht universal ist, auch wenn er darauf hinweist, daß Gesellschaften ohne Ödipus-Komplex im Schwinden begriffen sind.

Das gleiche ließe sich über die Latenzperiode sagen, die das Kind zwischen dem sechsten und elften Lebensjahr von der Überwindung des Ödipus-Komplexes zur »Pubertätskrise« führt. Die Trobriander kennen keine Latenzzeit, und im übrigen ist dieses Phänomen auch in der westlichen Welt bei der Bourgeoisie ausgeprägter als beim Proletariat. Überhaupt scheint die »Krise« der Pubertät im Leben der Trobriander zu fehlen, wie auch im Leben der Samoaner oder der Tanala auf Madagaskar, wo das Kind mit fünf Jahren Eigentümer ist und den Erwachsenenstatus unmerklich erreicht. Die Erschütterungen und Ängste der Adoleszenz rühren daher, daß sich der junge Mensch in den westlichen Gesellschaften, wo sein Platz und seine Rollen schlecht definiert sind, in der Schwierigkeit befindet, widersprüchlichen Anforderungen gemäß zu leben. Im übrigen kann die Pubertät je nach der Interpretation, welche die Umwelt suggeriert, vom Subjekt auf ganz verschiedene Weise erfahren werden. Merleau-Ponty sagte in einem Kommentar zu Helen Deutsch, daß man sich die pubertäre Revolution in der Psychologie ähnlich vorzustellen habe wie die politische Revolution in der Geschichte. Materielle Voraussetzungen in Verbindung mit geistigen Verhaltensweisen verleihen dem Phänomen seinen Sinn. Auch eine Sexualerziehung würde nicht ausreichen, das Drama zu vermeiden: man mag von dem Ereignis wissen, dennoch will es erlebt sein. Das Milieu kann jedenfalls diese Pubertät abschreckend oder verehrenswert gestalten. In vielen Völkern bringt dieser Augenblick des Lebens Ängste mit sich, weil man ihn symbolisch wiedergibt und mit Initiationsriten verknüpft. Bei einigen Indianern Nordamerikas wird der Jüngling aufgefordert, sich Hautstreifen aus Beinen und Armen zu schneiden, sich die Finger abzuhacken oder Lasten zu tragen, die mit Haken an seiner Brust befestigt sind. Bei den afrikanischen Nandi muß er absolut reglos und ohne einen Laut die Beschneidung ertragen. Bei den Carriers-Indianern in Britisch-Kolumbien ist das pubertierende Mädchen ein Gegenstand des Abscheus, man entfernt es vom Stamm und schließt es drei oder vier Jahre lang ein. Unschwer läßt sich vorstellen, daß bei den Apachen das gleiche Ereignis vollkommen friedlich verläuft, denn hier gelten die ersten Blutstropfen als Verheißungen für eine gute Ernte und für Fruchtbarkeit, und die Priester flehen die jungen Mädchen kniend an, sie mit der Hand zu berühren. Bevor nicht der Mensch in seiner wissenschaftlichen Neugier alle Punkte der Erde genügend erforscht hatte, war es gefährlich, ein Schema der Invarianten der Menschheit aufzustellen. Heute ist ein solches Unterfangen weniger vermessen. Es gibt, wie wir sahen, keine menschliche »Natur« in dem Sinn, wie

es chemische »Naturen« gibt, die ein für allemal Definitionen nach Merkmalen zulassen. Eins jedoch steht fest, daß nämlich der Mensch in der Gesellschaft Möglichkeiten aktualisiert, die ihn unstreitig vom höheren Tier unterscheiden. Hypothetisch könnte man die Ansicht vertreten, daß diese omnispatialen und omnitemporalen Möglichkeiten auf der artspezifischen Erblichkeit beruhen. Auf dem Gebiet der Intelligenz soll es Köhler zufolge drei solcher artspezifischen Erblichkeiten geben und, wenn man Lévi-Strauss Glauben schenken darf, ebenfalls drei auf dem Gebiet der Affektivität.
Zunächst weist die Intelligenz des Menschen, wenn man sie mit der des unvermeidlichen Schimpansen vergleicht, folgende Charakteristika auf: zeitliche und räumliche Freiheit, Denken des reinen Dinges, Fähigkeit zur Kombination. Räumliche Freiheit – denn der Affe, der zwar mühelos ein Hindernis umgehen kann, um die Beute zu fassen, hat, wenn er im Käfig sitzt, die *Schwierigkeit,* diese Beute zunächst mit einem Instrument fortzustoßen, um sie dann in seine Reichweite zu bringen. Das heißt, daß das Ziel in diesem zweiten Fall nicht mehr als ein Appell an das motorische Subjekt wahrgenommen werden kann, sondern wahrgenommen werden muß als ein Objekt, das fähig ist, einen Umweg zu durchlaufen, fähig also, als eine dem Körper substituierbare und ihm in geometrischer Hinsicht absolut gleichwertige Realität erfaßt zu werden. Was das Kind mühelos schafft, gelingt dem Tier nur in der Zusammenhanglosigkeit der Bewegungen. Zeitliche Freiheit des Menschen – denn dem Menschenaffen gelingen seine Anstrengungen nur in den Grenzen seiner Gegenwart, d. h. wenn ihn das Sichtbare fesselt. Das Tier scheint, wenn es, vor allem mittels eines Stocks, handelt, dem zu unterliegen, was Merleau-Ponty die »Notwendigkeit des optischen Kontakts« nennt, und das Werkzeug, sagt Wallon, bleibt »zufällig, Teil eines vorläufigen Ganzen, das sich im Wahrnehmungsbereich befinden muß«. Und Wallon fügt hinzu: »Starke Individualisierung gehört nicht zum Instru-

mentarium des Schimpansen.« Die höheren Tiere bedienen sich vermittelnder Geräte nur als Verlängerung ihrer Gliedmaßen hier und jetzt, und auch die Ausgangsstellung dieser Hilfsmittel ist in bezug auf das Ziel nicht ohne Bedeutung. Wenn Äste abgebrochen werden, um als Sprungstäbe zu dienen, dann ist die Beute nicht weit. Der Affe hört in seiner Erregung nicht auf, diese zu fixieren, er zögert, rennt hin und her, hält vielmals inne und verleiht dadurch der Operation ihren unsicheren und ruckartigen Verlauf. Vor allem aber ist das Instrument in der Welt des Tiers kein wirkliches *Werkzeug*, kein technisches Kapital, und noch nie sah man einen Affen mit einem Bambusrohr auf der Schulter losziehen auf der Suche nach irgendeiner Beute. Der Mensch hingegen entweicht dem Gefängnis des »Jetzt«, und er war in der Lage, indem er sich der Vorstellung einer grenzenlosen Zeit öffnete, den Begriff eines Gottes zu bilden, Werkzeuge herzustellen, die dazu bestimmt sind, andere Werkzeuge herzustellen, und eine Sprache auszubilden, die das Bewußtsein des *Möglichen* und den Umgang mit *Virtuellem* voraussetzt. Es ist kein Zufall, auch nicht nur eine Folge der phonematischen Schwierigkeit, daß der Affe, selbst wenn er unter optimalen Bedingungen von Wissenschaftlern wie Kellog oder in jüngerer Zeit Hayes aufgezogen wird, nicht einmal die Flexibilität der Kommunikation eines taubstummen Kindes oder die Ausdruckskraft eines zeichnenden Kindes erreichen konnte. Denken des reinen Dinges beim Menschen, Anschauung einer sinnbeladenen Realität beim Tier – dies läßt sich als zweiter Punkt Köhlers Erfahrungen entnehmen. Einem Schimpansen fällt es schwer, eine Kiste, auf der ein Artgenosse sitzt, als mögliches Sprungbrett wahrzunehmen, das er sich zunutze machen könnte, um einen Gegenstand zu erreichen. Wenn man einmal das Motiv der Höflichkeit beiseite läßt, muß man zugeben, daß sich dem Tier die Welt als ein Netz von wohldefinierten Werten zeigt, dem Menschen hingegen können die Gegenstände in der Neutralität ihrer physischen Bestimmungen erscheinen und sich damit beliebig viele Funktionen zuweisen lassen. Dem Tier zeigen sich die Gegenstände unzweideutig, ohne Mehrwertigkeit, und die Welt stets als ein *Milieu,* aber niemals als ein *Universum.* Fähigkeit des Menschen zur Kombination und Unfähigkeit des Tiers, die Kräfte zusammenzusetzen – so lautet die letzte Lektion Köhlers. Aus diesem Grunde konstruiert der Affe nicht spontan Brücken aus einem Brett und Kisten. Die Brücke denken, heißt denken, daß beim Unternehmen einer Überquerung die Vertikale ebenso wichtig ist wie die Horizontale. Ebenso wickelt der Menschenaffe nicht die Schnüre ab, die sich um einen Balken winden, und holt nicht den Ring, der an einem Haken hängt. Auch hier würde das Gelingen das Wissen um eine Verknüpfung zwischen sukzessiven und gegensätzlichen Bewegungen voraussetzen, also eine innere Beziehung zwischen unterschiedlich ausgerichteten Gesten, d. h. Elementen, die logisch konvergieren, auch wenn sie praktisch divergieren. Wenn es stimmt, daß unter Intelligenz die Funktion zu verstehen ist, Probleme zu lösen, die weder die *Apriori* der Rasse noch die Montagen der Gewohnheit vorhergesehen haben, dann läßt sich, wie Merleau-Ponty sagte, »nicht von einer Intelligenz des Tieres in dem Sinne sprechen, wie man sie beim Menschen begreift.« Auch wenn man einräumt, daß die höheren Affen die Möglichkeit haben, »lernen zu lernen«, auch wenn es der Vicki von Hayes gelungen ist, sich innerhalb von sechs Jahren die drei Wörter umfassende Pseudosprache eines Schwachsinnigen anzueignen, so lassen sich doch die Grenzen des Tierischen ziemlich genau angeben, und was bezüglich der »intellektuellen« Fähigkeiten gilt, trifft ebenso für die »affektiven« Verhaltensweisen zu. Es handelt sich um jene Verhaltensweisen, von denen Lévi-Strauss sagt, daß sie immer und an allen Punkten der Erde im Menschen vorhanden sind, und die ihn vom Tier unterscheiden: Bedürfnis nach Regeln, Wunsch nach Reziprozität, Opferhaltung. Als erstes »beruft sich der Mensch auf die Regel, um der unerträglichen Qual

des Willkürlichen zu entrinnen«. Er beachtet und verehrt sie als solche. Die primitiven Gesellschaften sind durch ihre peinliche Pflege von Bräuchen und Ritualen weit entfernt von Anarchie. Zweitens wünscht sich der Mensch Kontakte, die durch eine Gleichwertigkeit wenn nicht der Teile, so doch der Beziehungen gelenkt sind, denn, so sagt Suzan Isaacs – von Lévi-Strauss zitiert –, wenn man weiß, daß Vorherrschaft unmöglich ist, wünscht man zumindest die Gleichwertigkeit als »das kleinste gemeinsame Vielfache aller widersprüchlichen Sehnsüchte und Ängste«. Drittens und letztens praktiziert der Mensch das Schenken, durch das der Andere zum Partner und der Gegenstand wertvoller wird. Im übrigen ist das Geschenk sowohl Ausdruck eines Machtgefühls wie eines Gefühls der Unsicherheit: die Stärke siegt über den furchtsamen Egoismus, aber die Schwäche beabsichtigt, mittels des Geschenks den Anderen zu knebeln. Letztlich gibt es vielleicht nur den ungeheuren Durst nach Frieden. Der Mensch stillt ihn, indem er Gesetze erfindet, die nicht mehr die des Dschungels sind, und versucht, eine *andere Ordnung* herzustellen, eine Ordnung jenseits der gegenseitigen Zerfleischung. Trotz einer gestrüppartig anmutenden Evolution stößt die Ethnologie unter dem vordergründigen Chaos wieder auf die Anstrengung, die der Mensch in dramatischen Widersprüchen und ohne eindeutiges Selbstverständnis zielgerichtet unternimmt.
Somit würde das Kind von Anfang an die artspezifische Bestimmung erben, intelligent zu sein, und zugleich diejenige, seinen Nächsten zu »erkennen«. Es bleibt, daß die sechsfache Möglichkeit des Menschen, die sich aus den Schriften von Köhler und Lévi-Strauss (und ganz allgemein aller zeitgenössischen Psychologen und Soziologen) herausschält, auf eine Beschreibung des *Menschen in Gesellschaft* hinausläuft. Jene Bestimmung, das *alter ego* zu denken und zu akzeptieren, setzt in der Tat die kulturelle Umwelt voraus. Sie zeichnet sich nicht, wie wir sehen werden, schon beim Kind unter anderen Umweltbedingungen ab. Wir kehren zu unseren Ausgangs-

sätzen zurück: es gibt zwar eine gesellschaftliche Konstante des Menschen, aber keine menschliche Natur, die in gleichem Maße wie die tierische Natur präsozial wäre. Selbst wenn Tiere von Geburt an isoliert leben, werden sie – welche Schäden sie unter Umständen auch davontragen – dennoch sehr deutlich ausgeprägte Instinkte bewahren. Und es werden in ihnen noch andere Instinkte geweckt, wenn sie der Zufall, nach ihrer Domestikation, wieder in die Wildnis zurückwirft. »Nichts dergleichen«, sagt Lévi-Strauss, »kann beim Menschen geschehen, denn in einem solchen Fall verfügt er über kein *natürliches* Artverhalten«. Ohne die Gesellschaft der Menschen kann der Mensch nur ein Monstrum sein, da es keinen präkulturellen Zustand gibt, der durch Regression wieder in Erscheinung treten könnte. Die »wilden« Kinder, diejenigen, die durch Zufall oder Absicht dem Umkreis menschlicher Erziehung entzogen wurden, die ausgesetzt wurden und aus eigener Kraft überlebt haben, sind nichts anderes als Mißgeburten. Es wäre ein Irrtum, wie Lévi-Strauss weiter sagt, in ihnen »die getreuen Zeugen eines früheren Zustands« zu erblicken, d. h. in ihnen die Natur vor der Kultur zu sehen. Die »wilden« Kinder, jene, die Ruyer scherzhaft die »Tarzan-Kinder« nennt – die im übrigen, wie wir zeigen werden, keinerlei psychologische Ähnlichkeit mit dem mythischen und rousseauistischen Helden aufweisen –, würden uns, wenn dies noch nötig wäre, den letzten Beweis dafür liefern, daß der Ausdruck »menschliche Natur« jedes Sinns entbehrt.
Natürlich hat man es nicht versäumt, und wir werden auf diese Kritik noch zurückkommen, Zweifel an der Richtigkeit der Beschreibungen und an der Echtheit der Beispiele zu äußern. Wir wollten zunächst nur eine prinzipielle Frage stellen. Wenn uns heute alles Veranlassung gibt, die unabweisbare, fundamentale – aber nicht streng abgegrenzte – Rolle zu begreifen, die die menschliche Umwelt bei der Entwicklung des Menschen spielt, dürfen wir uns dann immer noch wundern, daß uns, sobald diese Umwelt fehlt, nur noch Gespenster entge-

gentreten? Seit langem sind uns »Geschichten« von »wilden« Kindern bekannt. Sie haben in erster Linie, wie man sich denken kann, jene schockiert, die an eine Natur des Menschen glaubten. Kinder, die nicht in stolzer Haltung aufrecht gehen konnten, die nur mühsam oder gar nicht in der Lage waren, sprechen zu lernen, wenn der rechte Augenblick dafür verpaßt war, erschienen dem vorwissenschaftlichen Auge als biologische Abnormitäten, mit angeborenem Schwachsinn behaftet. Denn Skepsis entstand schon bei der bloßen Lektüre der Zeugnisse: eine solche Zurückgebliebenheit schien nur aus einer konstitutionellen Schwäche erwachsen zu können. Wir stellen die simple Frage: wer hätte heute noch die Stirn zu behaupten, daß ein vorzeitig isoliertes Kind, das lange Zeit den Kontakt zu Erwachsenen entbehren mußte, geistige Anmut, stolze Haltung sowie literarische oder mathematische Talente aufweisen könnte? Die Zweifelnden bitten wir, uns zu sagen, in welchem Punkt ihnen die psychologischen Portraits von »wilden« Kindern unglaubwürdig vorkommen, in welcher Weise ihr literarisches Genie sich *a priori* die Folgen einer experimentellen Isolierung ausmalen würde. Zu Beginn des 19. Jahrhunderts stellte bereits Itard diese herausfordernde Frage und antwortete ohne Zögern: »Wenn man folgendes metaphysische Problem lösen müßte, nämlich anzugeben, welches der Intelligenzgrad und die Natur der Gedanken eines Heranwachsenden sein könnten, der seit seiner Kindheit jeder Erziehung entraten mußte und von den Individuen seiner Rasse völlig getrennt gelebt hätte . . ., dann würde das moralische Bild eines solchen Heranwachsenden dem des Wilden von Aveyron gleichen.« Jener »Wilde« von Aveyron, den Itard mit großem Scharfblick in zwei Schriften untersuchte, ist das berühmteste und überzeugendste aller Beispiele geblieben, die zu dieser Gattung gehören. Itard, weniger begriffsstutzig als ein Victor Cousin, sagte gleichsam warnend: »Ich zweifle nicht daran, daß, wenn man zwei Kinder, ein Mädchen und einen Knaben, von frühester Kindheit an isolierte und ebenso mit zwei wenig intelligenten Vierfüßlern verführe, diese letzteren sich jenen weit überlegen zeigen würden in den Mitteln, für ihre Bedürfnisse und die Erhaltung ihrer selbst wie ihrer Jungen zu sorgen.« Hundertdreißig Jahre vor Kellog sprach Itard bereits die Sprache der modernen Psychologen.

Zweites Kapitel

Legendäre Dichtungen und historische Berichte

I. Die Literatur der Isolierung

Der Leser wird gleich uns begreifen, daß es, wo Zweifel einen Homer, Sokrates oder Shakespeare in den Bereich der Legende verweisen konnten, nicht an Argumenten gefehlt hat, welche die Tatsache der isolierten Kinder bestritten. Gewiß, wenn man dergleichen Lebensläufe bei Herodot, dem Vater der Geschichtsschreibung, liest, so kann man ähnliches auch in den antiken Mythen lesen, wo Thyron unter Kälbern lebt, der junge Zeus die Milch der Ziege Amalthea trinkt, Romulus und Remus eine Wölfin zur Amme haben, wo beim Untergang von Rom zur Zeit der Eroberung der Goten ein kleines Kind inmitten der Ruinen überlebt, indem es sich an die Brüste eines freigebigen Tieres hängt. Auch wäre es nicht schwer, in den germanischen Mythen dem wilden und einsamen Wesen zu begegnen, das in Übereinstimmung mit dem Geist des undurchdringlichen Waldes lebt, jenem Wesen, mit dem die deutsche Kritik den Rimbaud aus Java, den Rimbaud-Kaspar Hauser, den Ur-Rimbaud vergleichen wollte, von dem ironisch Etiemble im Zusammenhang mit Wolfenstein und Rudolf Kurtz spricht. Zweifellos bringen die persischen Legenden von den Hausbären oder die japanischen von den Affenammen uralte Phantasien zum Ausdruck. Und zweifellos hatten die Holländer, die vom Abenteuer einer Seejungfrau erzählten, die das Meer im 15. Jahrhundert an den Strand von Edam spülte und die Geschmack am Spinnen fand, Freude am Seemannsgarn. Trotz allem sollte man, wie Max Müller oder Frazer, den Teil der Wahrheit ins Auge fassen, den das mythische Denken umhüllt, ein Denken, das vom Bild der Sintflut bis hin zur Geschichte von Theben nicht nur den Metamorphosen der Natur, sondern auch den Dramen des Menschen Ausdruck verleiht und bisweilen sehr reale Ereignisse ins Imaginäre wendet. Vor allem sollte man sich nicht auf Ausflüchte stürzen und unterschiedslos alle Zeugnisse verwerfen, weil sich manche von ihnen als falsch herausgestellt haben. Von Zeit zu Zeit geht die Entdeckung eines neuen Mowgli durch die Presse, der auf einen Kipling wartet. Zweifelhafte Darstellungen gibt es hier viele, aber nicht mehr als in der Malerei. Wenn man aufgrund einiger trügerischer Beispiele die Gültigkeit aller anderen bestreitet, die über extreme Isolierung zusammengetragen wurden, so ist dies dasselbe, als würde man die Existenz Vermeers bestreiten, nur weil man überzeugt ist, daß man in Megeren einen Fälscher zu sehen hat.

Lassen wir für einen Augenblick die Polemik – wir werden bei der Untersuchung der Fakten darauf zurückkommen – und schauen wir uns zunächst einmal alles an, was zu dieser Akte gehört, sei es legendär oder historisch, aus der Luft gegriffen oder glaubhaft. Abgesehen von den Texten der Antike und des Mittelalters sind die uns näherstehenden ins Auge zu fassen, in denen die Phänomene der Asozialität verzeichnet werden, auf die vor allem das 18. Jahrhundert seine Neugier gerichtet hat. Der Historiker Bernard Connor, der Naturwissenschaftler Buffon, der Philosoph Condillac begannen damals von jenen Kindern zu sprechen, die, häufig infolge eines Unglücks, einer kontinuierlichen und normalen Erziehung beraubt wurden. Jean-Jacques Rousseau ruft in seinem *Discour sur l'origine de l'inégalité* (1754) fünf außergewöhnliche Beispiele in Erinnerung:

»Die Kinder beginnen auf allen Vieren zu laufen und bedürfen unseres Beispiels und unserer Lektionen, um stehen zu lernen ... (Der hessische Knabe) war von Wölfen aufgezogen worden ... Er hatte so sehr die Gewohnheit angenommen, wie die Tiere zu laufen, daß man ihm Holzklötze anbinden mußte, die ihn dazu zwangen..., sich im Gleichgewicht auf seinen zwei Füßen zu halten... Ebenso war es bei dem Kind, das man... in den Wäldern Litauens fand und das unter Bären lebte. Es zeigte, sagt Condillac, keinerlei Zeichen von Vernunft, lief auf Händen und Füßen, konnte nicht sprechen und gab Laute von sich, die keine Ähnlichkeit mit denen eines Menschen hatten. Der kleine Wilde von Hameln, den man vor einigen Jahren an den Hof von England brachte, hatte alle Mühe, sich auf zwei Beinen zu halten; und in den Pyrenäen fand man zwei weitere Wilde, die wie Vierfüßler durch die Berge streiften.« Fünf Jahre später greift Linné einige Beispiele von Rousseau auf und fügt etliche andere hinzu. Von Schreber und Michael Wagner geben im letzten Drittel des Jahrhunderts die Zahl der vor 1800 in Europa bekannt gewordenen Fälle von Isolierung mit vierzehn an.

Einer ihrer Vorfahren ist unbestreitbar der hüpfende und springende Wolfsjunge aus Hessen *(juvenis lupinus hessensis)*, der im Jahre 1344 entdeckt wurde. Die Wölfe, so erzählt man, hatten ihm eine mit Blättern ausgelegte Höhle gegraben und umringten ihn des Nachts, um ihn vor Kälte zu schützen. Nach vier Jahren des Waldlebens gab es bei ihm ein deutliches geistiges Erwachen. Ebenfalls im Jahre 1344 gelangte der Wetterauer Wolfsjunge, der im Harz gefunden wurde, in die Gesellschaft von Menschen und machte recht ansehnlich psychologische Fortschritte. Das erste von Jägern gefundene Bärenkind aus Litauen *(juvenis ursinus Lithuanus)*, das sich durch Kratzen und Beißen verteidigte und sich von Krautabfällen, Gras und rohem Fleisch ernährte, zerriß im Jahre 1661 die Kleider, in die man es am Tag seiner Ergreifung zu stecken versuchte, und zeigte niemals, wie Valmont de Bonnare in seinem *Dictionnaire d'Histoire Naturelle* berichtet, irgendwelche Anzeichen einer zuverlässigen Anpassung. Gras und Heu waren auch die Nahrung des 1672 aufgegriffenen irischen Schafskindes *(juvenis ovinus Hibernus)*, das unempfindlich für die Kälte der Nacht war und von dem Nikolaus

Tulp spricht (dessen Züge Rembrandt für das Gesicht des Professors der berühmten »Anatomiestunde« entlehnte). Der leichtfüßige, gelenkige irische Wilde, den Tulp in Amsterdam sah, hatte, wie sich der Arzt ausdrückt, »eine niedrige Stirn, ein längliches Hinterhaupt, eine breite Kehle, eine dicke Zunge und eine nach oben gerückte Herzgrube«. Gegen Ende des 17. Jahrhunderts konnte man auf ein Gegenstück zu jenem irischen Fall hinweisen: auf das Kalbskind von Bamberg *(juvenis bovinus Bambergensis)*, das sich mit den größten Hunden herumbiß und von dem es heißt, es habe sich merklich über seinen ursprünglichen Geisteszustand erhoben. Einem zweiten Bärenkind aus Litauen, 1694 signalisiert, gelang noch mehr, denn es lernte nicht nur aufrecht stehen, sondern auch sprechen, während das dritte Kind mehr Verlangen nach Brot als nach Sprache zu erkennen gab. Das Mädchen von Kranenburg *(puella transislana)*, das im Alter von sechzehn Monaten entführt worden war und im August 1717 in den Wäldern der Gegend von Zwolle in der holländischen Provinz Overyssel nur mit einem Schurz aus Stroh bekleidet aufgefunden wurde und liebend gerne Kräuter und Blätter aß, zeigte immerhin ein lebhaftes Interesse an der Kommunikation mit anderen, verstand Zeichen, ohne je sprechen zu können, lernte Wolle spinnen, womit es sich bis zu seinem Tod beschäftigte. Von den pyrenäischen Knaben, die wie Gemsen umhersprangen und im Jahre 1719 der Provinzgesellschaft Gesprächsstoff lieferten, weiß man noch immer nicht sehr viel, wohingegen das Auftauchen des wilden Peter von Hameln in Hannover 1724 und des Mädchens von Sogny in der Champagne 1731 eine umfangreiche Literatur hervorriefen. Peter *(juvenis Hannoveranus)* war von seinem Vater Krüger im Wald ausgesetzt worden. Als er nach einem Jahr zurückkehrte und im Elternhaus Zuflucht suchte, bekam er nur die Schläge einer unbarmherzigen Stiefmutter zu spüren, die ihn endgültig verjagte. Kurz vor seiner Ergreifung auf einem Akker hatten Schiffer gesehen, wie er den Fluß hinaufschwamm.

An seinem Körper hingen die Fetzen eines Hemds, und er ernährte sich von Pflanzen und Rinde. Als man ihn eingefangen hatte, versuchte man, ihm Brot zu essen zu geben: er verschmähte es zugunsten kleiner Stöcke aus grünem Holz, die er schälte, um den Saft aus der Rinde zu kauen. Dieser wunderliche Vagabund, der sich leicht verirrte, die Gefangenschaft haßte und mehrere Male entfliehen konnte, wurde zu Georg I. an den Hof von England gebracht. Peter, der achtundsechzig Jahre in der Gesellschaft der Menschen zubrachte, schien einen besonders ausgeprägten Sinn für musikalische Rhythmen zu haben, fand sich nach und nach mit Kleidern ab, wurde einiger Nachahmungen fähig, lernte jedoch niemals sprechen. Seine Fortschritte waren mehr als gering, verglichen mit denen der »puella campanica«. Dieses auf einem Apfelbaum hockende Mädchen wurde an einem Septemberabend von den Dienstboten des Schlosses von Sogny entdeckt. Zunächst gelang es ihm, zu entspringen, doch am Ende einer Treibjagd wurde sie im benachbarten Wald umzingelt, und sie stieg von ihrem Baum herunter, um gleich einem Pferd Wasser aus einem Eimer zu trinken. Sie war mit Lumpen aus Tierhaut bekleidet, voller Kratzwunden, schwarz vor Dreck und mit einer hölzernen Keule bewaffnet. Das Mädchen, das man später Mademoiselle Leblanc nannte, hatte mit einer Gefährtin zusammengelebt, die sie durch Zufall tötete. Sie konnte gut schwimmen und laufen, nährte sich von Geflügel, Fröschen und Fischen und trank, wann immer sie konnte, genußvoll das Blut von Kaninchen. Später gestand sie, schwer gegen ihren Vampirismus ankämpfen zu müssen. Dieses Mädchen, das zuerst nur in der Lage war, mit ihren Fingernägeln den Boden aufzuscharren, lernte bei den Nonnen von Chalons-sur-Marne sprechen, bei denen der Erzbischof sie untergebracht hatte und die Königin von Polen sie aufsuchte. Im Pariser Kloster *Nouvelles catholiques* erhielt sie später einen weiteren berühmten Besuch, den des Herzogs von Orléans. Schließlich kam ihr in einem Kloster in Chaillot der Gedanke,

Nonne zu werden. Nur ihre schlechte Gesundheit hinderte sie daran. Der Lütticher Hans (*Johannes Leodicensis*), von dem man vermutet, daß er sechzehn Jahre ohne jeden menschlichen Umgang verbracht hatte, und der mit Vorliebe Grünzeug und Salate aß, war wie Peter einer geringeren Entwicklung fähig. Ohne Zweifel spielen das Leben vor der Einsamkeit, die in ihr zugebrachte Zeit sowie die mehr oder weniger starke Isolierung eine entscheidende Rolle, denn der halbwilde Tomko z. B., der an der galizischen Grenze Ungarns in der Grafschaft Zips gefunden wurde, lernte, obwohl zu Anfang stark davon geprägt, wie es seine unwiderstehliche Neigung für Wurzeln, rohes Fleisch und Schlachtabfälle bewies, sich in Slowakisch auszudrücken und Deutsch zu verstehen. Dieses Wesen, das die Berichte eines damaligen Schreibers als sexuell indifferent und in der Erregung von konvulsivischen Zuckungen durchschüttelt beschreiben, machte geistige Fortschritte trotz einer schwachen Gesundheit, die stets seinen nahen Tod vermuten ließ. Er bekam in der Literatur der Isolierung eine Rivalin in Gestalt eines Bärenmädchens, das im selben Jahr 1767 in Frauenmark in der Grafschaft Hont in Ungarn entdeckt und ins Hospital von Karpfen gebracht wurde.
Am Ende des Jahrhunderts, im Jahre 1799, hielt ein weiteres außergewöhnliches Kind zunächst schüchtern Einzug in die Geschichte. Eine Schrift von Jean Itard sollte 1801 eine Diskussion über es entfachen, die das ganze 19. Jahrhundert hindurch anhielt. Es war ein Knabe aus den Wäldern, der unter dem Namen *Sauvage de l'Aveyron*, der Wilde von Aveyron, bekannt wurde. Wir haben bereits erwähnt, für wie lehrreich der Autor seinen Fall hielt. Wir werden am Ende des vorliegenden Buches auch Gelegenheit haben zu sehen, mit welcher Genauigkeit und Geduld der berühmte Arzt ihn zu beschreiben versuchte. Einige Jahre später wurden zwei weitere Beispiele zitiert, über die nur wenig bekannt ist, bis plötzlich im Jahre 1828 Kaspar Hauser von Nürnberg zu einer der zentra-

len Figuren der kleinen und großen Zeitchronik wurde. Ihm werden wir später ebenfalls einen gesonderten Platz einräumen. Mit dem Schweinemädchen von Salzburg, das in einem Schweinestall aufgezogen worden war und, wohl als Folge des langen Sitzens, zeitlebens gekrümmte Beine behielt, nimmt die »europäische Periode« der Fälle von Isolierung ihr Ende. Zumindest verlagert sich die Aufmerksamkeit nach Südasien, wo die englischen Erorberer über eine pittoreske Welt ins Staunen gerieten. Sicherlich waren die in Indien herrschenden Lebensbedingungen und die engeren Beziehungen zwischen der Welt des Menschen und der Welt der Tiere eher dazu angetan, die Kinder zur Wildheit zu verurteilen.
Mit dem Bericht von Sleeman über mehrere indische Kinder steht die Isolation von nun an zum größten Teil unter dem Zeichen der antiken Wölfin. Das Kind von Husanpur fiel in die Hände des Radscha (1843). Die Kinder von Sultanpur wurden von Kapitän Nicholetts (1843) und Oberst Gray (1848) aufgelesen – der erste Wilde starb 1856, der zweite entfloh und verschwand im Dschungel. Das Kind von Chupra, das 1843 von einer Wölfin geraubt und sechs Jahre später an einer Narbe am Knie wiedererkannt wurde, ließ 1850 Nicholetts im Stich. Demjenigen von Bankipur, von einem gewissen Zulficar Khan entdeckt, gelang es, sich durch Zeichen verständlich zu machen. Der letzte, von Kapitän Egerton berichtete Fall bleibt einer der dunkelsten. In dem Augenblick, da diese Vierfüßler wieder in die Tradition der menschlichen Gesellschaft integriert wurden, konnte die Mehrzahl von ihnen keinerlei Kleidung ertragen und bekundete ein ausschließliches Interesse für rohes Fleisch. Die einen leckten die Flüssigkeit auf, die anderen stritten sich mit den Hunden um die Knochen. Einer von ihnen akzeptierte Brot und lernte, Viehe zu hüten; ein anderer, der leidenschaftlich gerne rauchte, konnte sich zuletzt alleine eine Pfeife anzünden. In Europa wurde noch auf zwei Knaben von Overdyke hingewiesen, zuerst auf ein Schweinekind Clemens, das eine beson-

dere Vorliebe für Grünzeug an den Tag legte und das man lange Zeit von den aufreizenden Salatrabatten fernhalten mußte, sodann auf einen Wolfsjungen, der äußerst geschickt auf Bäume zu klettern, den Schrei von Vögeln nachzuahmen, und ihre Eier und Brut aus den Nestern zu fangen verstand – eine Gewohnheit übrigens, die ihm niemand auszutreiben vermochte. Der Wolfsjunge Dina Sanichar von Sekandra führt uns wieder nach Indien zurück. Dieser im Jahre 1872 in der Nähe von Mynepuri aufgegriffene Knabe gab seinen Entdeckern eine offensichtlich erworbene Fähigkeit zu erkennen, nämlich seine Zähne an Knochen zu schärfen, und verweigerte die Berührung mit allem, was seine Nacktheit hätte verbergen können. In achtundzwanzig Jahren lernte er nur stehen, sich ein wenig zu bekleiden, seinen Teller und seine Tasse sauberzuhalten und, wie einer der Helden von Sleeman, unaufhörlich zu rauchen. Ein anderer Knabe aus dem Waisenhaus von Sekandra, auch ein Fleischfresser, konnte ebenfalls keine besseren Leistungen erzielen. Beide wurden von Hochwürden Erhardt in Valentin Ball erwähnt, wie auch ein weiteres Kind von Lucknow, dessen Vorgänger in Sleemans Liste erwähnt worden war. Dieselbe Mühe, irgendein Kleidungsstück zu ertragen, hatte auch der Wolfsjunge von Kronstadt, halb Fleisch-, halb Pflanzenfresser, der beim Klang eines Klaviers in Ekstase geriet und kaum mehr erlernte, als im Brunnen einen Krug mit Wasser zu füllen. Zur selben Zeit wurden vier weitere Wolfsgeschöpfe aus Indien beschrieben: 1892 das Mädchen von Jalpaiguri, das ein Missionar entdeckte; 1893 das Kind aus Batzipur in der Nähe von Dalsingarai, das liebend gerne Lurche verschlang, entdeckt von Semindar Shing; 1895 abermals ein Kind aus Sultanpur, von dem es heißt, es sei Polizist geworden; und das letzte 1898, das Kind von Shajahampur, das trotz vierzehn Jahren menschlichen Umgangs in geistiger Umnachtung verharrte. Dazwischen lag noch die Entdeckung des Mädchens aus Justedal. Kurz darauf folgte die des Paviankindes aus Südafrika, das angeblich von der be-

rittenen Polizei aufgespürt worden war, und vierundzwanzig Jahre später fand man die Wolfsmädchen Amala und Kamala, die Hochwürden Shing in Midnapore adoptierte, durch dessen 150 Seiten langes Tagebuch sie berühmt wurden. Diese Mädchen, vor allem Kamala, werden wir wie Kaspar Hauser und Victor von Aveyron gesondert behandeln.
Im selben Jahr, 1920, entdeckte man in Indien ein erstes Leopardenkind, 1927 den Wolfsjungen von Maiwana, sodann den Wolfsjungen von Jhansi, und schließlich ein zweites Leopardenkind in Cachar. Das Kind von Jhansi wurde von einem britischen Offizier aus Gwalior gerettet. Der Militärarzt Dr. Antia, erklärte sich bereit, es zu erziehen, und es gelang ihm zumindest, ihm das Stehen beizubringen. Das Kind von Cachar, berichtet Zingg (dem die Cachari seine Geschichte erzählt hatten), wurde vor den Augen seiner Mutter, die auf einem Reisfeld arbeitete, von einem Leopardenweibchen geraubt, dessen Junge einige Tage zuvor getötet worden waren und das seither beständig um das Dorf Dhungi herumgestrichen war. Drei Jahre später fand man das Kind wieder: fast blind, mit Hornhaut an Knien und Händen, gierig auf rohes Fleisch; es jagte Geflügel, biß und schlug um sich, sobald man sich ihm näherte oder es berührte. Bei seiner Familie, die es wiedererkannt und zu sich genommen hatte, gelang es ihm, auf eigenen Beinen zu stehen. Demaison zufolge lebte vor dem Krieg ein wilder Knabe zwischen Dakar und Guinea und, ebenfalls in den dreißiger Jahren, ein Mädchen »aus dem Wald« in Liberia. Ein weiterer Wolfsjunge wurde Hutton im Jahre 1939 bekannt, ein Jahr bevor sich Davis mit dem Problem der Anna von Pennsylvanien und Maxfield mit dem des Mädchens von Ohio beschäftigten, die eine lange Klaustration hinter sich hatte. 1946 tauchte ein Gazellenkind in der syrischen Wüste auf. 1954 rückt wieder Indien ins Blickfeld mit Ramu, dessen Abenteuer Kontroversen hervorrief, 1960 die Sahara mit dem Kind aus Mauretanien und 1961 Persien mit dem Knaben von Teheran.

Dies sind die Fälle, über die die Speziallliteratur gegenwärtig dem Leser berichten kann. Es erscheint uns nunmehr unumgänglich, über die Vielfalt der erwähnten Phänomene hinaus nach Konstanten oder zumindest statistischen Dominanten zu suchen. Wie stellt sich in der Legende oder in der Geschichte der Linnésche »homo ferus« dar, der wildc Mensch, der »feral man«, wie es im Englischen heißt? Zwei der von Linné festgehaltenen Merkmale scheinen sich als erstes aufzudrängen. Der »homo ferus«, um die Worte der *Systema Naturae* aufzugreifen, ist im allgemeinen »tetrapus« (Vierfüßler) und »mutus« (stumm). Linné nennt ihn auch »hirsutus« (behaart), was jedoch eine unzulässige Verallgemeinerung ist, denn nur wenige der beschriebenen Fälle – insbesondere der litauische Knabe oder das Mädchen von Kranenburg sowie später die Kinder von Husanpur, Shajahampur und Kronstadt – haben eine ungewöhnliche Brustbehaarung. Diese Behaartheit ist vielleicht nur ein Überlebsel aus Büchern: Rousseau hätte darin eine Reminiszenz an Aristoteles gesehen, der so die ersten Menschen beschrieben hatte; oder sie beruht vielleicht nur auf einer Lüge fahrender Leute: denn die stark behaarten Individuen wurden von Schiffern oft als Tiermenschen beschrieben. Zu diesem Punkt ist das Werk von Le Double und Houssay, *Les velus,* sehr aufschlußreich. Hingegen müssen die vierfüßige Fortbewegung und das Fehlen einer Sprache als äußerst typisch angesehen werden. Wenngleich Ausnahmen vorkommen – das Mädchen von Sogny, Kaspar Hauser, der zweite litauische Knabe, die ungarischen Wilden sowie Victor von Aveyron und Kamala von Midnapore, denen es gelang, sich in befriedigender Weise bewußt auszudrücken –, so bleibt es dennoch eine Tatsache, daß fast alle »homines feri« niemals wirklich sprechen konnten, zuweilen trotz großer pädagogischer Bemühungen. Dagegen gelang es vielen von ihnen, auf zwei Füßen zu stehen.

Am Ursprung des biologischen Daseins steht, allen Arten gemeinsam, das Bedürfnis, jenes Bedürfnis, das Sartre an den

Anfang des menschlichen Abenteuers stellt und ohne das es, wie er in der *Critique de la Raison dialectique* sagt, keine historische Triebkraft gäbe. Was in Situationen des Überflusses verborgen bleibt, kommt in der Welt äußersten Mangels deutlich zum Vorschein, in der der Mensch nur noch Mund und Bauch ist. Es ist nicht verwunderlich, daß der »homo ferus«, den seine Lage darauf reduziert, sich mit seinem Körper zu identifizieren, dann, wenn die Zeit der mißtrauischen Feindseligkeit überwunden ist, ein lebhaftes Interesse für die Personen äußert, die für ihn sorgen. Der Hunger der Libido scheint im Menschen weit weniger an das Biologische gebunden zu sein. Alle Autoren verweisen, im übrigen mit einer gewissen Verwunderung, auf die sexuelle Gleichgültigkeit des »homo ferus«. Tomko zeigte Abscheu angesichts erotischer Ermunterung, der »arme Kaspar« war von äußerster Kälte, und Peter lebte bis ins hohe Alter, ohne je sexuelle Begierde zu äußern. Kaum daß Victor, Kamala und das Kind von Kronstadt nach drei Jahren sozialen Lebens einige vage Triebe zu erkennen gaben. Unnötig zu betonen, daß sich bei einigen von ihnen das Schamgefühl in dem Maße ausbildete, in dem ihre Neuanpassung gelang. So bei Kaspar Hauser, der sich zuerst unbefangen zum Waschen ausziehen ließ und später ungemein schamhaft und schüchtern wurde – wie Isabella, das kleine brasilianische Mädchen, das Spix und Martius mitgebracht hatten und das Anselm von Feuerbach erwähnt: nachdem es jahrelang nackt gelebt hatte, konnte man es später nur unter Drohungen dazu bewegen, sich für einen Münchener Zeichner zu entkleiden.

Auch über die Sensorialität und Sensibilität des »homo ferus« ist viel gesagt worden. Oft hat man betont, daß es denen, die an die Dunkelheit gewöhnt sind, schwerfällt, im Tageslicht zu sehen – wie Kaspar Hauser, der Feuerbach zufolge eine »im Schmuck des Sommers prangende« Landschaft »garstig« fand und seinen Blick abwandte: später gestand er, er sei durch die leuchtende, farbige und verschwommene Erscheinung der

Dinge in Schrecken versetzt worden. In den dunkelsten Nächten hingegen schritt Kaspar sicheren Schritts voran und belustigte sich über das tappende Gebaren seiner Begleiter. Andrerseits hatte Kaspar, ähnlich Victor, einige Mühe, die Flächen von Reliefs, auf Papier gezeichnete Holzschnitte, kurz alle Darstellungen der Körper jener Körper zu erkennen. Ungewöhnlich gut sehen in der Nacht konnten auch einige Kinder Sleemans, das zweite Kind von Sekandra sowie Amala und Kamala. Zu dieser besonderen Sehschärfe in der Dunkelheit kommt nicht nur das bemerkenswerte Gehör, sondern auch der feine Geruchssinn hinzu, wie u. a. bei Hans von Lüttich, der, wie man sagt, seine Wärterin schon von weitem riechen konnte, und bei fast allen Wilden aus dem Wald, die jedes Ding beschnupperten wie Hunde oder Katzen. Schließlich ließen sich noch zahlreiche Anmerkungen bezüglich der überraschenden Unempfindlichkeit gegenüber Hitze und Kälte zitieren. Beispiele hierfür sind das irische Kind, der Wilde von Aveyron, einer von Sleemans Fällen, das Kind von Shajahampur sowie die Mädchen von Midnapore.

Man muß also davon ausgehen, daß der Mensch außerhalb der gesellschaftlichen Umwelt kein Mensch ist, denn das, was man für eine seiner Eigentümlichkeiten hält, wie das Lachen oder das Lächeln, erhellt niemals das Gesicht eines isolierten Kindes. Einzig derbere und weit unspezifischere Gefühle – Ungeduld, Zorn – erregten Tomko, Victor, Dina Sanichar, das Kind von Kronstadt oder die beiden Gäste des Hochwürden Shing. Sogar die Neigung, Artgenossen aufzusuchen, scheint bei ihnen zunächst gehemmt zu sein und einer Vorliebe für Tiere zu weichen, handle es sich nun um Clemens, einen Freund der Dickhäuter, um Kaspar, der jedem Beobachter gegenüber gleichgültig wurde, sobald er ein Pferd streichelte, oder um einige Wilde von Sleeman, die vor allem die Gesellschaft von Hunden bevorzugten. Zingg sagt sehr zu Recht, daß die menschlichen Möglichkeiten sich ohne die Umweltreize nicht stärker entfalteten als eine der Erde und des Lichts beraubte Pflanze. Nicht weniger treffend fügt er hinzu, daß der Einfluß, den die Gesellschaft als Struktur auf das Subjekt ausübe, gar nicht anschaulicher gezeigt werden könnte als durch die Analysen der Fälle von Verwilderung. Diese »natürlichen Experimente« seien ein weiterer und besonders deutlicher Beweis dafür, daß einem Ausdruck von Jaspers aus seiner *Allgemeinen Psychopathologie* zufolge, unsere Errungenschaften, unsere Nachahmungen, unsere Erziehung es seien, die uns in psychischer Hinsicht zum Menschen machten. Das besondere Verhalten des »homo ferus« zeige, wie vergeblich es ist, das »genetische Programm« und die Etappen der Reifung von den Bedingungen ihrer Aktualisierung durch das »Lernen« trennen zu wollen. Noch einmal: die Vererbung der Rasse wie die Vererbung des Individuums seien gegenüber der gesellschaftlichen Lehrzeit nichts weiter als Nebelschwaden.

II. Die Kritik der Fakten und ihrer Bedeutung

Der Augenblick ist gekommen, da wir uns fragen müssen, welchen Glauben man den Beispielen schenken darf, die wir zunächst ganz kritiklos zusammentragen wollten. Alles zu akzeptieren, wäre ebenso willkürlich, wie alles zu verwerfen; um eine Antwort geben zu können, müssen wir einige Einwände untersuchen, die ein böswilliger Skeptizismus glaubte erheben zu sollen, um den Soziologen in Schwierigkeiten zu bringen. Zunächst hat man alle berichteten Fakten ausnahmslos für unwahrscheinlich gehalten. Bousquet sagte dem Sinn nach: entweder kann ein menschliches Wesen unter drei oder vier Jahren nicht allein überleben, oder es muß, sofern es älter ist, Spuren der Kultur bewahren. In Wahrheit ist dieses Dilemma nicht sehr tragisch.

Die verlorenen Kleinkinder – z. B. Amala –, über die hier berichtet wird, haben Hilfe von Tieren erhalten, und die Individuen, die sich im Laufe der zweiten und dritten Kindheit verirrten erfuhren in dcr Einsamkeit entweder einen *Stillstand* in ihrer Entwicklung oder eine *Regression,* wie jener auf einer einsamen Insel gestrandete Matrose, den man später, der Sprache nicht mehr mächtig, wiederfand und von dem sich Daniel Defoe für die optimistischere Version des Robinson inspirieren ließ. Betrachten wir dieses zumindest mögliche Phänomen der Regression in aller Aufrichtigkeit. Wenn sich tatsächlich einige von Tieren adoptierte »wilde« Kinder in zartestem Alter haben durchschlagen können, so haben andere wahrscheinlich lange genug in einer Familie gelebt, so daß Grundzüge der Erziehung ein einsames Dasein möglich machten. Man kann sich nur fragen, ob diese häufig lieblose und unachtsame Erziehung nicht der reine Hohn und in Wahrheit der erste Akt des Dramas der Verwahrlosung war. Es wäre also bereits absurd, zu sagen, wie einst Bousquet und kürzlich Dennis, daß ein Kind nach vier Jahren notwendig die Spuren zivilisierter Umgangsformen trage. Gleichwohl lassen sich Fälle von zufälliger Isolierung nicht ausschließen, und man darf sich die Mühe nicht ersparen, zu begreifen, warum das Kind dann alles wieder verliert, was es erworben hat, und in ein niedrigeres Stadium des Verhaltens zurückfällt. Viele Autoren haben hierzu bemerkt, daß die Gesetze der Erwerbung von Gewohnheiten – seien sie motorischer oder geistiger Art – zur Wiederholung zwingen, damit sich die Struktur oder das Schema endgültig festigt. Jede Errungenschaft, die nicht durch wiederholte Erfahrung verstärkt wird, verblaßt und schwindet. Marian Smith dagegen meint, daß die affektive Wunde, die sich in jedem plötzlich allein gelassenen Kind auftut, die geistige Zerrüttung und Verödung erklären könne. Gesell zweifelt daran, ob diese Version der Tatsachen immer befriedigend sei, denn er bemerkt in den Beschreibungen der bekanntesten Fälle von Wildheit keinen charakteristischen Zug der großen pathologischen Syndrome: weder die Dissoziationen der Schizophrenie, noch die krankhaften Impulse der manischen Psychose, noch die Wahndelirien der Paranoia. Selbst wenn Marian Smith recht hätte, würde dies wiederum bedeuten, daß das Kind – und zweifellos auch der Erwachsene–, das des gesellschaftlichen Lebens beraubt ist, nicht mehr »menschlich« sein kann und in die Abgründe einer Verwilderung sinkt, die kein Instinkt organisiert. Welche dieser beiden Interpretationen wir auch aufgreifen mögen – intellektuelle Unreife oder emotionales Trauma –, wir würden unbeschadet aus dem Kampf hervorgehen, den uns jene liefern, die entgegen dem Augenschein nur eine dritte mögliche Hypothese gelten lassen, nämlich die des angeborenen Schwachsinns.

Es wurde auch bestritten, daß die Kinder so lange ohne menschliche Gesellschaft haben existieren können, ohne vor Hunger oder Kälte zugrunde zu gehen. Dennis vermutet, daß sie wohl nur sehr kurze Zeit sich selbst überlassen waren. Diese Einschränkung fällt nicht schwerer ins Gewicht als die erste. Man neigt dazu, alles Alte, von uns Entfernte in Zweifel zu ziehen, während die zeitgenössische Information jeden Tag, ohne daß wir sonderlich überrascht wären, Tatsachen verbreitet, die bei weitem die Fiktion übertreffen. Wie kann man seine Ungläubigkeit auf natürliche Wunder wie das Überleben von »wilden« Kindern beschränken, wenn man jene weit ungewöhnlicheren Wunder hinnimmt, die das tägliche Leben im Überfluß bietet? Wir stellen der Betrachtung der berufsmäßigen Heiligen Thomasse jene Nachricht anheim, welche die Pariser Presse am 1. Dezember 1962 verbreitete: ein Kind, das aus dem zehnten Stock eines Wohnhauses, also fünfundzwanzig Meter tief gefallen war, hatte nur einen leichten Armbruch davongetragen und seelenruhig gesagt: »Emil hat bumm gemacht.« Wenn man das große Glück des Victor von Aveyron für eine bloße Vermutung hält, was soll man dann zu dem des Emil aus Paris sagen? Freilich stellte dessen Sturz nicht die menschliche Natur in Frage. Daß die Menschheit zwanzig, dreißig oder vierzig Fälle

extremer Isolierung gekannt hat, der Isolierung in einer Welt, in der man wirklich auf alles gefaßt sein muß und in der Milliarden von Existenzen oft unter den widrigsten Umständen leben, ist wahrhaftig nicht sehr erstaunlich. Weit weniger glaubhaft dagegen wäre, wenn es keinen einzigen solchen Fall gegeben hätte. Das »wilde« Leben ist eine der möglichen Modalitäten des Lebens, die einfach wahrscheinlich und letztlich auch real sein mußte, schon aufgrund der irdischen Gegebenheiten und des Gesetzes der großen Zahl. Unsinnig ist nicht die These, die nur einige solcher Fälle zugibt, sondern diejenige, die sie alle verwirft. Wenn man andererseits annehmen würde, die Isolierung der *homines feri* habe nur sehr kurze Zeit gedauert, wie ließe sich dann die Verhärtung und Verdikkung der Haut an den Ellbogen und Knien des Mädchens von Midnapore erklären? Welchen Grund könnte man für den eingewurzelten Hang nach rohem Fleisch und Eingeweiden bei allen aufgegriffenen Wolfskindern und die ausschließliche Vorliebe für Pflanzen beim Knaben von Itard angeben? Schließlich steht die Hypothese einer kurzen Zeit der Wildheit in Gegensatz beispielsweise zu den Zeugnissen jener Bürger, die das Kind von Aveyron schon lange vor seiner Gefangennahme nackt in den Wald fliehen sahen.
Ein anderes Zeichen des Argwohns bestand darin, daß man ein gemeinsames Leben von Kind und Tier für strittig hielt. Wir möchten zunächst an die Erfahrungen eines friedlichen Zusammenlebens erinnern, die die moderne Psychologie gemacht hat, als sie kleine Katzen und Mäuse, also »Erbfeinde«, gemeinsam aufzog, um das übertriebene Mißtrauen derer zu zerstreuen, die im Bären oder im Wolf nicht unsere möglichen Vertrauten sehen, sich aber immerhin darin einig sind, daß das Schaf, Kalb oder Schwein ohne weiteres die Gegenwart eines kleinen Menschen ertragen können. Noch einmal: wie erklären sich die Spezialisten des aufschiebenden Urteils die tiefen tierischen Spuren, von denen der irische Knabe, das dritte litauische Kind, die beiden Kinder von Sekandra sowie einige

Kinder von Sleeman zeugen, die jede Nahrung beschnupperten? Wie wollen die Akrobaten der Ratlosigkeit die Art des Trinkens anzweifeln, z. B. bei dem zweiten Sleemanschen Kind oder den Mädchen von Minapore, die Flüssigkeit mit ihrer Zunge aufleckten? Wie werden die berufsmäßig Unentschiedenen es anstellen, um angesichts der Bevorzugung bestimmter Nahrungsmittel oder, was ebenso bezeichnend ist, der verzweifelten Abwehr jeglichen Kleidungsstücks ihr Mißtrauen zu bewahren?

Freilich wird der Zweifel gerne hyperbolisch, wenn es darum geht, einer verlorenen Sache beizustehen. Ein bestechendes Beispiel hierfür sehen wir in dem Werk von Bergen Evans. Dieser witzige, aber oberflächliche Autor wirft Zingg mangelnde geographische Kenntnisse vor, da er die Lage von Midnapore falsch angebe, und Shing macht er den Vorwurf, 1942 all jene Personen nicht als Zeugen angeführt zu haben, die ihn 1920 bei seiner Missionsreise begleiteten. Warum aber will Bergen Evans den Aussagen der eingeborenen Begleiter mehr Glauben schenken als den Bekenntnissen von Hochwürden selbst, der bekanntlich religiöse Bedenken hatte, seinen Bericht zu veröffentlichen? Warum vor allem meint Bergen Evans, daß man in Indien nach zwanzig Jahren Reisebegleiter leichter wiederfinde als in den Vereinigten Staaten oder in Frankreich Kriegskameraden, deren Namen und Spur man verloren hat? Die *Natural history of nonsense* von Evans ist im Grunde ein sehr vollständiges Buch, in welchem sich zu gewissen jahrtausendealten Vorurteilen noch die des Schriftstellers selbst hinzugesellen, der, nur allzusehr davon überzeugt, daß Irrtümer menschlich sind, sich flugs daran macht, zahlreiche weitere zu begehen, und dafür das sicherste Terrain wählt: das der enzyklopädischen Kompetenz.

Selbstverständlich hat man das Recht und die Pflicht, die Wahrhaftigkeit der übermittelten Beschreibungen, vor allem wenn sie nicht von einem Itard, Feuerbach oder Shing stammen, einer Kritik zu unterziehen. Viele Fälle von Isolation sind problematisch, einige fragwürdig oder zweideutig, andere haben der Prüfung nicht standgehalten. Hier wäre etwa die Geschichte des Pavianjungen aus Südafrika zu erwähnen, der rohen Weizen und Kaktus fraß und den im März 1904 ein Sergeant Holsen bei Bathurst im Kafir unter Menschenaffen gefangen haben soll. Eine Untersuchung ergab, daß Lucas zu diesem Zeitpunkt weit von diesem Ort entfernt war, nämlich in Burghersdorp, von wo aus er ins Grahamstown Mental Hospital gebracht wurde. Niemand aus dem Asylpersonal, der Lucas 1904 kennenlernte, konnte sich daran erinnern, daß damals je von seinem Aufenthalt bei den Affen die Rede gewesen war. Dagegen versuchte, unter der Signatur von George-Harvey Smith, ein gewisser Muscott im September 1931, den Schwindel glaubhaft zu machen, und er trat in Verhandlungen mit einer Filmfirma in Hollywood, woraufhin der wirkliche Smith auf den Gedanken kam, Lucas in London auszustellen. An diesem infolge eines Schädelbruchs schwachsinnigen Kind war absolut nichts Außergewöhnliches zu bemerken. In einem Aufsatz des *American Journal of Psychology* veröffentlichte Zingg im Juli 1940 sieben Seiten »Aussagen« und zog den Schluß aus dieser verworrenen Kriminalgeschichte. Er hatte nicht erst auf Bergen Evans gewartet, um zu erkennen, daß man gegenüber Erzählungen von *homines feri* gar nicht mißtrauisch genug sein kann. Aber es bleibt eine Tatsache, daß Fälle wie die von Kaspar Hauser, Victor von Aveyron oder Kamala von Midnapore unanfechtbar sind und nicht stärker in Zweifel gezogen werden dürfen als andere historische Wahrheiten. Sie tragen dazu bei, wie Anna Anastasi richtig sagt, »einige der Entwicklungen zu erhellen, die auf leichter zu kontrollierenden Wegen festgestellt wurden«.

Die historische Gewißheit ergibt sich hier wie anderwärts aus der Gegenüberstellung von Zeugenaussagen, und der Forscher geht gleichsam nach der Methode eines Untersuchungsrichters vor. Jean Itard, Chefarzt der Taubstummenanstalt in der Rue Saint-Jacques, Anselm von Feuerbach, Präsident des Appellationsgerichts in Ansbach, J. A. L. Singh, Rektor des Waisenhauses von Midnapore, also ein Forscher, ein Jurist und ein Geistlicher, die sich aus vielleicht unterschiedlichen, aber sehr ähnlich einzuschätzenden Motiven um Wahrheit bemühen, geben sehr präzise und in ihren Übereinstimmungen untrügliche Beschreibungen des *homo ferus.* Sing hat weder Itard noch Anselm von Feuerbach gelesen, der seinerseits wohl kaum die Schriften des französischen Gelehrten kannte. Auch scheinen weder der Justizbeamte noch der Geistliche fleißige Leser von Linné gewesen zu sein. Aber alle drei stoßen auf die Charakteristika des *Systema naturae:* einerseits auf die Mühe, mit der das wilde Kind auf zwei Beinen steht – außer Victor, von dem es allerdings auf verschieden deutbare Weise heißt, er habe stets dazu geneigt, »in Trab oder Galopp zu verfallen«, und den ein Zeuge, der Bürger Nougairolles, Verwaltungsbeamter des Hospizes von Saint Affrique, auf allen Vieren entfliehen sah, als er eines Tages auf einem Acker verfolgt wurde; andererseits auf die ursprüngliche Stummheit – die bei Victor nie überwunden wurde, sich bei Kamala verringerte und bei Kaspar schwand. Auch geben alle drei Autoren an – etwas, das sie nicht erfinden konnten –, daß der Sexualtrieb bei solchen Wilden amorph ist und die Sinne Merkmale aufweisen, die logisch mit ihrem einsamen Leben zusammenhängen. Ein Bonaterre und ein von Feuerbach wundern sich gleichermaßen darüber, daß Victor und Kaspar ihr Spiegelbild nicht identifizieren können. Gegenüber einem solchen Bündel von Ähnlichkeiten, bezeugt von höchst gewissenhaften Männern, die weder zeitlich noch räumlich in irgendeiner Beziehung zueinander standen, hat Skepsis jeden Sinn verloren.

Im übrigen haben die Philosophen der »menschlichen Natur« nicht die Tatsache der Isolation an sich, sondern vielmehr ihre Bedeutung bestritten, und sogar Lévi-Strauss vermutet, daß »*die Mehrzahl* jener Kinder von Geburt an anormal gewesen sei und man im Schwachsinn, den sie *fast einhellig* zu zeigen schienen, die erste Ursache ihres Verlassenseins zu suchen habe und nicht, wie man es zuweilen möchte, sein Resultat«. Man achte auf die Einschränkungen – »die Mehrzahl«, »fast einhellig« –, welche die authentischen Fälle, die wir im Auge haben, von der Kritik ausnehmen. Und vergessen wir nicht, daß Lévi-Strauss in seiner schönen These nur am Rande von wilden Kindern spricht und offensichtlich nicht die Zeit hatte, sich eingehend zu informieren: fast alle seine bibliographischen Angaben sind fehlerhaft, sei es hinsichtlich der Daten oder der Titel der Werke. Über die Mädchen von Midnapore heißt es bei ihm, daß »das eine niemals sprechen lernte, auch als Erwachsene nicht«. Das Beispiel ist unglücklich gewählt, denn ausnahmsweise konnte gerade dieses Kind gegen Ende seines Lebens sehr gut sprechen, freilich in einem rudimentären Vokabular, und es erreichte im übrigen niemals das Erwachsenenalter: das Mädchen starb mitten in der Adoleszenz, nämlich mit siebzehn Jahren. Arnold Gesell meint, daß sie, bei gleichbleibenden Fortschritten, mit fünfunddreißig Jahren etwa ein geistiges Alter von zwölf Jahren hätte erreichen können, was letzten Endes das Niveau mancher Bauern seines Landes – und des unseren – nicht wesentlich unterschritten hätte.

Merleau-Ponty, der in *Les relations avec autrui chez l'enfant* einen Aufsatz von François Rostand lobend erwähnte, antwortete bei dieser Gelegenheit indirekt auf die Kritik von Lévi-Strauss. Es sei nicht erlaubt, von einer sich hinziehenden Sprachlosigkeit auf konstitutionellen Schwachsinn zu schließen. »Es gibt eine Zeit«, sagte Merleau-Ponty, »in der das Kind der Sprache gegenüber aufgeschlossen ist, in der es fähig ist, sprechen zu lernen. Es konnte nachgewiesen werden, daß ein Kind, wenn es ... sich nicht in einer Umwelt befindet, in der gesprochen wird, niemals so sprechen kann wie solche, die die Sprache in der fraglichen Periode erlernt haben. Dies ist der Fall bei den sogenannten wilden Kindern, die von Tieren oder fern von sprechenden Personen aufgezogen wurden. Diese Kinder haben nie sprechen gelernt, jedenfalls nicht mit der Vollkommenheit, die man üblicherweise antrifft ... Zwischen dem Erwerb der Sprache ... und dem Eingebettetsein des Kindes in der familialen Umwelt besteht ein tiefer Zusammenhang ... Plötzlich und dauernd von ihrer Mutter getrennte Kinder zeigen stets Phänomene sprachlicher *Regression.* Im Grunde ist nicht nur das Wort *Mama,* das erste, welches das Kind ausspricht, sondern die ganze Sprache gleichsam eine mütterliche ... Der Erwerb der Sprache wäre demnach ein Phänomen gleicher Art wie die Beziehung zur Mutter: eine Beziehung der Identifikation ... Sprechen lernen heißt, eine Reihe von Rollen spielen lernen. Es heißt, eine Reihe von sprachlichen Verhaltensweisen oder Gesten übernehmen ... Das Kind muß die Reziprozität denken lernen, um mit Piaget zu reden ...; die intellektuelle Verarbeitung unserer Erfahrung der Welt wird beständig von der affektiven Verarbeitung unserer zwischenmenschlichen Beziehungen getragen.« Als Veranschaulichung all dessen denke man an die abschreckenden Beispiele, die uns die Presse so oft liefert. Zitieren wir auf gut Glück das Beispiel von Yves Cheneau, der im Jahre 1963 in Saint Brévin im Departement Loire-Atlantique von seinem Onkel und Gendarmen in einer Hütte entdeckt wurde, in der er achtzehn Monate von einer Rabenmutter gefangengehalten worden war. »Als er herauskam«, so erzählt sein Retter, »brauchte er lange Zeit, bis er sich wieder ans Licht gewöhnt hatte. Man hat ihm eine Katze und eine Kuh gezeigt und ihn gefragt, was es wäre. Er wußte es nicht mehr.« Didier Leroux – Sonderkorrespondent einer großen Pariser Zeitung –, der das Kind im Krankenhaus von Nantes sah, sagte von ihm: »Seine ungeheuer großen Augen gleiten matt über die Dinge und Menschen hinweg. Er spricht nicht. Er kann *nicht mehr* sprechen.«

Was die auf einer schlechten Einschätzung der kindlichen Stummheit gründende Hypothese betrifft, der zufolge der wesentliche Grund für die Isolation in der Gleichgültigkeit oder dem Unwillen der Familie gegenüber dem Geistesschwachen zu sehen sei, so ist sie, wenn man nur ein wenig darüber nachdenkt, schlechthin unannehmbar. Weshalb sollte die Gesamtheit oder die Mehrzahl der Aussetzungen ihre augenfällige Erklärung in angeborener Oligophrenie finden? Ist aus den Statistiken der öffentlichen Fürsorge zu ersehen, daß die Mehrzahl der Kinder, derer sich die Familien entledigen, Idioten oder Imbezile sind? In Wahrheit werden alle möglichen Kinder weggegeben, weil sie eine Last sind oder weil sie stören, welchen Grad geistiger Beweglichkeit sie auch haben, und alles spricht dafür, daß sich dasselbe Verhältnis von Anormalen und Normalen, das sich aus den Zählungen der Behörden ergibt, auch in der von den Soziologen aufgestellten Liste der Fälle von Verwilderung wiederfindet. Im übrigen war z. B. Amala schon mit eineinhalb Jahren zutiefst von ihrem Aufenthalt im Wald geprägt: sie mußte schon viele Monate dort zugebracht haben. Wie kann man es wagen, die Hypothese aufzustellen, eine wahrsagerische Mutter habe bei einem neugeborenen Mädchen Schwachsinn voraussehen können, auf den nichts hindeutete? In Zeiten der Umwälzung ziehen ganze Horden von verirrten Kindern durch die Straßen – so zur Zeit der napoleonischen Eroberungen, oder in Rußland nach der Revolution von 1917, in Mitteleuropa während des Zweiten Weltkrieges, in Italien nach 1945. Jedes Jahr schwimmen Tausende von chinesischen Moses auf dem Jangtsekiang einem sicheren Tod entgegen, während in Indien zuweilen nur die zufällige Sympathie eines wilden Tieres ein Kind rettet, das gleich anderen dem Untergang geweiht war. Bei alledem kann der Intelligenzquotient des kleinen Landstreichers, wie der des verstoßenen Säuglings, wohl kaum ernsthaft in Betracht kommen.

Manchmal hat die Mutter Bedenken, sich gänzlich von ihrem Kind zu trennen. Das sahen wir bei Yves Cheneau. Ebenso liefern uns die Fälle von eingesperrten Bastarden das Bild einer »Wildheit im Zimmer«. Wir möchten ein weiteres Beispiel zitieren, nämlich das von Anna, einem am 6. März 1932 geborenen unehelichen Mädchen, das man im Februar 1938 entdeckte, eingeschlossen im zweiten Stock einer einsamen Farm im Nordosten der Vereinigten Staaten. Nachdem es in der ersten Zeit von einem Kindermädchen in einem Heim für kollektive Erziehung aufgezogen worden war, hielten es alle, die sich später um es kümmerten, für ein normales und sogar recht hübsches Kind. Seine Mutter, die den Pensionspreis nicht bezahlen konnte, holte es zu sich, als es knapp ein Jahr alt war, und sperrte es in ein Zimmer, wo es an mangelnder Pflege, Nahrung und Sonne litt. Vier Jahre der Klaustration und Reglosigkeit – das Kind scheint immer auf einem kümmerlichen Bett gelegen zu haben – führten bei ihm zu den Wirkungen, die so häufig bei den *homines feri* bemerkt wurden. Es war unfähig, sich auf seinen Beinen zu halten (aufgrund seines schlechten Allgemeinzustands), und ebenso unfähig, einen Laut von sich zu geben. Spielzeug gegenüber blieb es gleichgültig, es befand sich in einem Zustand pathologischer Zerstreutheit, zeigte zahlreiche sensorische Anomalien – man hielt es für taub und blind –, und nie sah man es lachen oder weinen. Schon während der ersten Zeit der Behandlung zeigte es bestimmte Vorlieben für Nahrungsmittel und Farben und begann mit seiner Gouvernante zu spielen, Stirn an Stirn. Eine physiologische Untersuchung konnte bei Anna keinerlei Mangelerscheinungen entdecken, handle es sich um den plantaren, pupillaren oder den Kniescheiben-Reflex. Und bald darauf konnte sie offen und schallend lachen, und dann auch stehen. Nach einem Jahr hatte sie gelernt, Treppen hinunterzusteigen – indem sie sich auf jede Stufe setzte –, zum Essen ihre Hände zu benutzen, aus einem Becher zu trinken, mit einem Löffel zu essen, einige Schritte zu gehen. Nach sechzehn Monaten konnte sie sich waschen und ankleiden und verstand verbale Anweisungen. Zwar vermochte nichts etwas gegen die verlorene Zeit, doch zaghaft erwachte der Geist. Weniger grausam von der Isolicrung getroffen, aber vollkommen entwurzelt, wurde ein anderes, zwölfjähriges Mädchen, Edith Riley, die mehrere Jahre lang in einer Rumpelkammer eingesperrt gewesen war, zu den Imbezilen gerechnet; doch binnen vierundzwanzig Monaten erreicht sie ein durchschnittliches Intelligenzniveau. Weder im einen noch im anderen Fall war ursprünglicher Schwachsinn der Vorwand oder das Motiv einer Aussetzung oder Gefangenschaft gewesen. Sehr zu Recht sieht Kinsey Davis, nach Kellog und F. S. Freeman, in den psychischen Mangelerscheinungen der »wilden« Kinder nur eine Folge ihrer Asozialität. Nichts rechtfertigt die Vermutung, daß es unter ihnen mehr konstitutionell Schwachsinnige gibt als in irgendeinem anderen repräsentativen Ausschnitt der Gesamtbevölkerung.

Das Argument, dem zufolge in den meisten Fällen ein ausgeprägter Kretinismus die Ursache für die Aussetzung gewesen sei, kehrt sich im übrigen um. Arnold Gesell sieht in der Fähigkeit, unter gefahrvollen Bedingungen zu überleben, vielmehr einen Beweis der Normalität. Ihm zufolge müßte man im Gegenteil annehmen, daß ein Imbeziler oder ein Idiot außerhalb der menschlichen Gesellschaft gar nicht hätte existieren können, ohne innerhalb weniger Tage zu sterben. Das Unterscheidungsvermögen der »wilden« Kinder, das, was in ihrem Geist noch pochte und sich nicht auf das Wissen reduzierte – nämlich gerade die Fähigkeit, sich alles Wissen anzueignen –, hat es ihnen erlaubt, einige magere Lehren aus der Erfahrung zu ziehen und ein elementares Dasein zu überstehen. Ein absolut gesundes Gehirn war die Mindestvoraussetzung dafür, daß ein Victor in seinem Wald von Rouergue mehrere Jahre lang ohne Hilfe umherspringen konnte. Gesell fügt diesem vernünftigen Gegeneinwand noch eine Bemerkung hinzu, die nicht minder sinnvoll ist. Ähnlich wie Victor äußerte auch Kamala den Wunsch, zu lernen, den Willen zur Überwindung, das Bemühen, erwachsen zu werden – alles klinische Symptome, die bei einem konstitutionellen Idioten nicht hätten beschrieben werden können, der dazu verurteilt ist, niemals wirklich mit Seinesgleichen zu kommunizieren, und niemals über das geistige Alter eines zweijährigen Kindes hinauskommt. Mit acht Jahren war Kamala also nur eine exogene Idiotin.

Es ist unumgänglich, unser Wissen über die wilden Kinder mit dem zu vergleichen, was uns die Psychologie über debile Kinder übermittelt hat. Hier wie dort läßt sich die mangelnde Erziehung oder das Fehlen der Familie hypothetisch als die Ursache des psychologischen Scheintods oder der geistigen Zurückgebliebenheit betrachten. Gewiß sehen sich, was immer die – inneren oder äußeren – Ursprünge der Oligophrenie sein mögen, die Erscheinungsformen des Schwachsinns auf den ersten Blick zum Verwechseln ähnlich. Gesell indes bemerkt, und neueste Untersuchungen scheinen ihm Recht zu geben, daß sich bei genauer Beobachtung im äußerlichen Schwachsinn – d. h. einem Schwachsinn, der nicht auf einer organischen Schwäche gründet – ein flackerndes Licht und so etwas wie eine verkümmerte Spontaneität nachweisen läßt, die man mit pädagogischen Mitteln neu entfachen könnte. So unterscheidet man bei den Lerntests im Prinzip die mit dem Körper verbundene Debilität von der mit dem Erziehungskomplex verbundenen Debilität, wobei letztere zwar nicht weniger ernst, in ihren Auswirkungen nicht minder hartnäckig ist, jedoch besser auf eine psychologische Behandlung anspricht. Z. B. könnte man eine Gruppe von Debilen der Öffentlichen Fürsorge, in der man mehr Fälle affektiver Frustration vermuten darf als in einer Gruppe von Debilen aus einer Volksschule, als den Gesamtzeugen ansehen, der einen Vergleich gestattet. Auf den ersten Blick sind die Mißerfolge beim Test der »progressiven Matrizen« von Penrose und Raven bei beiden Gruppen vollkommen gleich. Etwas anders sieht es aus, wenn nach vier erklärenden Lektionen abermals die Lösung zu suchen ist. Den sozial geschädigten Debilen gelingt es, bei dem abgegrenzten und präzise gestellten Problem Leistungen zu erzielen, die denen normaler Kinder nahekommen. Die physisch geschädigten Debilen dagegen konnten ihre Punktzahl nur ganz geringfügig verbessern. Hurtig, der das Experiment leitete, wies nach, daß sich hinter der Debilität zuweilen nur Defizite sozialer Art verbergen und daß hier die Fähigkeit zum Fortschritt von diagnostischem Wert sei. Ähnlich sagte es schon Gesell: der Hang zum Lernen und die Möglichkeit zur Besserung waren zumindest bei Victor und Kamala – ganz zu schweigen von Kaspar Hauser – das Zeichen dafür, daß ihre geistige Zurückgebliebenheit auf keiner Gehirnschwäche beruhte. Im körperlichen Alter von zwölf Jahren hatten sie das geistige Alter von Zweijährigen: in dieser Hinsicht müßte man sie also den Idioten zurechnen. Nun muß man aber notgedrungen einräumen, daß es sich bei ihnen nicht um – angeborene oder vererbte – eigentliche Idiotie handelte, da sie sich langsam bis zur Imbezilität fortentwikkelten, in der sich das Subjekt eines Minimums von sozialem Leben und verbalen Austauschs mit der Umgebung fähig zeigt, ja sogar – wie im Fall von Victor – mehr als nur annähernd lesen und schreiben kann.

Man durfte sich fragen, warum die Mehrzahl der wilden Kinder dennoch so schnell an ihre intellektuellen Grenzen gestoßen sind – mit Ausnahme von Tomko und Kaspar, die niemals gänzlich isoliert gewesen waren, und des Mädchens von Sogny, das lange eine Gefährtin gehabt hatte. Wie wir wissen, beruht das darauf, daß die sozialen Konditionierungen, wenn sie Früchte tragen sollen, im geeignetsten Augenblick stattfinden müssen; es gibt ein Alter des Wortes und ein Alter des Gehens, so wie ein Alter des Lesens, der Algebra oder des Lateinischen. Alles wird schwierig, wenn der Zeitpunkt verpaßt ist. Andererseits mußten die Wolfskinder, wie Gesell sagt, vor dem Lernen wahrscheinlich zuerst verlernen, was sie gelernt hatten, und die Spuren eines schon eingerasteten Verhaltens tilgen. Die wenigen Fortschritte, die sie machen konnten, zeigen jedenfalls, daß man nicht wie ein Pinel als schnelle Prognose von ihren gegenwärtigen Möglichkeiten auf ihre künftigen Möglichkeiten schließen darf. Gerade diese Fortschritte, so lächerlich gering sie manchmal erscheinen mochten, erlauben es, die Hypothese einer Aussetzung wegen Geisteskrankheit zurückzuweisen. Diese Hypothese könnte eventuell in Fällen wieder Gültigkeit erlangen, bei denen alle erzieherischen Bemühungen gescheitert sind, und Zingg sieht sogar im Stillstand von Dina Sanichar den Gegenbeweis dafür, daß wir es bei Victor, Kaspar oder Kamala mit Oligophrenie infolge mangelnder menschlicher Kontakte zu tun haben, mit dem, was Trudgold in einem doppelsprachigen und falsches Latein zu Hilfe nehmenden Jargon *isolation amentia* nennt und was Rauber mit dem besseren Ausdruck *dementia ex separatione* bezeichnet. Von dieser Fähigkeit zur Erziehung, dieser Entwicklung auf dem Weg der Erkenntnis und dieser Entfaltung im Bereich der Gefühle zeugen mindestens drei unumstrittene Fälle von »wilden« Kindern, die wir nun näher beschreiben wollen; zum einen weil sie exemplarisch sind, aber auch weil sie in ihrer Vielfalt den dreifachen Aspekt der »Wildheit« zeigen: den des eingeschlossenen Kindes, den des vertierten Kindes und schließlich den des einsamen Kindes.

Liste der Fälle

	Bezeichnung des Falles	*Jahr der Entdeckung*	*Alter bei der Entdeckung*	*Erste wichtigere Mitteilungen*
1	Der hessische Wolfsjunge	1344	7 Jahre	Camerarius 1602 Rousseau 1754 Linné 1758
2	Der Wetterauer Wolfsjunge	1344	12 Jahre	von Schreber 1775
3	Das 1. litauische Bärenkind	1661	12 Jahre	Linné 1758
4	Das irische Schafskind	1672	16 Jahre	Tulp 1672 Linné 1758
5	Das Kalbskind von Bamberg	ca. 1680		Camerarius 1602 Linné 1788
6	Das 2. litauische Bärenkind	1694	10 Jahre	Condillac 1746 Rousseau 1754
7	Das 3. litauische Bärenkind		12 Jahre	Connor 1698
8	Das Mädchen von Kranenburg	1717	19 Jahre	Linné 1788
9/10	Die zwei pyrenäischen Knaben	1719		Rousseau 1754 Linné 1758
11	Der wilde Peter von Hameln	1724	13 Jahre	Rousseau 1754 Linné 1758
12	Das Mädchen von Sogny in der Champagne	1731	10 Jahre	Louis Racine 1747 La Condamine 1755 Linné 1788
13	Der Lütticher Hans		21 Jahre	Digby 1644 Linné 1758
14	Tomko von Zips (Ungarn)	1767		Wagner 1794
15	Das Bärenmädchen von Karpfen Ungarn	1767	18 Jahre	Bonnaterre 1800
16	Victor, der Wilde von Aveyron	1799	11 Jahre	Itard 1801
17	Kaspar Hauser aus Nürnberg	1828	17 Jahre	v. Feuerbach 1832
18	Das Schweinemädchen von Salzburg		22 Jahre	Horn 1831

	Bezeichnung des Falles	*Jahr der Entdeckung*	*Alter bei der Entdeckung*	*Erste wichtigere Mitteilungen*
19	Das Kind von Husanpur	1843		Sleeman 1858
20	Das 1. Kind von Sultanpur	1843		Sleeman 1858
21	Das 2. Kind von Sultanpur	1848		Sleeman 1858
22	Das Kind von Chupra	1849		Sleeman 1858
23	Das 1. Kind von Lucknow			Sleeman 1858
24	Das Kind von Bankipur			Sleeman 1858
25	Das Kind des Kapitän Egerton			Sleeman 1858
26	Clemens, das Schweinekind von Overdyke			Tylor 1863
27	Der Wolfsjunge von Overdyke			Tylor 1863
28	Dina Sanichar von Sekandra	1872	6 Jahre	Ball 1880
29	Das 2. Kind von Sekandra	1874	10 Jahre	Ball 1880
30	Das Kind von Shajahampur	ca. 1875	6 Jahre	Ball 1880
31	Das 2. Kind von Lucknow	1876		Ball 1880
32	Das Mädchen von Jalpaiguri	1892	8 Jahre	Journal de la Société anthropologique de Bombay
33	Das Kind von Batzipur	1893	14 Jahre	Frazer 1929
34	Der Wolfsjunge von Kronstadt		23 Jahre	Rauber 1885
35	Das Schneehuhn von Justedal		12 Jahre	Le Roux 1895
36	Das Kind von Sultanpur	1895	4 Jahre	Ross 1895

	Bezeichnung des Falles	*Jahr der Entdeckung*	*Alter bei der Entdeckung*	*Erste wichtigere Mitteilungen*
37	Lucas, das Paviankind aus Südafrika	1904		Foley 1940
38	Das indische Pantherkind	1920		Demaison 1953
39	Amala von Midnapore	1920	2 Jahre	Squires 1927
40	Kamala von Midnapore	1920	8 Jahre	Squires 1927
41	Das 1. Leopardenkind			Stuart Baker 1920
42	Das Kind von Maiwana	1927		The Pioneer, 5. Apr. 1927
43	Das Kind von Jhansi	1933		Zingg 1940
44	Ein indischer Wolfsjunge			Hutton 1939
45	Das Kind von Casamance	30er J.	16 Jahre	Demaison 1953
46	Assica aus Liberien	30er J.		Demaison 1953
47	Das 2. Leopardenkind		8 Jahre	Zingg 1940
48	Anna von Pennsilvanien	1938	6 Jahre	Davis 1940
49	Edith von Ohio	1940		Maxfield 1940
50	Das Gazellenkind von Syrien	1946		Demaison 1953
51	Ramu, das Kind aus New Delhi	1954	12 Jahre	Agence France Press, 8. Februar 1954
52	Das Gazellenkind von Mauretanien	22.9.1960		Auger, April 1963
53	Das Affenkind von Teheran	1961	14 Jahre	Agence France Press, 28. Sept. 1961

Drittes Kapitel

Die drei Arten von homines feri und ihre berühmtesten Beispiele

Der Leser darf versichert sein, daß wir gleich ihm ein Gespür für phantastische Geschichten haben. Viele der Erzählungen – sogar die meisten von ihnen – stimmen uns nachdenklich. Natürlich fällt uns der epidemische Charakter des Phänomens der Isolierung auf: im Jahre 1344 tauchen in Deutschland zwei Fälle auf; im Jahre 1767 zwei ungarische Wilde; innerhalb von etwa fünfzig Jahren, von 1843 bis 1895, wurde auf nicht weniger als vierzehn Wolfskinder in Indien hingewiesen. Im übrigen hat die Familie Singh Glück: ein Singh findet sich in Batzipur unmittelbar mit einem *homo ferus* konfrontiert; ein anderer Singh reist – Demaison zufolge – bis nach Afrika, um die Entdeckergabe zu rechtfertigen, die sich mit seinem Namen verknüpft, indem er Assicia aufspürt; wieder ein anderer Singh entdeckt Amala und Kamala. Das Abenteuer, das man sich von Mademoiselle Le Blanc erzählt, steckt voll verblüffender Einzelheiten, die ans Märchenhafte grenzen, und selbst diejenigen von Kaspar, Kamala und Victor werden nicht von phantastischem Beiwerk verschont. Doch nichts von dem, was zur Kritik der Fakten gehört und gewöhnlich in allen Bereichen die Historiker beunruhigt, kann uns der Pflicht entheben, das Körnchen Wahrheit ins Auge zu fassen, das die Leichtfertigkeit, Achtlosigkeit und Einbildungskraft der Menschen verschleiert haben. Wie wir bereits oben sagten: es gibt so viele Rätsel im Zusammenhang mit normalen Situationen der Vergangenheit, daß wir bei anormalen Situationen nichts Besseres erwarten dürfen. Wir kennen einige schreckliche Akademiker, die sicher im Trockenen sitzen – im übrigen nicht ausschließlich Essentialisten –, und noch immer wilde Kinder fressen, wie man Pfarrer frißt, und mit wenig Aufwand die Lacher auf ihre Seite bringen, indem sie sich der Unstimmigkeiten und Albernheiten einiger Texte bedienen: der Inhalt regt sie sichtlich auf, denn letztlich hätte man Grund, über alles lauthals zu lachen, als erstes über die Tausende von unsinnigen oder widersprüchlichen Dokumenten, deren Wahrheit nichtsdestoweniger die Daseinsberechtigung und das Existenzmittel eben dieser selben alten Spötter ist. Vergessen wir sie in einem Unternehmen, das in aller Klarheit und mit aller Ernsthaftigkeit eine allgemeine Einführung in das Fragengebiet sowie in die beiden großen Berichte von Itard sein möchte. Halten wir uns an die authentische und symbolische Dreiheit, die Kaspar Hauser von Nürnberg, Kamala von Midnapore und Victor von Aveyron bilden.

Am 26. Mai 1828 erscheint gegen fünf Uhr abends ein sehr ungewöhnlicher junger Mann, schwankend, strauchelnd und gänzlich verloren, auf dem Unschlittplatz zu Nürnberg vor den erstaunten Augen eines Bürgers, der vor seinem Hause sitzt. So beginnt die Geschichte, die Anselm von Feuerbach in einem Buch erzählt: *Beispiel eines Verbrechens am Seelenleben des Menschen.* Der Unbekannte vom Unschlittplatz trägt einen mit rotem Leder besetzten Filzhut, in dem das halb ausgekratzte Bild der Stadt München zu sehen ist, eine schwarzseidene Halsbinde, eine verwaschene Weste, ein grobes Hemd, eine graue Hose aus Tuch und zerrissene, mit Hufeisen und Nägeln beschlagene Halbstiefel. In den Taschen des wunderlichen Fremdlings befindet sich ein kleines Schnupftuch mit seinen Initialen, einige handgeschriebene katholische Gebete, mehrere geistliche Druckschriften, ein Rosenkranz und Goldsand. In der Hand hält er einen Brief »An den Titl. Hrn. Wohlgeborner Rittmeister bei 4ten Esgataron bei 6ten Schwolische Regiment Nürnberg«. Der verdutzte Bürger führt den Burschen in die Kaserne der Stadt. Der geheimnisvolle Brief lautet im wesentlichen: »Dieser Knabe will seinem König dienen. Seine Mutter hat ihn bei mir niedergelegt.«

Ich habe ihn keinen Schritt aus dem Haus gehen lassen. Ich

habe ihn lesen und schreiben gelehrt. Ich habe ihn in der Nacht nach Nürnberg gebracht.‹ Und auf einem beigefügten Zettel steht zu lesen: ›Das Kind ist getauft, es heißt Kaspar. Es ist geboren am 30. April 1812. Wenn es siebzehn Jahre alt ist, schicken Sie es nach Nürnberg, wo sein Vater bei den Reitern war; er ist gestorben. Ich bin ein armes Mädchen‹. Die Soldaten führen den Ankömmling in den Pferdestall, wo er sich sogleich ins Stroh legt und fest einschläft. Nur mit Mühe kann man ihn einige Stunden später wecken, um ihn zur Wache zu bringen, wo er mit der Feder seinen Namen schreibt: Kaspar Hauser.

Kaspar, der in einem Turm für Vagabunden untergebracht wird, spielt zuerst mit einer Münze, dann mit dem mannigfaltigen Spielzeug, das ihm neugierige Besucher schenken, vor allem die Pferdchen, die ihn entzücken. Er scheint ein geistiges Alter von drei Jahren zu haben und den Körper eines Jünglings. Er weiß seine Hände nicht zu gebrauchen, höchstens mit Daumen und Zeigefinger nach Gegenständen zu greifen. Bei Sonnenuntergang fällt er in Schlaf, aus dem er bei Morgengrauen wieder erwacht. Am Tag sitzt er auf dem Boden, die Beine gerade vor sich hingestreckt. Zuweilen, sagt der Gefangenenwärter Hiltel, spielt er mit Kindern. Sein Gang gleicht eher einem torkelnden, schwankenden Tappen auf nachgebenden Beinen, einer Mittelbewegung zwischen Fallen und Aufrechtstehen. Er zeigt den heftigsten Widerwillen gegen Fleisch, das er ausspeit, gegen Bier, das bei ihm, als man es ihn einmal heimlich schlucken läßt, zu Schweißausbrüchen, Kopfschmerzen, Fieber und Ohnmachtsanfällen führt. Seine Vorliebe gilt frischem Wasser und Brot. Oft weint er, schreit, fürchtet sich vor allem und nichts. Wenn er zufrieden ist, lacht er – vor allem beim Anblick von weißen Pferden, denn die schwarzen setzen ihn in Schrecken. Wenn er gleichgültig ist, verfällt er in eine Art tierische Stumpfheit. Kaspar vergnügt sich damit, das Alphabet und die Zahlen von eins bis zehn zu schreiben und viele Seiten Papier mit seiner Unterschrift zu füllen. Er kann fast nicht sprechen. Aus seinem Mund kommen nur unverständliche Laute und ein Satz in Dialekt: »ä fechtene möcht ih wähn, wie mei Vottä wähn is«. Er sagt auch »hoam weissa«, »woas nit«, »Bua« für alles, was menschliche Gestalt hat, und schließlich »Roß« für jedes Tier. Man konnte sich in die Wahl versetzt glauben, schreibt später Feuerbach, der ihn am 11. Juli besuchte, »ob man ihn für einen durch irgendein Wunder auf die Erde herabversetzten Bürger eines anderen Planeten oder für jenen Menschen des Plato nehmen solle, der, unter der Erde geboren und aufgewachsen, erst im Alter der Reife zum Licht der Sonne heraufgestiegen«.

Am 18. Juli 1828 verläßt Kaspar seinen Turm und die Wachstuben der Polizei und kommt in das Haus des Dr. Daumer, der ihn seit einiger Zeit voller Mitleid beobachtete. Innerhalb weniger Monate hat sich die Asymmetrie seines Gesichts sowie das Vorstehen des Oberkiefers verloren. Er ist ein untersetzter, breitschultriger Knabe mit hellblauen Augen, zarter weißer Haut, feingliedrigen Händen. Er trägt noch einige frische Narben sowie eine tiefere Wunde am rechten Arm. Er klagt weiterhin über heftige Kopfschmerzen und trinkt wie ein Verdurstender Unmengen Wasser. Er braucht viele Wochen, um das Treppensteigen zu erlernen. Daumer gewöhnt ihn an Fleischspeisen: im September sind seine Kräfte so gewachsen, daß er mit beiden Händen ein Gewicht von zwölf Kilo heben kann. In seinem Turm hatte Kaspar mit Pferdchen aus Holz oder Gips gespielt, sie gefüttert, sie mit bunten Papierfetzen geschmückt, hatte des morgens Bilderbogen ausgepackt und sie am Abend säuberlich wieder zusammengelegt, mit einem fast manischen Sinn für Ordnung und Reinlichkeit. Bei Daumer spielt er nicht mehr, sondern zeichnet. Tagelang bemüht er sich, eine Lithographie abzumalen, – hunderte von Versuchen, an denen sich die Fortschritte auf dem Weg zur Ähnlichkeit ablesen lassen. Mit dem Stallmeister von Rumpler genießt er die unbändige Freude, Pferde zu besteigen.

Allmählich wird sein Gang sicherer, und seine Gefühle prägen sich aus. Er lernt bei Daumer die Behaglichkeit eines guten Bettes schätzen. Aber immer noch versetzt ihn alles Neue in Angst: dann verfällt er in heftige Zuckungen, die zuweilen in eine Art Erstarrung übergehen; und er bewahrt seltsame Phobien: bestimmte Farben sind ihm zuwider, vor allem die schwarze, aber auch die grüne – was erklären könnte, warum er die Natur garstig findet –, und die gelbe, außer die goldglänzende des Geldes. Jede Art von Geruch bereitet ihm Pein, mit Ausnahme desjenigen von Brot, Anis und Kümmel. Magneteisen macht ihn krank, doch verschwindet diese Empfindlichkeit für Metalleisen im Dezember. Kaspar ist von absolutem Gehorsam und beklagt sich nur über seine Heimatlosigkeit: er versteht, daß er nicht ist wie die anderen, fragt, warum er keine Eltern und Verwandten habe. Er möchte Frauenkleider tragen, denn die gefallen ihm besser. Man sagt ihm, er müsse ein Mann werden: er verneint es heftig. Etwas später ist er bereit, sich die Ehe sowie die Anwesenheit einer Gefährtin vorzustellen, die er freilich nur in der Rolle einer Haushälterin sieht, ohne irgendeine Spur von Liebe.
Daumer zufolge war es Kaspar zu Anfang nicht möglich gewesen, Entfernungen richtig einzuschätzen oder den Sinn der Perspektive genau zu erfassen. Das Sonnenlicht bereitete ihm Schmerzen, während er in der Nacht mühelos sehen konnte. Er griff nach seinem Spiegelbild, wenn ihm ein Spiegel vorgehalten wurde, und suchte dann nach jemandem, der dahinterstecke. Er warf Traum und Wirklichkeit durcheinander. Sein Gehör war scharf, obwohl es erst nach einigen Tagen auf den Schlag der Turmuhr und das Geläut der Glocken reagierte. Bei der Wachtparade stand er in der Nähe der Regimentstrommel und verfiel durch die Erschütterungen ihrer Schläge in heftige Zuckungen, doch als eine Bauernhochzeit unter seinem Fenster vorbeizog, lauschte er wie verklärt auf die Musik. Seine intellektuelle Erziehung mußte ganz von vorn begonnen

werden. Bei Daumer lernt Kaspar sprechen. Zuerst verfügte er nur über Infinitive, besaß nur Semanteme, nicht Morpheme, sprach von sich in der dritten Person, kannte kaum den Gebrauch des »Ich«, verstand weder Anrede noch Befehl. Seine Sprache war durchsetzt mit Polysemien: das Wort »Berg« zum Beispiel bezeichnete alles Gewölbte. Diese Sprache war parataktisch, nicht syntaktisch, und organisierte sich nach dem Gesetz der bloßen Aneinanderreihung. In drei Jahren hat sich alles verändert. Jeden Vormittag, von elf bis zwölf Uhr, besucht Kaspar eine Rechenstunde in der Stadt. Auf dem Gymnasium martert man ihn mit Latein. 1831 verbringt er einige Wochen bei Feuerbach, der sich über den Formalismus des Unterrichts beklagt, der einer so besonderen Person zuteil werde. Die Freude am Lernen hält im übrigen nicht lange an; Kaspar wird apathisch, düster, mürrisch. Er ist ein ruhiger, schwerfälliger Mensch mit gesundem Menschenverstand: »Wer hat die Bäume gemacht? Wer zündet die Sterne an, wer löscht sie wieder aus? Was ist meine Seele? Kann ich sie sehen? Warum will Gott nicht immer barmherzig sein?« Wer ist er? Woher kommt er? Seinem Gedächtnis ist nicht viel zu entreißen. Verzweifelt wendet er sich seiner Vergangenheit zu, und es gelingt ihm trotz allem, sich zu erinnern: er hat das Gefühl, in Nürnberg »auf die Welt gekommen« zu sein und entdeckt zu haben, daß es »noch andere Menschen« gebe; vorher hat er in »einem Loch«, »einem Käfig« gelebt, hat Wasser und Brot gegessen; zuweilen ist er nach dem Einnehmen eines Getränks eingeschlafen – Opium, dessen Geschmack er bei Daumer wiedererkennt; schon in seinem Loch besaß er zwei Holzpferde; jeden Tag ist ein Wesen gekommen, das er nie von Angesicht gesehen hat, und brachte ihm sein Essen oder befahl ihm, hinter ihm stehend, einige Figuren, Buchstaben oder Zahlen zu malen.
Dieses Wesen, das erste, von dem er noch eine Vorstellung hat, nennt er jetzt schlicht »der Mann«. In der Stadt wird gemunkelt, daß Kaspar bald sein Geheimnis enthüllen werde.

Dieses Gerede sollte ihm bald zum Verhängnis werden. Vielleicht war der Mann erstmals am 17. Oktober 1829 zurückgekehrt. Kaspar lag krank im Hause, allein mit Daumers Mutter und seiner Schwester Katharina. Gegen Mittag entdeckte Katharina Blutflecken auf der Treppe und im Hof. Kaspar war unauffindbar. Man fand ihn halbtot im Keller. Immer wieder sagte er nur ein einziges Wort: Mann! Er hatte eine Stirnverletzung und blieb achtundvierzig Tage ohnmächtig liegen und delirierte; es dauerte zweiundzwanzig Tage, bis er wieder gesund war. Der Mann war in der Stadt gesehen und wahrscheinlich identifiziert worden: »Nicht über alles, was ich den Gerichtsakten entnehme«, sagte Feuerbach, »darf ich öffentlich reden.« Diese letzte Vorsichtsmaßnahme mußte denen als zusätzliche Gefahr erscheinen, die unaufhörlich mit der von Kaspar zu erwartenden Enthüllung prahlten. Eines Tages im Jahre 1833, als der junge Mann zweiundzwanzig Jahre alt geworden war und sich wieder einmal bei Anselm von Feuerbach aufhielt, wurde er ein zweites Mal im Park von Ansbach angefallen. Von einem Dolchstoß getroffen, starb Kaspar am übernächsten Tag. An der Stelle, wo er zusammenbrach, wurde später ein Denkmal mit der Inschrift errichtet: »Hier wurde ein Unbekannter von einem Unbekannten getötet.« Eine halbe Lüge. Denn es kam eine vermutliche Wahrheit über Kaspar an den Tag: es hieß, er sei der Sohn von Stefanie Beauharnais, Nichte von Josephine, die Napoleon mit Gewalt dem Prinzen Karl von Baden zur Frau gegeben hatte. Das Kind, das aus der Ehe von Karl und Stefanie hervorging, wurde seiner Mutter entrissen, damit die Krone den Söhnen einer morganatischen Linie zufiele. Man hatte es zu einem Jagdaufseher des Baron Griesenberg in Pflege gegeben: Franz Richter – alias »der Mann«. Der Mörder aus dem Park von Ansbach war ein gewisser Johann Jakob Müller. Die Enthüllungen von Edmond Bapst erlaubten es später, etwas Licht in diese dunkle Geschichte zu bringen.

Kaspar Hauser erscheint in der Geschichte der Isolationen als ein Kind, das der Gegenwart anderer nicht gänzlich beraubt war, aber dennoch abseits der Welt lebte, in der Stille und Nacht seines Gefängnisses. Ganz anders ist die Situation des Individuums, das von zartestem Alter an nur die Gesellschaft von Tieren gekannt hat. Arnold Gesell hat in seinem Buch *Wolfchild and Human child,* dem heute berühmtesten über Fälle von Tiermenschen, die tragische Geschichte von Amala und Kamala nach der Originalerzählung dargestellt. Am 9. Oktober 1920 hört Hochwürden Singh, der sich auf einer Missionsreise befindet, von Bauern des Dorfes Godamuri, daß es im Wald »gespenstische Menschen« gebe. Singh, der sich an Ort und Stelle führen läßt, sieht in der Dämmerung drei ausgewachsene Wölfe, zwei Wolfsjunge sowie zwei »Ungeheuer« auftauchen, deren Gesichter sich hinter einer wirren Mähne verbergen und die auf allen Vieren laufen. Alle beide verhalten sich beim Verlassen der Höhle genau wie Wölfe: sie strecken lauernd den Kopf hervor, blicken nach allen Seiten, entschließen sich endlich, mit einem Satz herauszuspringen. Ein Begleiter will schießen, Singh verhindert es und entschließt sich, angesichts des Entsetzens der meisten seiner Führer, sieben Meilen entfernt einige weniger ängstliche Freiwillige anzuwerben. Am 17. Oktober ist er mit einer kleinen Truppe erneut zur Stelle und sieht zwei der alten Wölfe entfliehen. Der letzte, ein Weibchen, verteidigt den Eingang der Höhle und bricht von Pfeilen durchbohrt zusammen. Im hintersten Winkel der Grube befinden sich, eng aneinandergekauert, zwei junge Wölfe und zwei kleine Mädchen. Jene in einer Verteidigungsstellung zusammengekrümmt, diese drohender und aggressiver. Nach ihrer Ergreifung werden die beiden Mowgli eine Woche lang Dorfbewohnern anvertraut. Singh fährt fort, und die Eingeborenen ergreifen panikartig die Flucht. Als Hochwürden zurückkehrt, findet er die Mädchen verlassen vor, abgemagert und halbtot vor Hunger und Durst in der Hürde, in die man sie getrieben hatte. Er zwingt sie, Milch zu trinken, pflegt sie einige Tage und läßt sie dann

in einem Ochsenkarren zum Waisenhaus von Midnapore bringen, das er leitet und in das er am 4. November zurückkehrt.
Von nun an wird die jüngere Amala, die ältere Kamala genannt – Mädchen mit breiten Schultern, langen Armen und gerader Wirbelsäule. Beide haben eine dicke Hornhaut an Handballen, Ellbogen, Knien und Fußsohlen. Sie lassen ihre Zunge aus dicken und aufgeworfenen Lippen hängen, keuchen heftig und sperren manchmal ihre Kiefer übermäßig weit auf. Beide sind ausgesprochen lichtscheu und tagblind, verkriechen sich den Tag über im Schatten oder kauern reglos vor einer Wand; nachts erwachen sie aus ihrer Erstarrung, heulen wiederholt laut auf, stöhnen beständig in dem Wunsch, zu entfliehen. Amala (eineinhalb Jahre) und Kamala (achteinhalb Jahre) schlafen sehr wenig, vier Stunden am Tag, und bewegen sich auf zweierlei Weise fort: auf Ellbogen und Knien bei kleinen und langsamen Ortsveränderungen, auf Händen und Füßen für weite Strecken und zum Laufen, bei dem sie im übrigen eine große Geschwindigkeit entwickeln. Flüssigkeit wird aufgeleckt und Nahrung mit hängendem Kopf in hockender Stellung eingenommen. Ihre ausschließliche Vorliebe für fleischliche Nahrung bewegt die Mädchen zu der einzigen Tätigkeit, deren sie fähig sind: sie jagen Hühner und graben Knochen oder Innereien aus. Sie sind menschenscheu und mürrisch, schenken nur kleinen Hunden und Katzen ein wenig Aufmerksamkeit, sind Kindern gegenüber gleichgültig, vor allem Mrs. Singh gegenüber aggressiv, krümmen den Rücken in einer Haltung angespannter Abwehr, sobald man ihnen näherkommt, und bringen ihre Feindseligkeit und Wachsamkeit durch rasches Zurückwerfen des Kopfes zum Ausdruck.
Amala stirbt am 21. September 1921 nach zweiwöchigem Leiden an einer Nierenentzündung, und Kamala erliegt seltsamerweise derselben Krankheit am 14. November 1929. Hochwürden Singh und Dr. Sarbadhicari haben die psycholo-

gische Entwicklung von Kamala während der acht Jahre beschrieben, die sie im Waisenhaus von Midnapore zugebracht hat. Schlagen wir das Tagebuch von Singh auf: allmählich, doch sehr langsam ist die Motorik des Kindes menschlicher geworden. Nach zehn Monaten streckt Kamala die Hand aus, um eine Nahrung zu erbitten; nach sechzehn Monaten, Februar 1922, richtet sie sich auf ihren Knien auf; im März bewegt sie sich auf diese Weise fort; im Mai kann sie auf ihren Füßen stehen, gegen eine Bank gestützt; ein Jahr später kann sie zum ersten Mal aus eigener Kraft stehen; im Januar 1926 kann sie gehen, und in den beiden letzten Jahren ihres Lebens läßt sie erkennen – obwohl die Art ihres Laufens wölfisch bleibt –, daß ihre ursprüngliche »vierfüßige Fortbewegung« nur dem Fehlen einer normalen Schulung zu verdanken war. Kamalas Verhalten ist von Jahr zu Jahr flexibler und vielfältiger geworden. Rein motorische und rauschhafte Gesten, wie z. B. jene, stundenlang an der Schnur eines *pankah* zu ziehen, weichen Handlungen, die dem sozialen Leben integriert sind: sie ergreift ein Glas, um daraus zu trinken, macht Jagd auf Raben, die die Körner des Hühnerhofs verschlingen, nimmt Wasch- und Badegewohnheiten an, überwacht die Säuglinge des Waisenhauses – sie macht auf solche aufmerksam, die schreien oder sonst einen Kummer haben –, sammelt die Eier im Hühnerstall ein und verrichtet zahlreiche einfache Aufgaben.

Gleichzeitig ändert sich Kamalas Charakter. Zuerst scheint sie durch Amalas Tod in Regression zu verfallen: zum ersten Mal vergießt sie Tränen, verweigert zwei Tage lang jede Nahrung und jedes Getränk, verkriecht sich sechs Tage lang in einer Ecke, sucht dann zehn Tage lang ganz offensichtlich ihre Gefährtin, denn sie schnuppert nach dem geringsten Geruch, den sie hinterlassen haben könnte. Im dritten Vierteljahr ihrer »Schulzeit« im Waisenhaus wird sie zutraulicher, nimmt einen Keks an, den ihr Mrs. Singh reicht, und nähert sich ihr, wenn sie Milch austeilt. In unbewußter Nachahmung Itards greift die Frau des Missionars zu Massagen, um Muskeln und Glieder des Kindes geschmeidiger zu machen. Eines Tages im November 1921 nimmt Kamala ihre Beschützerin bei der Hand und bittet um die Massage. Im selben Monat setzt sie sich neben zwei Ziegen, drückt sie an sich und fängt unbegreiflicherweise an, mit ihnen zu sprechen. Drei Jahre nach ihrer Ergreifung bekommt sie langsam Angst vor der Dunkelheit und versucht des Nachts, sich den anderen zu nähern; es schmerzt sie jede Trennung von Mrs. Singh, in deren Abwesenheit sie im Garten umherirrt und bei deren Rückkehr sie Freudentänze vollführt und sich ihr entgegenstürzt. Der Geschmackssinn wie die allgemeine Affektivität haben sich innerhalb von fünf Jahren verfeinert. Kamala lernt Salz schätzen, und im Jahre 1926 beginnt sie, den Hunden aus dem Weg zu gehen und zu weinen, wenn die anderen Kinder ohne sie auf den Markt gehen, wird beim Spielen ungeduldig, wenn sie zu lange auf die Schaukel warten muß, reagiert auf Komplimente, gibt Zeichen von Stolz und Scham zu erkennen, indem sie sich weigert, den Schlafsaal zu verlassen, wenn man ihr nicht ihr Kleid gibt.

Auch die Intelligenz von Kamala ist allmählich aus dem Nebel emporgetaucht. Zuerst besaß sie nur zwei Wörter, »ma« für Mama, womit Mrs. Singh gemeint war, und »bhoo«, womit sie Hunger oder Durst zum Ausdruck brachte. 1923 sagt sie durch Kopfnicken ja oder nein, und mit dem Mund ja (»hoo«). 1924 benennt und verlangt sie Reis (»bha«) und begeht sie zum ersten Mal einen Willensakt, indem sie sagt: »am jab«, ich will. 1926 verfügt Kamala, die ihre persönlichen Sachen wiedererkennt – ihren Teller, ihr Glas –, über ein Vokabular von etwa dreißig Wörtern. Anweisungen versteht sie gut. Wenn ihr die Wörter fehlen, verwendet sie Zeichen. Mit einem Wortschatz von fünfzig Wörtern gelingt es ihr am Ende ihres Lebens, im November 1929, recht flüssig mit den sie behandelnden Ärzten zu sprechen, deren Namen sie im übrigen gut kennt. Wirklich läßt sich mit Paul Sivadon sagen, daß

nichts darauf hindeutete, daß sie eine geborene Idiotin gewesen sei, daß im Gegenteil ihr geistiges Niveau im Alter von acht Jahren, verglichen mit dem, was sie später zeigte, deutlich bewies, daß ihr trauriges Los nur auf dem Mangel oder auf dem Fehlen einer Familie in frühester Kindheit beruhte. Sivadon, der »Kamalas Geschichte« erwähnt, erinnerte daran, daß man die organischen Probleme nicht von den psychologischen Problemen trennen dürfe. Er zog den Schluß: »Der Mensch unterscheidet sich vom Tier dadurch, daß er zu früh geboren wird. Seine Persönlichkeit entwickelt sich nach der Geburt in einer Reihe von kulturellen Matrizes, die für seine Entfaltung ebenso wichtig sind wie die mütterliche Matrix. Es sind die Gefühlsbeziehungen, die er im Laufe der ersten beiden Jahre mit seiner Mutter unterhält, die sein gesamtes affektives Leben bestimmen. Und das Erlernen der Sprache im richtigen Zeitpunkt bestimmt sein ganzes intellektuelles Leben. Das heißt, daß ein bei der Geburt normales Kind praktisch idiotisch werden kann, wenn die Bedingungen seiner Erziehung ungünstig sind. Dies ist ein wesentlicher Punkt: die Persönlichkeit entwickelt sich in dem Maße, in dem die Umwelt, aufgrund ihres erzieherischen Werts, dem Kind im richtigen Augenblick die ihm angemessenen kulturellen Güter bietet.« Sivadon, der Psychiater, sagt somit das gleiche wie Merleau-Ponty, der Psychologe und Seinsphilosoph.
Amala und Kamala haben unter Wölfen gelebt, aber ebenso wie Kaspar Hauser nicht in völliger Isolation. Die schärfste und radikalste Isolation hingegen scheint das Los von Victor gewesen zu sein. Im Jahre 1797 sieht man im Tarn, genauer im Wald von Lacaune, ein nacktes Kind in ungewöhnlicher Freiheit umherstreifen, das jeden Menschen flieht. Ein erstes Mal wurde es in La Bassine gefangen, aber es gelang ihm, zu entwischen und weitere fünfzehn Monate umherzuirren. Mitte Juli 1898 erblicken Jäger es auf einem Baum, fangen es abermals ein und geben es zu einer Witwe im benachbarten Dorf in Pflege. Nach einer Woche Gefangenschaft glückt dem

Knaben erneut die Flucht, und er überwintert mehrere Monate im Wald, wie es der Bericht des Regierungskommissars Guiraud bezeugt. Am 9. Januar 1800 (19. Nivôse des Jahres VIII) um sieben Uhr früh verirrt er sich und wird achthundert Meter vom Dorf entfernt im Garten eines gewissen Vidal, Färber des Gebiets von Saint-Sernin-sur-Rande im Département Aveyron, aufgegriffen. Am 10. Januar (20. Nivôse) bringt man ihn ins Hospiz Saint-Affrique und am 4. Februar (15. Pluviôse) nach Rodez, wo er Gegenstand einer ersten Beobachtung und einer ersten Dissertation wird, der des Naturforschers Bonnaterre: er ist ein Meter sechsunddreißig groß, hat ein gerades *genus valgum,* murmelt beim Essen vor sich hin, hat jähe Wutanfälle, liebt das Feuer, schläft von Sonnenuntergang bis Sonnenaufgang, macht wiederholt Fluchtversuche, kann offensichtlich sein Spiegelbild nicht erkennen – hinter dem Spiegel sucht er nach der Person, die er dort verborgen wähnt. Die Zeitungen berichten über dieses Kuriosum. Ein Minister interessiert sich für ihn: auf sein Geheiß wird das Kind zu Studienzwecken nach Paris gebracht. Der berühmteste Psychiater seiner Zeit, Pinel, schreibt ein Gutachten über den Wilden und sieht in ihm kein Individuum, das aufgrund seines exzentrischen Daseins seiner geistigen Fähigkeiten beraubt ist, sondern einen Idioten, der vollkommen denen gleiche, die ihm in Bicêtre vor Augen gekommen seien. Itard, seit kurzem Chefarzt der Taubstummenanstalt in der Rue Saint-Jacques, ein großer Verehrer von Locke und Condillac und überzeugt davon, daß der Mensch nicht »geboren«, sondern »gemacht« ist, erlaubt sich eine gegenteilige Meinung. Zwar stellt auch er Idiotie fest, nimmt sich jedoch das Recht, hierin nicht eine biologische, sondern eine kulturelle Mangelerscheinung zu sehen. Er hofft – ohne Rücksicht auf eine irreversible Entwicklung –, den Geist des Kindes völlig erwecken und damit seine Gegner beschämen zu können. Man bietet ihm die Möglichkeit, den Beweis zu erbringen, und vertraut ihm den »Wilden« an.

Bei seiner Ankunft in Paris in der Rue Saint-Jacques versucht das Kind von Aveyron, dessen Gesicht von nervösen Zuckungen zerrissen wird, mit zusammengebissenen Zähnen die Fäuste auf seine Augen preßt und oft konvulsivisch auf der Stelle tanzt, fortwährend zu entfliehen. Bald ist er überschäumend in seiner Gestik, bald völlig ermattet; er wird vom Schnee erregt, in dem er sich wälzt, und beruhigt sich – ein neuer Narziß – beim Anblick des stillen Wassers im Brunnen, an dessen Rand er gern vor sich hinträumt, oder auch bei dem des hellen Mondes, den er abends reglos betrachtet. Da er zur Nachahmung unfähig ist, lassen ihn die Spiele der Kinder gleichgültig, und bald überliefert er die paar Kegel, die man ihm geschenkt hat, den Flammen. Seine einzige Beschäftigung, die er in Rodez oder im Wald gelernt haben muß, beschränkt sich darauf, einige Bohnen zu enthülsen.
Sein Arzt wundert sich über die sterile Unruhe seiner Pubertät und daß er in seiner Begierde keine geschlechtliche Trennung der Personen vorzunehmen vermag. Er wundert sich noch über vieles andere: daß er keinen Schmerz empfindet, denn häufig faßt er mit der bloßen Hand ein brennendes Holzscheit an, obwohl seine Haut sehr zart ist; daß er auf Tabak nicht reagiert, selbst wenn sich dieser in seiner Nase befindet; daß ihn Pistolenschüsse gleichgültig lassen, die hinter seinem Rücken abgegeben werden, daß er sich aber umdreht, sobald man eine Nuß knackt; daß er nur widerwillig in einem Bett schläft; daß er gleichmütig kalte Regengüsse erträgt; daß ihn auch der übelste Gestank nicht berührt; daß dieser Vegetarier, der sich von Eicheln, Wurzeln und rohen Kastanien ernährt, eine Abscheu vor Süßigkeiten, Gewürzen, Schnaps und Wein hat; kurz, daß er alle Zeichen der Zivilisation verachtet, was sich bei ihm verbindet mit einer Liebe zur rauhen Wirklichkeit, zum klaren Wasser, an dem er seine höchste Freude findet, und zum schwarzen Gewitter in der Luft, das es ankündigt.
Eine zerstreute, flackernde, ängstliche Aufmerksamkeit lenkt

den Blick auf alles und nichts. Das Auge unterscheidet nicht zwischen einem wirklichen und einem gemalten Gegenstand. Das Ohr achtet nicht auf die menschliche Stimme, ebensowenig wie auf Schüsse oder Musik, höchstens auf das Geräusch des Kastanienschälens. Die Nase beschränkt sich darauf, an allem zu schnuppern, was ihr begegnet, an Zweigen und Blättern, an Steinen, Erde und Fleisch. Elender als ein Schimpanse, kann das Kind weder Türen öffnen noch auf einen Hocker klettern, um eine entfernte Beute zu fassen, und wie beim Tier, kommt aus seiner Kehle nur ein einziger rauher Laut. Victors Gesicht, das aus finsterer Apathie in ein ungewöhnliches Grinsen verfällt, ähnelt unstreitig dem eines Schwachsinnigen. Itard versucht in den folgenden Jahren, einige Wandlungen bei ihm hervorzurufen.

In zwei Berichten aus den Jahren 1801 und 1806 erzählt der Arzt Itard, wie das Kind nach einem Jahr, nach sechs Jahren sein wildes Gebaren abgelegt hat. Sehen wir uns den Bericht von 1801 näher an. Victor zieht sich jetzt alleine an, bemüht sich, sein Lager nicht zu beschmutzen, deckt den Tisch, hält seinen Teller hin, um Essen zu bekommen, geht Wasser holen, wenn der Krug leer ist, fertigt unliebsame Besucher ab, indem er ihnen den Ausgang zeigt, fordert die Neugierigen auf, ihn in einem kleinen Handkarren herumzufahren, bringt dem Arzt einen Kamm, wenn dieser absichtlich seine Haare in Unordnung gebracht hat, und legt des Morgens die Kleider seiner Erzieherin zurecht. Sensibilität und Affektivität bilden sich aus. Durch Duschen und warme Bäder, sagt Itard, bekommt das Kind ein Gefühl für Temperaturen und gewinnt die Vorstellung von Behaglichkeit. Er mag jetzt nur noch richtig gekochte Kartoffeln. Die Nase wird für Reize empfindlich, und gleichzeitig bekommt er den ersten Schnupfen. Einige kleine Freuden sind zu erkennen: wenn Wasser auf seine Hand tropft, eine Schüssel in der Badewanne schwimmt, ein Lichtstrahl an der Zimmerdecke tanzt. Beim Anblick der Landschaft erwacht in ihm jedesmal der Wunsch, zu entfliehen, obwohl er für seine Pflegerin, Madame Guérin, freundschaftliche Gefühle zeigt, ebenso für Lemeri, den Parkaufseher des Observatoriums, und schließlich für Itard selbst, außer wenn dieser die »Lektionen« zu lange dauern läßt, was Victor in Zorn versetzt. Denn die »intellektuellen Interessen« des Wilden halten sich in Grenzen. Dagegen entfaltet sich die Aufmerksamkeit: das Auge folgt der Bewegung eines Gegenstandes, der rasch weggenommen wird und in verschiedenen Verstecken verschwindet. Indes bleibt der Knabe zunächst allen gesprochenen Lauten gegenüber gleichgültig, außer dem Vokal *O*, bei dem er sich umdreht, ein Grund, weshalb Itard ihn Victor tauft. Nach und nach kann er alle Vokale aussprechen, außer dem *U*, sowie drei Konsonanten, darunter das *l*, womit er das erste Wort zu bilden vermag: *lait* (Milch), das der Knabe sagt, wenn dieses Getränk vor ihm steht, aber zunächst nur so, wie man beim Anblick der Sache einen Schrei ausstößt, und nicht, um sie wirklich zu fordern. Der Arzt beschließt, für die Sprache seines Schülers zu kämpfen. Er konstruiert zahllose Lottospiele, in deren Felder Victor verschiedene Gebrauchsgegenstände, bewegliche geometrische Figuren in jeder Farbe, schließlich alle Buchstaben des Alphabets legen kann. Von diesen Buchstaben geht der geduldige und zumindest hierin traditionalistische Pädagoge zu den Wörtern über, als erstes zu jenem *lait*, das Victor manchmal ausspricht, und das er nicht nur als graphisches Zeichen zu identifizieren, sondern auch zu benutzen lernt, indem er auf dieses auf ein Pappkärtchen geschriebene Wort deutet, wenn er das köstliche Getränk haben will.

Der zweite Bericht von Itard im Jahre 1806 erwähnt weitere Fortschritte. Sechs Jahre sind inzwischen vergangen. Victors Tätigkeit bleibt karg. Ein Blitzstrahl an Phantasie läßt ihn eines Tages einen Bleistifthalter konstruieren, mittels einer hohlen Spicknadel, die er in der Küche aufgelesen hat: dies ist seine große Erfindung. Meist beschäftigt er sich mit öden und leichten Arbeiten: zum Beispiel sägt er Holz und findet großes Vergnügen daran, wenn der Klotz sich abtrennt und auf das Pflaster des Hofes fällt. Im übrigen bereitet es ihm Vergnügen, sich nützlich zu machen, insbesondere sorgfältig den Tisch zu decken, und dieses Bestreben, alles richtig zu machen, ist auch der Anlaß einer rührenden Episode in der Geschichte seines Lebens. An dem Tag, als der Mann von Madame Guérin gestorben war, stellt er wie gewöhnlich auch dessen Teller auf den Tisch; doch als er sieht, daß seine Gouvernante darüber in Tränen ausbricht, berichtigt er, sichtlich bekümmert und verwirrt, seinen Irrtum und begeht ihn nie wieder. Itard hat das lange Abenteuer dieser Sozialisation und die tiefgreifenden Veränderungen in Victors emotionalem Verhalten beschrieben. Gewiß hat das Kind auch drei Jahre nach seinem Aufenthalt in der Rue Saint-Jacques noch seine Neigung zum Vagabundieren und die Manie, sich auf Bäume zu schwingen: bei einer Zusammenkunft in Clichy-la-Garenne, bei der auch Madame de Staël sowie einige hohe Persönlichkeiten anwesend sind, stellt er seine Klettertalente zur Schau. Wenn der Arzt ihn zum Essen in die Stadt mitnimmt, hat er Mühe, ihn am Laufen zu hindern und benutzt zur eigenen Beruhigung immer einen Fiaker. Wenn man ihn um seinen täglichen Spaziergang bringt, leidet er Qualen und versucht, aus der Anstalt zu entwischen. Manchmal gelingt es ihm, und er kommt südlich bis zum Stadttor d'Enfer und im Norden bis zum Wald von Senlis, bereut es dann aber. Als er nach einer Flucht und einem zweiwöchigen Gefängnisaufenthalt Madame Guérin wiedersieht, vergeht er vor Scham und Freude. Er ist bemüht, die Leute seiner Umgebung zufriedenzustellen, ebenso gern möchte er verstehen und wissen: er lacht, wenn Itard ihn lobt, schluchzt, wenn er ihn tadelt – mehr erschüttert über die moralische als über die physische Strafe, unterwürfig und zerknirscht, wenn die Züchtigung ihm begründet erscheint, aber empört, wenn man ihm, um ihn »auf die Probe zu stellen«, ungerechtfertigte Schmerzen zufügt. Nicht minder erstaunlich ist, daß unter dem Einfluß von Itards

Pädagogik auch die geistigen Funktionen des Wilden erwachen. Allerdings zögert der große Pädagoge trotz seiner Güte nicht, manchmal zu Zwangsmitteln zu greifen. Da er einmal gesehen hatte, wie Victor sich über eine Brüstung beugte und von großem Entsetzen gepackt wurde, packt er eines Tages seinen widerspenstigen Schüler und hängt ihn aus einem Fenster des 4. Stockes ins Leere. Zwei Minuten später räumt das Kind, leichenblaß, seine Schulsachen zusammen und läßt zum ersten Mal Tränen fließen. Als Verehrer von Condillac hält Itard die Erziehung der Sinnesorgane für wesentlich. Victor lernt, mit den Fingerspitzen in einem Gefäß kalte und heiße Kastanien, Eicheln, Nüsse und Steine voneinander zu unterscheiden, sogar ausgeschnittene Buchstaben. Ebenso wird er angeleitet, den Ton der Glocke und den der Trommel, das Geräusch eines Stabes auf Holz oder auf Eisen, und schließlich ausgesprochene Buchstaben voneinander zu unterscheiden. Am Ende des ersten Jahres kann Victor einige beschriftete Kärtchen lesen und verwendet sie, wenn er etwas haben möchte. Itard regt ihn zu weiteren Anstrengungen an. Er zeigt seinem Schüler die Wörter auf einer Tafel, läßt ihn ihre Umrisse mit dem Zeigefinger nachfahren, zwingt ihn zum Buchstabieren und erreicht auf diese Weise, daß er sie wiedererkennt; dann legt er die geschriebenen Wörter neben die entsprechenden Gegenstände, nimmt diese dann plötzlich weg und fordert das Kind auf, sie zu suchen und vorzulegen. Lange Zeit steht Victors Bewußtsein verwirrt vor dem irritierenden Problem des Verständnisses und der Ausdehnung der Begriffe. Das Wort »Buch« bezeichnet für ihn zunächst nur das Buch auf dem Nachttisch seines Lehrers, d. h. ein ganz bestimmtes konkretes Objekt. Etwas später verfällt er – wie alle Kleinkinder – in den entgegengesetzten Irrtum, denn er gibt jedem ähnlichen Ding – einer Zeitung, einem Heft, einem Register – denselben Namen. Durch viele Übungen gelangt er schließlich zu einem relativen Gleichgewicht und zum richtigen Gebrauch der Wörter im Konflikt der Ähnlichkeiten und Unterschiede. Itard achtet darauf, daß Victor mittels der Kärtchen nicht nur solche Wörter zu handhaben lernt, welche Dinge bezeichnen, sondern auch solche, die auf Beziehungen hinweisen – z. B. im Bereich der Quantitäten – und Handlungen ausdrücken; wobei die pädagogische Methode nun im wesentlichen darin besteht, das Kind selbst *agieren* zu lassen. Dieses bleibt zwar stumm, aber es lernt allmählich schreiben. Der Arzt fordert es auf, einfache Gesten nachzuahmen, mit einem Stab Ornamente, dann mit einem Stift die Windungen der Wörter nachzufahren. Nach einigen Monaten ist Victor kein Idiot mehr: er kann den Sinn der Wörter umfassen, sie ohne Vorbild wiedergeben und schriftlich seine wichtigsten Wünsche zum Ausdruck bringen.

Am 3. Mai 1806 teilt ein Brief des Innenministeriums an die Verwaltung der Taubstummenanstalt mit, daß die »der Dame Guérin« zugesprochene Summe von 150 Franken im Jahr für ihre »Mühe und Pflege« betreffend den *Wilden von Aveyron* auch weiterhin gezahlt wird. Und als Victor 18 Jahre alt ist, vertraut er den »jungen Mann« auch wirklich derjenigen an, die sich seit seiner Ankunft in Paris um ihn gekümmert hat. Seitdem lebt er in einem Nebengebäude der Anstalt, 4, Impasse des Feuillantines, und stirbt dort, vierzigjährig, im Jahre 1828.

Wir wollen in der Sache Victor den Prozeß der wilden Kinder nicht noch einmal aufrollen. Wir haben schon oben gesagt, was davon zu halten ist. Wir beschränken uns darauf, an den Widerstand zu erinnern, der Itard von seiten jener entgegengesetzt wurde, welche in den Vorurteilen einer Zeit befangen waren, in der das essentialistische Denken vorherrschte, auch von seiten jener, welche die Auffassungen einer Zeit zum Ausdruck brachten, in der die psychologische »Weisheit« in bezug auf die damaligen Wissenschaften vom Menschen dieselbe Rolle spielte wie die Alchemie in bezug auf die damaligen Naturwissenschaften. Im 19. Jahrhundert herrschte die Ansicht, daß ein kleiner Mensch von Natur aus fürs Leben gerüstet geboren wird, außer in Fällen biologischer Schädigung. In Anbetracht der schwachen Geisteskräfte des *Wilden von Aveyron* und der Begrenztheit seiner Fortschritte glaubte Bousquet triumphieren zu können: »Wenn ihm wirklich«, sagte er, »nur die Kraft des Vorbilds gefehlt hat, um die Fesseln zu sprengen, die seine Vernunft in Ketten hielten, so liegt es auf der Hand, daß nichts ihn daran hinderte, sie abzuschütteln, sobald er die Luft der Zivilisation atmete.« Wirklich nichts, außer der Unmöglichkeit, noch einmal sechs Jahre alt zu sein, oder wie durch ein Wunder von der geistigen Sklerose zu genesen und das lange, schmerzhaftc Trauma auszulöschen, das die lange Isolation bewirkt hatte. Bousquet sprach, als ob die Vergangenheit nicht zählte, als ob die früher psychischen Vorgänge keine Rolle im Leben des Heranwachsenden und Erwachsenen spielten, als ob die geistige Verkrüppelung durch die Zauberkraft eines Wortes oder eines Blicks verschwinden könnte. Man denkt hier unweigerlich an den »Rassismus« oder den »Droitismus«, der zu Anfang konditionelle Unterschiede toleriert und sie dann, zuweilen heuchlerisch, aber immer töricht durch ihre *Folgen* zu rechtfertigen sucht. Esquirol, wie Bousquet ein Zeitgenosse Itards, verfiel in dieselben Trugschlüsse und sah in dem Kind von Aveyron einen »ausgerissenen oder von entarteten Eltern ausgesetzten Idioten«. Es hagelte Absurditäten, die dann Delasiauve und Bourneville übernahmen. Ersterer schrieb in aller Unschuld, daß der »Wilde« von Itard »das gewesen sei, was er seiner Natur nach sein mußte«, und der zweite stellte das selbstherrliche Dekret des ersten nicht unmißverständlich in Frage. Beide jedoch erkannten bei der Prüfung des pädagogischen Unternehmens von Itard, daß dieses zu besseren Ergebnissen hätte führen können, wenn es, nach den Worten von Delasiauve, weniger in einer »verstreuten und ganz praktischen Gärung« bestanden hätte, wenn es auch »den Wetteifer, die Rivalität herangezogen hätte, die gleich normalen Kindern auch Idioten stimuliert«. Ganz gewiß hätte sich »der so gebildete Wilde vielseitiger gezeigt«. Dies ist nur ein geringes Zugeständnis, doch Bourneville geht noch weiter: »Einer der Gründe, weshalb die Bemühungen, der Scharfsinn und die Intelligenz von Itard nicht mehr gefruchtet haben«, schreibt er, »ist sicher in dem schon fortgeschrittenen Alter seines Schülers zu suchen.« Zu Recht betrachtet Bourneville die alten Gewohnheiten der Freiheit im Walde als ein Hindernis für die Erziehung, woraus sich die Notwendigkeit ergebe, »nicht nur gegen die Gehirnschäden, die zum Stillstand der Entwicklung seiner Fähigkeiten hätten führen können, sondern auch gegen die im wilden Leben angenommenen Gewohnheiten zu kämpfen«. Ärgerlich an dieser Einsicht ist nur, daß hier die Hypotheken des angeborenen Schwachsinns wie die des erworbenen Schwachsinns nebeneinander beibehalten werden. Wenn es nun zwar stimmt, daß Victor zumindest einige Jahre in den gebirgigen Wäldern des Languedoc und des Rouergue herumgeirrt war, so ist ein Gehirnschaden dagegen durch keinerlei Autopsie bezeugt. Die Vermutung eines organischen Ursprungs der Oligophrenie des Kindes gleicht hierin vielen anderen Schutzbehauptungen. Zwar kann niemand sie ohne weiteres abstreiten, aber wir haben keinerlei Ursache, sie zu vermuten, und alles spricht sogar gegen sie.

Unter dem Ansturm seiner Freunde ist Itard wohl zu Zeiten ins Wanken geraten, und um so mehr, als er, ein Gefangener der Ideologien seiner Zeit, die pädagogische Prognose allzu eng mit der physiologischen Diagnose verbunden hatte. Nichts aber konnte ihn nachhaltig davon abbringen, die Gegebenheiten auf Condillacsche Weise zu deuten. Mit leichter Bitterkeit und Verachtung spricht Itard von jenen, die sich 1806 nicht mehr für das Kind interessierten, einst aber »meinten, es beurteilen zu können«. Er weigert sich, sich auf die Sophismen der Unredlichkeit einzulassen. Er erinnert an die Fortschritte von Victors Sinnesorganen bei der Ausbildung der Wahrnehmung, daran, daß alle wichtigen Funktionen seines Geistes richtig arbeiten, daß er ein Bewußtsein der

Zeichen erlangt hat, daß sich bei ihm guter Wille, Gewissenhaftigkeit und Reue gezeigt haben. Die Mitglieder des Taubstummeninstituts, denen der »zweite Bericht« vorgelegt wurde, wiederholten fast wörtlich das letzte Argument des Arztes; so schreibt Dacier: »Was Victor betrifft, so muß man zuvörderst den Punkt, von dem er ausgegangen, sowie denjenigen, an dem er angelangt ist, ins Auge fassen, denn dieser junge Mann darf, will man ihn richtig beurteilen, nur mit sich selbst verglichen werden.« Nach sechs Jahren der Beobachtung und Erfahrung bleibt Itard dem Lehrsatz seines ersten Berichts treu, in dem er daran innert, daß ›der Mensch, der ohne Körperkräfte und ohne eingeborene Ideen auf diesen Erdball geworfen ist ..., in der umherschweifendsten wilden Horde wie in der zivilisiertesten Nation Europas nur das ist, was man ihn werden läßt‹; zumindest findet er ›in dem schönsten Vorzug seiner Art die Möglichkeit, seinen Verstand zu entfalten‹, durch die Magie der Beziehungen zu sich selbst und zu anderen, durch die Magie der Beispiele und Lektionen, die einzig die menschliche Umwelt ihm zu bieten vermag. Die Wahrheit, die letztlich durch all dies verkündet wird, lautet, daß der Mensch als Mensch vor seiner Erziehung nichts weiter ist als eine Eventualität, und sogar noch weniger: nur eine Hoffnung.

Paris, April–Juni 1963

Philippe Camerarius: Operae horarum subcisvarum sive meditationes historicae auctiores, Francoforti typis J. Saurii impensis P. Kopffii 1602, I, S. 343 ff. *Zitiert den hessischen Knaben sowie den Bamberger Knaben.*

Pistorius: Scriptores rerum a Germanis gestarum, Francoforte 1613, Additiones ad Lambertum Schafnaburgensem. Appositae ab Erphesfordensi Monacho anonymo, S. 264. *Über den hessischen Knaben.*

Kenelm Digby: Two treatises, in the one of which the nature of bodies, in the other the nature of mans soule is looked into: in way of discovery of the immortality of reasonable soules, Paris, G. Blaizot, 1644, S. 247 f. *Über den Lütticher Hans.*

Nikolaus Tulp: Observationes medicae, Amsterdam, D. Elsevirium, 1672 (vgl. IV, Kap. 10, 5. Aufl., L. B., 1716, S. 296). *Über das irische Kind.*

Bernard Connor: Evangelium medici: medicina mystica, London, R. Wellington, 1697; Aufl. von 1699, S. 133. The history of Poland in several letters to persons of quality . . ., London, D. Brown, 1698, I, S. 342 ff. *Signalisiert das dritte litauische Bärenkind.*

Leipziger Zeitungen von gel. Sachen 1725, Nr. 104, und 1726, Nr. 17, 61, 88. *Über Peter von Hameln.*

Breslauer Sammlungen Bd. XXXIV, Dez. 1725, S. 659, und Bd. XXXVI, Apr. 1726, S. 506. *Über Peter von Hameln.*

Zuverlässige Nachricht von dem bei Hameln gefundenen wilden Knaben. Wobei dessen seltsame Figur in Kupfer gestochen befindlich, 1726. *Über Peter von Hameln.*

Etienne de Condillac: Essai sur l'origine des connaissances humaines, Amsterdam, P. Mortier, 1746. Erster Band, Vierte Abteilung, Kap. II, S. 202–205. *Zitiert das zweite litauische Kind.*

Louis Racine: Epître II. Sur l'homme. Poésies nouvelles, Paris, Desaint et Saillant, 1747, S. 28. *12 Verse und eine Anmerkung betreffend das Mädchen von Sogny.* Èclaircissement sur la fille sauvage dont il est parlé dans l'Epître II sur l'homme, in: Oeuvres de Louis Racine, Paris, Le Normant, 1808, S. 575-582. *Itard greift später dieses Beispiel nach Bonnaterre wieder auf und zitiert Racine in seinem ersten Bericht über Victor mit der falschen Angabe:* La Religion, poème, *statt:* Epître II, *ein ganz anderes Werk.*

Ein Brief des Hamelschen Bürgermeisters Palm, 1741, in D. F. Fein's Entlarvter Fabel vom Ausgange der Hamelschen Kinder, Hannover 1749, S. 36. *Über Peter von Hameln.*

Gentleman's Magazine: Bd. XXI, 1751, S. 522; Bd. LV, 1785, I, S. 113, 236; II, S. 851. *Über Peter von Hameln.*

Jean–Jacques Rousseau: Discours sur l'origine de l'inégalité parmi les hommes. Anm. c. Erste Aufl. 1754. Neuaufl. Garnier 1962, S. 94–96. *Gibt 5 Beispiele an. Behauptet, daß der aufrechte Gang eine natürliche Haltung des Menschen sei und der vierfüßige Gang von Kindern nur auf einer zufälligen Nachahmung des Tieres beruhe, einer Nachahmung, die über die anatomischen Anlagen gesiegt habe. Rousseau ist mit Blindheit geschlagen: der »gute Wilde« ist intelligent, großmütig und geht auf zwei Beinen.*

Charles-Marie de La Condamine: Histoire d'une jeune fille sauvage trouvée dans les bois à l'âge de dix ans, Paris, H... (Hecquet?), 1755. *Über das Mädchen von Sogny, genannt Marie-Angélique Memmie Le Blanc. 72 Seiten von zuweilen glaubhaften, meistens aber erfundenen oder unwahrscheinlichen Tatsachen.*

Olivier Swift: Swift's Works, 1755, Bd. II, Teil I, S. 132. *Über Peter von Hameln.*

Carl von Linné: Systema naturae, 10. Aufl. (Stockholm), Laurentii Salvii, 1758, Bd. I, S. 20. *Der Autor führt 7 Beispiele an. Entgegen der Behauptung von Zingg nennt Linné das richtige Entdeckungsjahr des »juvenis lupinus Hessensis«: 1344. In der 13. Auflage steht zwar 1544, was wohl ein Druckfehler ist.*

Systema naturae, 13. Aufl., Leipzig, Georg Immanuel Beer, 1788, Bd. I, S. 21. *Der Autor fügt 3 weitere Beispiele hinzu: den juvenis bovinus Bambergensis (Camerarius entlehnt), die puella transislana und die puella campanica.*

Johann Christian Daniel von Schreber: Die Säugetiere in Abbildungen nach der Natur mit Beschreibungen, Bd. I, Erlangen, Wolfgang Walther, 1775, S. 31–37. *Verwendet die Nomenklatur von Linné, gibt wertvolle Auskünfte über die einzelnen Fälle und fügt 2 weitere hinzu.*

James Burnet, Lord Monboddo: Ancient metaphysics, London 1784, Bd. 3, S. 57 und 367. *Über den wilden Peter.*

Johann Gottfried von Herder: Zur Philosophie und Geschichte, IV–VII, Ideen zur Geschichte der Menschheit; zitiert von Zingg, *American Journal of Psychology,* 1940, S. 488, mit der Angabe: »Ideen zur Philosophie der Geschichte der Menschheit«, Nazionale Literatur (?) 77, Aufl. 1784, S. 1070–1109. *Reproduziert die Liste der Fälle nach Schreber.*

Michael Wagner: Beiträge zur philosophischen Anthropologie und den damit verwandten Wissenschaften, Wien, Joseph Stahel, 1794, S. 251-268. *Spricht vom Knaben von Kronstadt und dem ungari-*

schen Mädchen. Zitiert zwei Briefe, insbesondere den aus Zips vom 11. Oktober 1793.

Constant de Saint-Estève: Rapport sur le sauvage de l'Aveyron, 22. Januar 1800. In: Bonnaterre, Notice historique, S. 23–26.

Journal des Débats: 25. Januar 1800. Brief des Bürgers N. über den Wilden von Aveyron.

Pierre–Joseph Bonnaterre: Notice historique sur le sauvage de L'Aveyron et sur quelques autres individus qu'on a trouvés dans les forêts à différentes époques, Paris, Panckoucke, 1800. *Die ersten Beobachtungen über Victor durch den Professor der Naturgeschichte an der Ecole Centrale von Aveyron. Kennt Linné und Schreber. Zitiert die »puella karpfensis«, das wilde Mädchen, das 1767 nackt in einer Höhle entdeckt worden sein soll.*

Jean-Marie Gaspard Itard: De l'éducation d'un homme sauvage ou des premiers développements physiques et moraux du jeune sauvage de l'Aveyron, Paris, Goujon, 1801. Rapport fait à S. E. le ministre de l'Intérieur sur les nombreux développements et l'état actuel du sauvage de l'Aveyron, Paris, Imprimerie Impériale, 1807. *Neuauflage der beiden Werke unter dem Titel:* Rapports et mémoires sur le sauvage de l'Aveyron. Vorwort von Bourneville. Einleitende Texte von Bosquet und Delasiauve, Paris, Alcan, 1894. Englische Übersetzung von George und Murial Humphrey: The wild boy of Aveyron, New York, Appleton Century Crofts, 1932.

Franz Joseph Gall und G. Spurzheim: Anatomie et physiologie du système nerveux en général et du cerveau en particulier, Paris, F. Schoell, 1810, Bd. 2, S. 42 f. *Eine Verteidigung der »menschlichen Natur«. Es werden Victor und ein litauisches Kind zitiert.* »Die erste Frage, die entschieden werden muß, ist die, ob diese Geschöpfe, denen keine Erziehung zuteil wurde, nicht bereits schwachsinnig waren.« *Die Autoren stellen diese Frage, ohne sie zu lösen. Wie Zingg meint, spielen Gall und Spurzheim auf zwei so wenig präzise Fälle an, daß es sinnlos wäre, sie in Betracht zu ziehen. American Journal of Psychology, 1940, S. 489.*

Johann Friedrich Blumenbach: Beiträge zur Naturgeschichte, Göttingen, Heinrich Dieterich, 1811. *Ein langes kritisches Kapitel über Peter von Hameln. Das gesamte Werk Blumenbachs ist voller »biologistischer« Vorurteile.*

Karl Asmund Rudolphi: Grundriß der Physiologie, 2 Bde., Berlin, Ferdinand Dümmler, 1821, I, S. 25 f. *Stellt das Problem unter dem Einfluß von Blumenbach dar.*

Wilhelm Horn: »Reisen durch Deutschland, Ungarn, Holland, Italien, Frankreich, Großbritannien und Irland«, Gött. gel. Anz., Juli

1831, S. 1097; zitiert bei von Feuerbach: Kaspar Hauser, S. 50. *Stellt einen neuen Fall vor.*
SCHMIDT VON LÜBECK: Über Kaspar Hauser, Altona 1831; zitiert bei von Feuerbach: Kaspar Hauser, S. 53.
PAUL J. ANSELM VON FEUERBACH: Kaspar Hauser, Beispiel eines Verbrechens am Seelenleben des Menschen, Ansbach, J. M. Dollfuss, 1832. *Die Geschichte von Kaspar Hauser, erzählt von einem derer, die sich seiner angenommen haben.*
A. BOUSQUET: »Eloge historique d'Itard«, 1. Dezember 1839, Paris, Mémoires de l'Académie de Médecine, 1840, Bd. VIII, S. 1 ff. Neuaufl. Bourneville, Rapport et mémoires sur le sauvage de L'Aveyron, Paris, Alcan, 1894, S. XI–XXVIII. *Irrtümlicherweise gibt Bousquet ein falsches Geburtsjahr für Itard an, nämlich 1775. Im Taufregister von Oraison, das in den Archiven der Bürgermeisterei aufbewahrt wird, heißt es in der Eintragung über Jean Itard: 25. April 1774.*
EDOUARD MOREL: »Notice biographique sur le Docteur Itard«, Annales de l'Éducation des sourds-muets et des aveugles, 1845, S. 84–99.
EDOUARD SEGUIN: Traitement moral, hygiène et éducation des idiots, Paris 1846. *Spricht von den Arbeiten seines Lehrers Jean Itard.* L'idiotie, son traitement par la méthode physiologique, New York 1866. *Eine neue Version des Werkes von 1846.*
JOHANN FRIEDRICH IMMANUEL TAFEL: Die fundamentale Philosophie in genetischer Entwicklung mit besonderer Rücksicht auf die Geschichte jedes einzelnen Problems, I, 1848; zitiert von Zingg, American Journal of Psychology, 1940, S. 490. *Diskutiert den Standpunkt Blumenbachs. Faßt alle bis dahin bekannten Fälle zusammen und fügt einige neue hinzu. Hauptgedanke: Das Zurückgebliebensein der wilden Kinder beruht auf ihrer Isolation.*
JENKINS THOMAS: An account of wolves nurturing children in their dens, Printer 9 Cornwall Street, Plymouth 1852; zitiert von Zingg, American Journal of Psychology, 1940, S. 490.
WILLIAM HENRY SLEEMAN: A journey through the kingdom of Oude, 2 Bde., London, Richard Bentley, 1858; zitiert von Zingg, American Journal of Psychology, 1940, S. 490. *Der Generalmajor Sir William Sleeman hielt sich im Jahre 1849/50 in Indien im Königreich Oude auf (Midnapore liegt in Oude). Er kämpfte gegen die Thugs. Berichtet über insgesamt sieben Fälle von Wolfskindern, darunter von einem aufgrund einer sehr vagen Angabe.*
E.-B. TAYLOR: »Wild men and beast children«, Anthropological Review I, 1863, S. 21–32; zitiert von Zingg, American Journal of

Psychology, 1940, S. 491. *Der erste große Spezialist für Fälle von Isolierung. Revidiert die Frage auf der Grundlage der neuen, von Sleeman übermittelten Fälle. Übt heftige Kritik an Blumenbach. Nennt selbst zwei Fälle aus der Zeit des Premier Empire, dessen Kriege viele verlorene Kinder hervorbrachten.*

Francis Galton: »The domestication of animals«, Transactions of the Ethnological Society of London, neue Serie 3, 1863, S. 136; zitiert von Zingg, American Journal of Psychology, 1940, S. 491. *Übernimmt die kulturalistische These von Tylor.*

Delasiauve: »Appréciation des rapports d'Itard«, Journal de Médicine mentale, 18. *Der Text, der aus der Zeit nach 1864 stammt, wird in die Bourneville-Ausgabe mitaufgenommen: »Rapports et Mémoires sur le sauvage de l'Aveyron«, Paris, Alcan, 1894, S. XXIX–XLVII.*

Paul Verlaine: »La chanson de Gaspard Hauser« – ursprünglicher Titel des Gedichts »Je suis venu calme orphelin«, geschrieben im Gefängnis der Petits-Carmes in Brüssel, Sagesse, 1873; Neuaufl. Gallimard, Coll. Pléiade, S. 183. *Es gab eine »zutique«-Version mit dem kalauernden Titel: »La chanson du gars pas poseur«. Später, in »Mémoire d'un veuf«, einem Ballettszenario, behandelt Verlaine erneut die Geschichte von Kaspar Hauser, die ihn sehr beeindruckt zu haben scheint.*

Valentin Ball: Jungle life in India, London 1880; zitiert von Zingg, American Journal of Psychology, 1940, S. 491. *Über indische wilde Kinder.*

August Rauber: Homo sapiens ferus oder die Zustände der Verwilderten und ihre Bedeutung für Wissenschaft, Politik und Schule, Biologische Untersuchung, Leipzig, Denicke, 1885. *Fügt einen Fall hinzu. Kritisiert die These von Blumenbach. Geht kulturalistisch an das Problem heran. Ein grundlegendes Buch von 134 Seiten, das ausschließlich den wilden Kindern gewidmet ist und eine reichhaltige historische Dokumentation enthält.*

William Francis Prideaux: »Wolf boys«, Notes and Queries, 6. Serie 12, 1885, S. 178; zitiert von Zingg, American Journal of Psychology, 1940, S. 491.

The Zoologist (Linneus society): »About the feral men«, 12, 1888, Nr. 135, S. 87 f.

Elisabeth Edson Evans: The story of Kaspar Hauser from authentic records, London, S. Swan, 1892.

Hugues Le Roux: Notes sur la Norvège, Paris, Calman-Lévy, 1895, S. 16. *Spricht von dem »kleinen Schneehuhn von Justedal«.*

H.-G. Ross: »About the feral men«, The field 9, 1895, Nr. 2237,

S. 786. *Weist auf einen Fall in Indien hin.*
Lippincott's Magazine: »Wolf children«, 61, 1898, S. 121. *Der Aufsatz enthüllt einen neuen Fall von Isolierung, abermals in Indien.*
G.-C. Ferris: Sanichar, the wolf boy of India, New York 1902; zitiert von Claude Lévi-Strauss, Les structures élémentaires de la parenté, S. 4.
A. Bellanger: »Le docteur Itard«, Revue générale de l'enseignement des sourds-muets, Mai 1904. *Druckt ein Fragment des Testaments von Itard ab, dessen vollständiger Wortlaut sich befindet in: »Mémoire à l'appui d'une demande... formée par Joseph Petit«, Digne. Vial. 1895, S. 5–10.*
E. C. Stuart Baker: »The power of scent in wild animals«, J. Bombay Natural History Society 27, 1920, S. 117 f. *Vermerkt einen bis dahin unbekannten Fall eines wilden Kindes.*
A. Castex: »Jean Itard, sa vie, son oeuvre«, Bulletin d'oto-rhino-laryngologie, September 1920.
A.-F. Tredgold: Mental deficiency, 1920, S. 304; zitiert von Zingg, American Journal of Psychology, 1940, S. 493. *Meint, daß das isolierte Kind, insbesondere Kaspar Hauser, aufgrund eben dieser Tatsache »amens« ist.*
Edouard Herriot: Madame Récamier et ses amis, Paris, Payot, 1924, S. 75 f. *Berichtet, daß der wilde Victor, auf einen Baum geklettert, bei den Gästen von Madame Récamier in Clichy-la-Garenne im Jahre 1803 Ergriffenheit hervorrief.*
Maria Montessori: Pédagogie scientifique, 1926. Franz. Übers. von Georgette J.-J. Bernard; 3. Aufl., Paris 1958, S. 24–29. *Über den Wilden von Aveyron und Itards Erziehungsmethode.*
Herman Pies: Kaspar Hauser, 1926; zitiert von Zingg, American Journal of Psychology, 1940, S. 496.
New York Times: »Amala and Kamala«, 22. Oktober 1926, S. 1; 23. Oktober 1926, S. 11; 26. Dezember 1926, S. 4. *Die ersten Aufsätze, die in den USA auf die Existenz der Wolfsmädchen von Midnapore aufmerksam machen.*
Time: »Amala and Kamala«, 1. November 1926, S. 25.
Peitserley: Kaspar Hauser, Ansbach-Druck, C. Brugel und Sohn; zitiert von Zingg, American Journal of Psychology, 1940, S. 496.
The Pioneer: (Indian periodic): »About the wild boy of Maiwana«, 5. April 1927. *Erste bekannte Information über diesen Fall von Isolierung.*
The Englishman (Indian periodic): »About the wild boy of Maiwana«, 7. April 1927.
New York Times: »Amala and Kamala«, 30. Januar 1927, S. 14;

6. April 1927, S. 11; 12. Mai 1927, S. 20.
Literary Digest: India's wolf children, 95, 8. Oktober 1927, S. 54 ff. *Über das Kind von Maiwana.*
Living Age: »About the wild boy of Maiwana«, 332, 1927, S. 1020 ff.
P. C. SQUIRES: »Wolf children of India«, American Journal of Psychology 38, 1927, S. 313 ff. *Erste im* American Journal of Psychology *erschienene Bemerkung über Amala und Kamala, die Wolfsmädchen von Midnapore. Squires hat diesbezüglich einen Brief von Singh erhalten.*
New York Times: »About the wild boy of Maiwana«, 6. April 1927, S. 4; 27. April 1927, S. 11; 2. Mai 1927, S. 20; 10. Juli 1927, S. 10; 17. Juli 1927, S. 9.
LUISE BARTING: Altes und Neues zu Kaspar Hauser, 1930; zitiert von Zingg, American Journal of Psychology, 1940, S. 496.
E.-T. KRUGER UND W.-C. RECKLESS: Social Psychology, New York, Longmans-Green, 1931, S. 38 f. *Die Phänomene extremer Isolierung werden als sehr instruktiv für die Psychologie angesehen.*
W.-N. KELLOG: »More about the wolf children of India«, American Journal of Psychology 43, 1931, S. 508 f. *Publiziert eine Information von Prof. Mumby am Christian College von Lucknow (Indien), der einen Originalbrief des Missionars von Midnapore zitiert, desjenigen, der die Wolfsmädchen einfing. Der Brief datiert vom 22. Januar 1931. Er berichtet von den äußeren Umständen der Entdekkung und gibt einen Abriß der psychologischen Entwicklung von Amala und Kamala.*
A further note of the wolf children of India, American Journal of Psychology 46, 1934, S. 149 f. *Erwähnt einen Brief von Hochwürden Singh und zitiert ausführlich den Bericht des Dr. Sarbadhicari, der Amala und Kamala vom Tag ihrer Gefangennahme bis zu ihrem Tod behandelte. Kellog schließt:* »Diese Kinder sind unzweifelhaft die eindringlichsten Beispiele für wilde Kinder in unserer Zeit. Die Veröffentlichung der ausführlichen Dokumente wird mit lebhaftem Interesse erwartet.«
R.-M. ZINGG: »Extreme cases of isolation«, Illustrated Weekly of India, 5. Februar 1933, S. 37. *Über ein neues Wolfskind in Indien.*
G.-M. STRATTON: »Jungle children«, Psychological Bulletin 31, 1934, S. 596 f.
New York Times: »Anna of Pensylvania«, 6. Februar 1938. *Dieser Artikel berichtet von der Entdeckung Annas, eines unehelichen Mädchens, das wegen der Feindseligkeit seiner Großmutter in einer amerikanischen Farm eingeschlossen wurde. Dieser Fall wird später von Kingsley Davis untersucht.*

A. PORCHER: »Itard«, Revue générale de l'enseignement des sourds-muets, drei Nummern: Juni 1938, S. 113–124; Juli–Sept. 1938, S. 129–132; Oktober 1938, S. 1–6. *Bibliographie von Itard und Zusammenfassung der Geschichte des Wilden von Aveyron. Der Autor schreibt die Bezeichnung »juvenis Averionensis« fälschlicherweise Linné zu, der, im Jahre 1778 gestorben, den Schüler Itards nicht gekannt hat. Sie stammt vielmehr von Bonnaterre in seiner »Notice historique« von 1899.*

S.-H. HUTTON: »About the wild boys«, London Times, 24. Juli 1939. *Zitiert den Fall eines neuen wilden Kindes.*

R.-M. ZINGG: »Feral man and extreme case of isolation«, American Journal of Psychology 53, 1940, S. 487–517. *Die vollständigste Untersuchung, die je über diese Frage veröffentlicht wurde. Auf den geschichtlichen Abriß der Frage folgt eine Übersicht über die ungewissen, wahrscheinlichen und authentischen Beispiele. Der Autor vermerkt 36 Fälle. Im ersten und analytischen Teil stellt er eine Nomenklatur auf (S. 487–503). Im zweiten und synthetischen Teil wird das Bild des homo ferus gezeichnet (S. 504–517). Der ganze Aufsatz ist in den Fußnoten mit einer reichen Bibliographie versehen, bei der einzig zu bedauern ist, daß die Angaben über Texte aus dem 18. oder 19. Jahrhundert zuweilen lückenhaft oder ungenau sind. Zahlreiche Angaben haben wir ergänzt und berichtigt nach Einsicht der Werke in der Bibliothèque Nationale, dem Musée d'Histoire Naturelle und der Bibliothèque de l'Ecole Normale Supérieure in Paris.*

Science, new letter: »Amala and Kamala«, August 1940, S. 40 ff.

KINGSLEY DAVIS: »Extreme isolation of a child«, American Journal of Psychology 45, 1940, S. 554–565. *Der Fall von Anna, einem klaustrierten Mädchen. Kingsley Davis hat zusammen mit Richard G. Davis die Entwicklung des Kindes beobachtet. Berichtet über die physiologische Untersuchung des Dr. Edmond Carr.*

F.-N. MAXFIELD (Ohio State University): An extreme case of isolation, 1940; zitiert von Zingg, American Journal of Psychology, 1940, S. 517. *Ein ähnlicher Fall wie der von Anna.*

Science: »A discussion of baboon boy case«, 22. März 1940, S. 291 f. *Über das vermeintliche Paviankind aus Südafrika.*

J.-P. FOLEY: »The baboon boy of South Africa«, American Journal of Psychology 53, 1940, S. 128–133. *Stellt einen Fall von Isolierung als wahrscheinlich dar, der in Wirklichkeit nur durch einen Schwindel zu Ansehen gelangte. Zingg antwortet Foley im selben Jahr und am selben Ort und weist nach, daß dieses Beispiel nicht festgehalten werden darf.*

R.-M. Zingg: »More about the baboon boy of South Africa«, American Journal of Psychology 53, 1940, S. 455–462. *Zerstört die von J.-P. Foley vorgestellte Legende von Lucas. Zitiert die Zeugenaussagen von Prof. Raymond A. Dart, des Superintendenten J.-A. van Heerden, der Ärzte E.-G. Dury und C.-G. Cassidy, sowie des Polizeioberleutnants O.-J.-T. Horak.*

Time: »Amala and Kamala«, 3. März 1941, S. 58 ff.

Scientific American: »Amala and Kamala«, März 1941, S. 135 ff.

American Weekly: »Amala and Kamala«, 18. Mai 1941, S. 12 f., 17.

Arnold Gesell: The biography of a wolf child, Harper's Magazine, Januar 1941, S. 184–193. *Eine Zusammenfassung der Geschichte von Amala und Kamala.*

Wolf child and human child, New York, Harper, 1941; engl. Ausgabe: London, Methuen, 1941. *Der Fall von Amala und Kamala nach dem Tagebuch von Hochwürden Singh. Mit vielen Fotografien. Gesell hält die Einwände derer für abenteuerlich, die auf eine innere Oligophrenie schließen, wo es sich nur um eine Zurückgebliebenheit aus Mangel an Erziehung handelt.*

W. Dennis: »The significance of feral man«, American Journal of Psychology 54, 1941, S. 425–432. *Vermutet, daß sich die Verhaltensweisen der »homines feri« mit angeborener Oligophrenie erklären lassen und daß ihr Überleben in der Einsamkeit wohl nur von kurzer Dauer gewesen ist. Zingg antwortet auf diese Einwände in derselben Nummer, S. 432–435, im Anschluß an die Untersuchung von Dennis.*

R.-M. Zingg: Reply to professor Dennis, »The significance of feral man«, American Journal of Psychology 54, 1941, S. 432–435. *Zingg antwortet Dennis: die authentischen wilden Kinder haben sehr lange isoliert gelebt und waren in keiner Weise konstitutionell schwachsinnig.*

Kimball Young: Sociology, New York, American Book Co., 1942, S. 5–8, ii. *Nimmt aus soziologischer Sicht lebhaften Anteil an dem Problem des »feral man«.*

F.-C. Dockeray: Psychology, New York, Prentice Hall, 1942, S. 82 f. *Sieht in den wilden Kindern die »natürlichen Beweise« für die Bedeutung der Kultur.*

E.-D. Chapple und C.-S. Coon: Principles of Anthropology, New York, Henri Holt, 1942, S. 63 f. *Hält die Fälle von Verwilderung für sehr wichtig bei der Bestimmung des Begriffs des sozialen Menschen.*

Saturday Home Magazine: »Amala and Kamala«, 30. August 1943, S. 5.

Coronet: »Amala and Kamala«, Mai 1943, S. 141–150.

American Weekly: »About the baboon boy«, 10. Dezember 1944, S. 16. *Greift die Legende nach Foley wieder auf.*

JAKOB WASSERMANN: Caspar Hauser oder die Trägheit des Herzens, Stuttgart, Deutsche Verlags-Anstalt, 1905. *Roman über das Leben des Kindes von Nürnberg.*

CLAUDE LÉVI-STRAUSS: Les structures élémentaires de la parenté, Kap. I, Nature et Culture, Paris, PUF, 1949, S. 2–5. *Trägt das Problem vor. Zitiert einige Arbeiten mit oft falschen bibliographischen Angaben. Im Grunde ist dies nicht sein Thema. Sagt dennoch sehr richtig, daß das »wilde Kind«, selbst das authentische, nicht irgendeinen Zustand der ersten Menschheit symbolisieren kann.*

W. DENNIS: »A further analysis of reports of wild children«, Children Development 22, 1951, S. 153–158. *Neue polemische Untersuchung der Dokumente über die »homines feri«.*

ANDRÉ DEMAISON: Le livre des enfants sauvages, Paris, André Bonne, 1953. *Nimmt zwei Fälle, denen er selbst begegnet ist, zum Vorwand für einen Roman über das Leben von Assicia. Hat Freeman und Valentin Ball gelesen, die er ausgiebig zitiert in einem Buch, das in aller Eile geschrieben wurde und Irrtümer enthält, die sein Autor schon im voraus für »poetisch« erklärt.*

MARIAN SMITH: »Wild children and the principle of reinforcement«, Children Development 25, 1954, S. 115–123. *Die Theorie von geistiger Zurückgebliebenheit durch Isolation ersetzt die Autorin durch diejenige von Irrsinn durch Isolation.*

OTTO KLINEBERG: Social psychology, New York, Henry Holt, rev. Aufl. 1954. *Kann sich nicht vorstellen, wie schwachsinnige Kinder in so schwierigen Situationen, wie sie Kamala oder Victor erfuhren, hätten überleben können. Bemerkt, daß sich schwachsinnige Kinder im allgemeinen ganz anders verhalten als solche, die fern von der menschlichen Gesellschaft aufgefunden wurden. Meint, daß einige der Zeugenaussagen ernst genommen zu werden verdienen.*

HENRI PIERON: »L'importance de la période préscolaire pour la formation de l'esprit«, Cahiers pédagogiques et d'orientation professionelle, Liège 1954. *Nimmt den von Davis untersuchten Fall von Anna als Beispiel.*

MAURICE MERLEAU-PONTY: »Les relations avec autrui chez l'enfant«, Vorlesung am Collège de France, Paris, Centre de Documentation Universitaire, 1958, S. 13–18. *Sieht in der Stummheit des »homo ferus« die Folge einer affektiven Frustration und eines Mangels an »Sozialkontakten«.*

R. FARENG: »Le sauvage de l'Aveyron«, Revue du Rouergue, Okt./

Dez. 1959, S. 402–417. *Eine gewissenhafte Studie über die Geschichte von Victor und »Itards Beiträge für den Fortschritt der Pädagogik«.*

RENÉ ZAZZO: »Les jumeaux, le couple et la personne«, Paris PUF, 1960, Bd. I, S. 44 f. *Schreibt, das Beispiel von Kamala zeige, daß die Wirkungen der Vererbung auf die Genesis des Verhaltens letztlich gleich Null sein können.*

BERGEN EVANS: The natural history of nonsense, New York, Alfred A. Knopf. *Ein amüsantes, zuweilen anfechtbares Buch.*

ANNA ANASTASI: Differential psychology, 3. Aufl., New York, Mac Millan, 1962, S. 107–112. *Meint, daß trotz berechtigtem Argwohn gegenüber einigen Fällen von Isolation die gültigen Fälle überaus lehrreich sind, weil sie die Kenntnisse, die wir von anderer Seite über die Prozesse der Akkulturation besitzen, bestätigen.*

PAUL SIVADON: »Infirmes et incurables«, Recherches Universitaires, März/April 1963, S. 21. *Eine kulturalistische Interpretation der Zurückgebliebenheit von Kamala durch Sivadon, Professor der Psychiatrie an der medizinischen Fakultät von Brüssel;* neu abgedruckt in der Sondernummer von »Esprit«, November 1965, S. 636 f.

JEAN-CLAUDE AUGER: »Un enfant gazelle au Sahara occidental«, Notes Africaines, Nr. 98, April 1963, S. 58–61. *Auger hat zu wiederholten Malen, zwischen dem 22. September und 13. Oktober 1960, ein wildes Kind in einem der »garas« von Tiris inmitten von Gazellen gesehen.*

J. A. L. SINGH: Die Wolfskinder von Midnapore, Quelle und Meyer, Heidelberg 1964

O. MANNONI: »Itard et son sauvage«, Les Temps Modernes, Oktober 1965, Nr. 233, S. 647–663. *Der Autor bedauert, daß Itard nicht Sigmund Freud gewesen ist.*

JEAN ITARD

Gutachten und Bericht über Victor von Aveyron

Einführung

Jean Marc Gaspard Itard wurde am 24. April 1774 in Oraison, Basses-Alpes, geboren. 1782 gab man ihn in die Obhut seines Onkels, des Domherrn der Kathedrale von Riez, wo er das städtische Gymnasium besuchte; später setzte er seine Studien in Marseille bei den Oratorianern fort. Sein Vater hatte ihn für eine Banklaufbahn bestimmt: nach einem fehlgeschlagenen Versuch in dieser Richtung kehrt Itard für zwei Jahre nach Riez zurück. Der Revolutionskrieg und der Zufall verschlagen ihn in das Militärkrankenhaus von Soliers, obwohl er damals noch nichts von Medizin versteht. Doch dort erwacht in ihm die Leidenschaft für die ärztliche Tätigkeit, und er besucht die Kurse des Anatomieprofessors Larrey. 1796 ruft Larrey den Dr. Itard zu sich nach Val de Grâce. Eine Chirurgenstelle wird frei. Itard bewirbt sich und wird angenommen. Zu jener Zeit beherrschten zwei Männer die französische Medizin: Pinel, der sein Vertrauen in die wissenschaftliche Strategie setzte, und Corvisart, ein Verfechter der Taktik. Itard schlägt den Weg Pinels ein. Eines Tages wendet sich der Abbé und Anstaltsdirektor Sicard wegen eines Unfalls in der Rue Saint-Jacques an Jean Itard: wenig später, am 31. Dezember 1800, schlägt er ihm vor, Chefarzt des später Kaiserlichen Taubstummen-Instituts zu werden. Itard ist fünfundzwanzig Jahre alt und arbeitet gerade an einer These über den Pneumothorax, die 1803 veröffentlicht wird, als das im Département Aveyron aufgegriffene wilde Kind nach Paris gebracht wird, auf Geheiß des Ministers Champagny, der sich der Bedeutung dieses Falles für die Fortschritte in der Erkenntnis des Menschen bewußt ist. Das Kind wird dem Institut in der Rue Saint-Jacques übergeben, wo sich Jean Itard sofort bereit erklärt, es zu erziehen. 1801 veröffentlicht er ein Gutachten über seinen seltsamen Schüler, das ihn in ganz Europa berühmt macht. Der Zar von Rußland läßt ihm einen wertvollen Ring überreichen und bietet ihm durch seinen Botschafter in

Paris einen einflußreichen Posten in Petersburg an. Itard lehnt ab und verfaßt fünf Jahre später, 1806, auf Aufforderung des Innenministers einen weiteren Bericht über die Fortschritte, die er bei dem Kind bewirkt und festgestellt hat, einen Bericht, den Dacier, der ständige Sekretär des Instituts, mit Lob überhäuft. Dieses zweite Werk von Itard, von Juni bis September geschrieben, wird 1807 »auf Geheiß der Regierung«, d. h. laut Erlaß des Ministers Champagny, gedruckt.

Als angesehener Arzt wohnt Itard im Zentrum von Paris, empfängt am Vormittag seine Privatpatienten, kehrt jedoch gegen Abend in die Taubstummenanstalt zurück, um dort seinen Rat und seine Hilfe einzusetzen. Sein in allen Gebieten bewanderter Geist läßt ihn die vielfältigsten Fragen in Angriff nehmen. Er schreibt über Wassersucht und Hygiene, Abhandlungen über das Stottern, über aussetzendes Fieber und vor allem wiederholt über die Spracherziehung. 1821, dem Jahr, in dem er Mitglied der Académie de Médecine *wird, veröffentlicht seinen berühmten* Traité des maladies de l'oreille et de l'audition, *die wichtigste Arbeit über die Krankheiten des Ohres seit jener, die der Anatomieprofessor von Bossuet, der Otologe Duverney, 1683 geschrieben hatte. Itard ist bestürzt darüber, mit welcher Geringschätzung die Wissenschaft seiner Zeit alles behandelt, was mit dem Gehörorgan zu tun hat: sie weiß kaum mehr darüber als Galen. Er gibt eine kurze Zusammenfassung der alten deskriptiven Arbeiten, schlägt Klassifikationen und eine Fülle von therapeutischen Techniken vor, unter anderem die Katheterisierung der Eustachischen Röhre und die Perforation des Tympanum. Im Gegensatz zur Ansicht der damaligen Ohrenspezialisten behauptet er überdies, daß die Ursache der Taubheit nicht allein in der Lähmung des Gehörnervs zu suchen sei. Entgegen einer weiteren, nicht minder eingebürgerten Vorstellung zeigt er, daß die Taubheit nur selten total ist und daß bei den meisten behinderten Individuen nach systematischer Erforschung mit dem Audiometer – einer Erfindung von ihm –*

Reste von Gehör festzustellen sind. Kurz, er ist der anerkannte Begründer der Oto-Rhino-Laryngologie.
Als Theoretiker über Physiologie und Medizin zu sprechen, ist jedoch etwas anderes, als die Tatsachen als Pädagoge zu betrachten. Angesichts der zumindest vorläufigen Unmöglichkeit, die Taubstummen zu heilen, versucht Itard, sie trotzdem sprechen zu lehren. Im Altertum kannte man keine Mittel, diese benachteiligten Kinder zu unterrichten. Gemeinsam mit Jacob Rodrigues Péreire widmet sich Itard, der dieses Problem aufgreift, der Erforschung der Methode. Im Gegensatz zu seiner Zeit, da jedermann die Gestik und Mimik preist, entschließt sich Itard für die »démutisation«, *Aufhebung der Stummheit, und versucht, das Lippenlesen und den mündlichen Ausdruck durchzusetzen. Er ist seinen Zeitgenossen um ein halbes Jahrhundert voraus. Fast vierzig Jahre lang widmet er sich mit einem Scharfsinn, den alle seine Freunde rühmen, den Kindern des Instituts. Zu Anfang seiner Karriere hatte er einmal von einem Heilkundigen aus Bordeaux ein Pseudoheilmittel gegen die Taubstummheit gekauft; nun ist er davon überzeugt, daß man Wissenschaftler nur durch Erfahrung wird, hellsichtig nur durch den Zweifel, klug nur dadurch, daß man die Grenzen des erworbenen Wissens erkennt. Da es ihm nicht um materiellen Erfolg geht, gibt er seine Praxis in der Stadt bald auf, um sich im Vorort Saint-Jacques seinen Studien zu widmen, wo er am Vormittag die Kranken von außerhalb empfängt, die so zahlreich kommen, daß sie sich mehrere Wochen vorher anmelden müssen.*
Noch lange nach seinem Versuch, das Kind von Aveyron zu erziehen, denkt Itard daran zurück. Er meint, daß die Stummheit nicht nur organische Ursachen habe und daß, wenn die Aufmerksamkeit kein Hören, das Gedächtnis kein Behalten, die Stimmbildung keine Wiederholung gestattet, die Sprache nicht in Erscheinung treten könne. Von 1822 bis 1828 verfaßt er zahlreiche Berichte – davon drei für die Akademie – und 1831 ein Mémoire sur le mutisme produit par la lésion des fonctions

intellectuelles *(Gutachten über die durch Schäden der Geistesfunktionen verursachte Stummheit). Er weiß um die engen Beziehungen zwischen Hören und Stimmbildung, Sprache und Denken, Kultur und Intelligenz, und gilt daher nicht nur als einer der ersten Erzieher der Taubstummen, sondern auch als der erste Pädagoge der Oligophrenie, der fünf Jahre lang, im Kampf mit dem außergewöhnlichen Victor, ganz neue Verfahren erfand, um in ihm das Bewußtsein für die Realitäten und ihre Verbindungen zu wecken. Als Bourneville, Arzt der Abteilung für nervöse und zurückgebliebene Kinder in Bicêtre, im Jahre 1891 beschließt, eine »Bibliothek der Sondererziehung« zu schaffen, geschah dies in der Absicht, bereits als zweiten Band die* Rapports et mémoires sur le Sauvage de l'Aveyron *herauszugeben, und er sagt, nach Esquirol, einem Zeitgenossen und Freund des Autors, nach Husson, Bousquet und Delasiauve, daß »wir in Itard zu Recht den Urheber der Erziehung Schwachsinniger zu sehen haben«.*

Es ist also nicht verwunderlich, daß Itard immer wieder von Séguin zitiert wird, ebenfalls Erzieher unangepaßter Kinder. Séguin, der in erster Linie Pädagoge und in zweiter Linie Arzt ist, wendet zehn Jahre lang die Techniken Itards mit einigen Veränderungen in einer Schule in der Rue Pigalle an. In die USA emigriert und noch immer ein treuer Schüler des Mannes, den er seinen »berühmten Lehrer« nennt, gründet Séguin zahlreiche Institute für Behinderte und verbreitet dort die Methoden Itards. Maria Montessori entdeckt 1898 die vergessenen Schriften von Séguin und gleichzeitig die von Itard. 1926 schreibt sie: »Man muß zugeben, daß die minutiösen Beschreibungen von Itard die ersten Versuche einer experimentellen Pädagogik gewesen sind... Ich selbst habe zwei Jahre lang in Rom Versuche mit Behinderten nach dem Buch von Séguin gemacht, wobei die bewundernswerten Bemühungen Itards von unschätzbarem Wert für mich waren. Unter der Anleitung seiner Tests habe ich ein reiches Material konzipiert und anfertigen lassen... Aus den Gutachten von Itard geht hervor, daß es

Mitteln, die denen der Initiatoren der wissenschaftlichen Psychologie sehr ähnlich sind, gelungen ist, ein Individuum, das in so hohem Maße asozial war, daß es sowohl taubstumm wie idiotisch zu sein schien, in einen Menschen zu verwandeln, der die Sprache hört und versteht... Nachdem sich mein Vertrauen in diese Methoden gestärkt hatte, gab ich meine Tätigkeit, die den Behinderten gewidmet war, auf, um mich von neuem in das Studium der Werke von Séguin zu vertiefen. Ich hatte das Bedürfnis, sie zu durchdenken: in italienischer Sprache schrieb ich ihre Schriften ab, so wie es einst ein Benediktinermönch getan hätte.« Später hält noch eine andere Verfechterin der Erziehung behinderter Kinder, Alice Descoeudres, die nach den Prinzipien von Decroly arbeitet, die beiden Berichte von Itard für ein »Meisterwerk«, und sie führt, stark von ihm beeinflußt, in ihre eigene Pädagogik die Technik des Lottos sowie die Übungen mit verbundenen Augen ein, und erarbeitet, in Nachahmung ihres alten Lehrers, eine »geistige Orthopädie« zur Erziehung der Sinne. Obwohl einige dieser Verfahren heute veraltet sind und die atomistische Konzeption, die alledem zugrunde liegt, anfechtbar ist, hat eine große pädagogische Bewegung ihren Ursprung in Itard, einem der hervorragendsten Geister aus der ersten Hälfte des 19. Jahrhunderts.

In diesem Augenblick, wo die moderne Welt, die viele spezialisierte Arbeiter braucht, die sozialen Bedingungen der Zurückgebliebenen entdeckt, und wo nach den physiologisch begründeten Gebrechen nun auch die psychisch bedingten Gebrechen die Aufmerksamkeit von Wissenschaft und Sozialpolitik auf sich lenken, findet Itard seinen historischen Platz. Die Entwicklung des »Sonderschulunterrichts« sowie das Interesse, das die USA und die UdSSR den Problemen geistig Debiler entgegenbringen – eine erdrückende Last für technisierte Zivilisationen –, geben den Arbeiten Itards neuen Glanz. Man wird aufgeschlossen für die Phänomene der Heilbarkeit. Charles, Clark, Guertin, Mc Kay, Sarason und Spaulding weisen nach, daß Kinder, die ursprünglich für debil gehalten wurden, durch

Erziehung das erreicht haben, was man unter »Normalität« versteht. Der Sowjetrusse Lurja schreibt: »Erbliche Formen für geistige Zurückgebliebenheit sind äußerst selten.« Itard erscheint als ein großer Vorläufer. Als die UNESCO 1961 ihren »Statistischen Bericht über den Sonderschulunterricht« veröffentlicht, sagen die Autoren, daß es sich, »wenn Namen genannt werden, um den Geist der angewandten Methoden und Techniken zu charakterisieren, ausnahmslos um die Namen der großen Klassiker dieser Erziehungsmethode handelt, von denen einige auch zu den Pionieren der aktiven Schule gehörten«, und daß es »also nicht so aussieht, als habe seither in diesem Bereich eine spürbare Erneuerung stattgefunden«. Diese Pioniere, Montessori oder Descoeudres, modifizieren zwar Itards Pädagogik, bleiben jedoch deren Inhalt und insbesondere deren Grundprinzip treu, nämlich der Überzeugung, daß »wenn das Kind den Namen oder das natürliche Zeichen seiner Gebrauchsgegenstände hinreichend kennt, wenn es den Wert des Ja und des Nein so gut kennt, daß es beides richtig anwenden kann, wenn es die Vorstellung des Bessermachens besitzt, nicht alle Hoffnung verloren ist« – eine Überzeugung, die Bousquet in seiner Rede vor der Académie de Médecine *an dem beharrlichen Erzieher des Wilden von Aveyron bewundert.*

Dies ist das außergewöhnliche Schicksal eines Mannes, der nach dem Urteil seiner Zeitgenossen Heinrich IV. ähnlich sah und den die Krankheit vorzeitig gebeugt hat. Ab 1832 ersucht er auf Anraten seiner Freunde jedes Jahr um einen mehrmonatigen Urlaub und begibt sich auf den behaglichen Ruhesitz von Beau-Séjour in Passy. Er, der in seiner Jugend überaus fröhlich war, wird wortkarg, bleibt aber feinfühlig und großherzig. Er macht sich keine Illusionen über sein nahes Ende. Er denkt an sein Ableben und an das, was danach kommt. In seinem Testament vom Oktober 1837 vermacht der Junggeselle seinen Freunden verschiedene Gegenstände, einem Neffen seine Bibliothek, der Académie de Médecine *eine jährliche Rente von tausend Franken für einen »dreijährlichen Preis für die beste*

Arbeit auf dem Gebiet der praktischen Medizin und der angewandten Therapeutik«, schließlich dem Taubstummen-Institut eine achtmal höhere Summe, damit ein streng mündlicher »Ergänzungsunterricht« eingeführt und auch nach seinem Leben denen besser geholfen werden könne, denen er all seine körperlichen und geistigen Kräfte gewidmet hatte. Er stirbt am 5. Juli 1838 mit vierundsechzig Jahren in der Überzeugung, »daß nichts den Menschen den traurigen Bedingungen seiner Existenz zu entreißen vermag, nämlich zu leiden und zu sterben«. Mit ihm verschwindet einer der großen Männer der Medizin, der Pädagogik und der Psychologie.

L. M.

N. B. Wir danken an dieser Stelle M. Fourgon, dem Direktor des *Institut Nationale des Sourds-Muets,* Rue Saint-Jacques, der uns Zugang zu den Archiven des Hauses und den Manuskripten von Itard gewährte, von denen viele noch unveröffentlicht sind.

Gutachten über die ersten Entwicklungen des Victor von Aveyron (1801)

Vorwort

Der Mensch, ohne Körperkräfte und ohne eingeborene Ideen auf diesen Erdball geworfen und außerstande, aus eigener Kraft den in ihm angelegten Gesetzen seiner Organisation zu gehorchen, die ihn dazu berufen, im System der Schöpfung den ersten Platz einzunehmen, kann nur im Schoße der Gesellschaft den hervorragenden Platz finden, der ihm von der Natur zugedacht ist, und wäre ohne die Zivilisation eines der schwächsten und unverständigsten Tiere: eine zweifellos abgedroschene Wahrheit, die jedoch noch nicht eindeutig nachgewiesen ist... Die Philosophen, die sie als erste aussprachen, jene, die sie später verteidigten und weiterverbreiteten, haben als Beweis für sie den körperlichen und moralischen Zustand einiger umherziehender Völkerschaften angeführt, die sie für nicht zivilisiert hielten, weil sie es nicht auf unsere Weise waren, und bei denen sie nach den Zügen forschten, die der Mensch im reinen Naturzustand aufweist. Nein, was immer man darüber sagen mag, dies ist nicht der Ort, wo man ihn zu suchen und zu studieren hat. In der umherschweifendsten wilden Horde wie in der zivilisiertesten Nation Europas ist der Mensch nur das, was man ihn werden läßt; notwendig von Seinesgleichen aufgezogen, hat er deren Gewohnheiten und Bedürfnisse übernommen; seine Gedanken sind nicht nur die seinen; er hat den schönsten Vorzug seiner Art genossen, nämlich die Möglichkeit, seinen Verstand durch die Kraft der Nachahmung und den Einfluß der Gesellschaft zu entfalten. Man mußte also anderweitig nach dem Typ des wirklich wilden Menschen suchen, jenes Menschen, der Seinesgleichen nichts verdankt, und ihn den besonderen Geschichten der wenigen Individuen entnehmen, die im Laufe des 17. Jahrhunderts zu verschiedenen Zeitpunkten aufgefunden wurden, jener Kinder, die gänzlich isoliert in Wäldern gelebt hatten, wo sie schon im zartesten Alter ausgesetzt worden waren.[1] Doch in jenen vergangenen Zeiten war der Weg des wissenschaftlichen Studiums, das ganz von der Sucht des Erklärens, der Ungewißheit der Hypothesen und der ausschließlichen Arbeit in der Studierstube besessen war, so mangelhaft, daß die Beobachtung für nichts geachtet wurde und jene unschätzbaren Tatsachen für die Naturgeschichte des Menschen verlorengingen. Was uns die damaligen Autoren hinterlassen haben, beschränkt sich auf wenige unbedeutende Einzelheiten, deren auffälligstes und allgemeinstes Ergebnis lautet, daß diese Individuen keiner ausgeprägten Vervollkommnung fähig waren; wohl deshalb, weil man, ohne Rücksicht auf ihre so anders geartete Herkunft, das gewöhnliche Unterrichtssystem auf sie hatte anwenden wollen. Wenn eine solche Methode bei dem wilden Mädchen, das zu Beginn des vorigen Jahrhunderts in Frankreich gefunden wurde, zu vollem Erfolg geführt hat, so ist der Grund hierfür darin zu suchen, daß dieses Mädchen in den Wäldern mit einer Gefährtin zusammengelebt hatte und schon dieser einfachen Gemeinschaft eine gewisse Entwicklung seiner geistigen Fähigkeiten verdankte, eine wirkliche Erziehung, so wie sie Condillac[2] annimmt, wenn er vermutet, daß bei zwei in tiefer Einsamkeit lebenden Kindern allein der Einfluß ihres Zusammenlebens dem Gedächtnis und der Vorstellungskraft Aufschwung geben und sie sogar eine kleine Zahl von Zeichen erfinden lassen könnte: eine scharfsinnige Vermutung, welche die Geschichte eben jenes Mädchens vollauf bestätigt, bei dem das Gedächtnis immerhin so weit entwickelt war, daß es einige Begebenheiten seines Aufenthalts in den Wäldern im einzelnen beschreiben konnte, vor allem den gewaltsamen Tod seiner Gefährtin.[3] Die anderen Kinder, die in einem Zustand völliger Isolierung aufgegriffen wurden und solche Vorteile nicht besaßen, brachten in die Gesellschaft nichts anderes mit als tief schlummernde Fähigkeiten, an denen die vereinten Anstrengungen einer kaum entstehenden Metaphysik und Medizin, sofern sie überhaupt auf ihre Erziehung abzielten, scheitern mußten: einer Metaphysik, die noch vom Vorurteil der eingeborenen Ideen behindert wurde, und einer Medizin, deren durch eine gänzlich mechanistische Doktrin notwendig beschränkter Blick sich nicht zu philosophischen Betrachtungen über die Krankheiten des Geistes emporzuschwingen vermochte. Von der Fackel der Analyse erhellt und sich gegenseitig unterstützend, haben diese beiden Wissenschaften ihre alten Irrtümer abgelegt und ungemeine Fortschritte gemacht. So durfte man auch hoffen, daß sie, wenn sich je wieder ein Individuum ähnlich denen zeigen sollte, von denen wir soeben sprachen, *für dessen körperliche und moralische Entwicklung alle Möglichkeiten ihrer gegenwärtigen Kenntnisse ausschöpfen würden*; oder daß sich zumindest, wenn solche Entfaltung unmöglich oder fruchtlos sein sollte, in diesem Jahrhundert der Beobachtung irgendjemand finden würde, der, *indem er gewissenhaft die Geschichte eines so erstaunlichen Wesens verfolgte, bestimmen könnte, was es ist, und aus dem, was ihm fehlt, die bis heute unberechnete Summe der Kenntnisse und Ideen, die der Mensch seiner Erziehung verdankt, erschließen würde.* Darf ich gestehen, daß ich mir sowohl die eine wie die andere dieser großen Aufgaben gestellt habe? Aber man frage mich nicht, ob ich mein Ziel erreicht habe. Es wäre dies eine höchst verfrühte Frage, auf die ich erst sehr viel später würde antworten können. Ich hätte sie schweigend abgewartet, ohne das Publikum mit meinen Arbeiten zu behelligen, wenn es mir nicht ebenso Bedürfnis wie Pflicht gewesen wäre, anhand meiner ersten Erfolge zu beweisen, daß das Kind, bei dem ich sie erzielt habe, nicht, wie man allgemein glaubt, ein hoffnungsloser Idiot ist, sondern ein interessantes Geschöpf, das in jeder Hinsicht die Aufmerksamkeit der Beobachter und die besondere Pflege verdient, die eine aufgeklärte und philanthropische Behörde ihm angedeihen läßt.

Ein Kind von elf oder zwölf Jahren, das man vor einigen Jahren im Walde von Caune völlig nackt gesehen hatte und das sich Eicheln und Wurzeln als Nahrung suchte, wurde am selben Orte gegen Ende des Jahres VII von drei Jägern aufgespürt, die es in dem Augenblick einfingen, da es auf einen Baum klettern wollte, um sich ihrer Verfolgung zu entziehen. Man brachte es in ein benachbartes Dorf und übergab es der Obhut einer Witwe; doch nach einer Woche konnte der Knabe entwischen und die Berge erreichen, in denen er bei den strengsten Winterfrösten umherirrte, in ein zerschlissenes Hemd gehüllt; des Nachts zog er sich an einsam gelegene Orte zurück, am Tag näherte er sich den benachbarten Dörfern und lebte so vagabundierend bis zu dem Tag, da er aus eigenem Antrieb ein bewohntes Haus im Kanton Saint-Sernin betrat. Wiederum wurde er eingefangen, überwacht und zwei oder drei Tage lang gepflegt; von hier aus brachte man ihn ins Hospiz von Saint-Affrique, sodann nach Rodez, wo man ihn mehrere Monate lang behielt. Während seines Aufenthalts an diesen verschiedenen Orten zeigte er sich stets gleich wild, ungebärdig und unstet, versuchte immer wieder, zu entfliehen, und gab Anlaß zu den interessantesten Beobachtungen, die von glaubwürdigen Zeugen gesammelt wurden und die wiederzugeben ich nicht versäumen werde, und zwar an den Stellen dieses Berichts, wo sie am vorteilhaftesten zur Geltung kommen.[4] Ein Minister, Förderer der Wissenschaften, glaubte, daß dieses Ereignis für die Erkenntnis des Menschen von einigem Aufschluß sein könnte. Er gab die Anweisung, das Kind nach Paris zu bringen. Dort kam es gegen Ende des Jahres VIII an, begleitet von einem braven Greis, der versprach, es wieder zu sich zu nehmen und ihm ein Vater zu sein, wenn die Gesellschaft es je aufgeben sollte.

Die glänzendsten und unvernünftigsten Hoffnungen waren dem *Wilden von Aveyron* nach Paris vorausgeeilt.[5] Viele

Neugierige malten sich genüßlich aus, wie wohl sein Erstaunen beim Anblick all der schönen Dinge in der Hauptstadt wäre. Andererseits glaubten viele Leute, die sonst durch ihre Kenntnisse achtenswert waren, aber vergaßen, daß unsere Organe um so unbildsamer und die Nachahmung um so schwieriger sind, je länger der Mensch von der Gesellschaft und der Zeit seiner frühen Kindheit entfernt ist, daß die Erziehung dieses Individuums eine Angelegenheit von wenigen Monaten sei und daß man schon bald über sein vergangenes Leben die pikantesten Auskünfte vernehmen werde. Was aber sah man stattdessen? Einen Knaben von ekelerregender Schmutzigkeit, von spastischen Krämpfen und Zuckungen geschüttelt, ein Kind, das sich unaufhörlich hin und her wiegte wie manche Zirkustiere, das diejenigen biß und kratzte, die ihn betreuten; das ansonsten allen Dingen gleichgültig gegenüberstand und keiner Sache Aufmerksamkeit schenkte.
Man kann sich leicht vorstellen, daß ein so geartetes Geschöpf nur vorübergehend Neugier erregte. Scharenweise eilte man herbei, man sah es, ohne es zu beobachten, man urteilte über es, ohne es zu kennen, und sprach nicht mehr von ihm. Inmitten dieser allgemeinen Gleichgültigkeit vergaßen die Leiter des staatlichen Taubstummen-Instituts und sein berühmter Direktor nicht, daß die Gesellschaft, als sie diesen unglücklichen Knaben an sich gezogen hatte, ihm gegenüber unumgängliche Verpflichtungen eingegangen war, die sie erfüllen mußte. Sie teilten die Hoffnungen, die ich in eine ärztliche Behandlung setzte, und beschlossen, dieses Kind meiner Obhut anzuvertrauen.
Doch bevor ich die Einzelheiten und Ergebnisse dieser Maßnahme aufzeige, muß ich den Punkt erläutern, von dem wir ausgegangen sind, jene erste Zeit in Erinnerung rufen und beschreiben, damit jene besser beurteilt werden kann, zu der wir gelangt sind, und durch einen solchen Vergleich zwischen der Vergangenheit und der Gegenwart feststellen, was man von der Zukunft erwarten darf. Da ich also gezwungen bin, auf

schon bekannte Tatsachen einzugehen, werde ich sie kurz darstellen; und damit ich nicht in den Verdacht gerate, sie in der Absicht zu übertreiben, diejenigen in ein besseres Licht zu rücken, die ich ihnen gegenüberstellen möchte, erlaube ich mir an dieser Stelle, die Beschreibung wiederzugeben, die auf einer Versammlung von Wissenschaftlern, der beizuwohnen ich die Ehre hatte, ein Arzt gab, der durch seine scharfe Beobachtungsgabe ebenso bekannt ist wie durch seine gründlichen Kenntnisse auf dem Gebiet der Geisteskrankheiten.

Der Bürger Pinel, der zunächst die Sinnesfunktionen des jungen Wilden untersuchte, zeigte uns ein Kind, dessen Sinnesorgane sich in einem solchen Zustand der Stumpfheit befanden, daß der Unglückliche in dieser Hinsicht manchen unserer Haustiere weit unterlegen war; dessen flackernde, ausdruckslose Augen träge von einem Gegenstand zum anderen glitten, ohne sich je an einen von ihnen zu heften, und zudem so wenig geübt waren, daß sie einen plastischen Körper nicht von einem gemalten zu unterscheiden vermochten; dessen Gehörorgan auf die stärksten Geräusche ebensowenig reagierte wie auf die zarteste Musik; dessen Stimme von einem Zustand völliger Stummheit zeugte oder nur einen kehligen und eintönigen Laut von sich gab; dessen Geruchssinn so wenig ausgeprägt war, daß er den Duft von Parfüms mit derselben Gleichgültigkeit aufnahm wie die stinkenden Ausdünstungen des Kots, von dem sein Lager voll war; dessen Tastsinn schließlich sich auf die mechanischen Funktionen des Betastens von Gegenständen beschränkte. Dann ging der Berichterstatter zu den geistigen Funktionen dieses Knaben über: er war unfähig zur Aufmerksamkeit, außer wenn es um die Gegenstände seiner Bedürfnisse ging, folglich auch unfähig zu irgendwelcher geistigen Tätigkeit, die jene erstere nach sich zieht, besaß weder Gedächtnis, noch Urteil, noch Nachahmungsgabe, und war selbst in dem, was seine Bedürfnisse anbelangte, so beschränkt, daß es ihm noch nicht einmal gelungen war, eine Tür zu öffnen oder auf einen Stuhl zu steigen, um Nahrungsmittel

zu holen, die man der Reichweite seiner Hand entzogen hatte; schließlich fehlte ihm jedwedes Mittel der Verständigung: die Gesten und Bewegungen seines Körpers verrieten weder Ausdruck noch Absicht; rasch und ohne erkennbaren Grund verfiel er aus apathischer Traurigkeit in das unbändigste Lachen; er war unempfänglich für irgendwelche seelischen Affekte; seine Urteilskraft beschränkte sich auf eine Berechnung der Gefräßigkeit, sein Vergnügen auf eine angenehme Geschmacksempfindung, seine Intelligenz auf die Fähigkeit, einige zusammenhanglose Vorstellungen hinsichtlich seiner Bedürfnisse hervorzubringen; mit einem Wort, seine ganze Existenz bestand in einem rein animalischen Leben.
Sodann berichtete Pinel von mehreren unwiderruflich idiotischen Kindern in Bicêtre und zog zwischen diesen Unglücklichen und dem Kind, das uns beschäftigt, die zwingendsten Vergleiche, die notwendig zu dem Ergebnis einer absoluten Identität zwischen jenen jungen Idioten und dem *Wilden von Aveyron* führten. Aus einer solchen Identität mußte notgedrungen der Schluß gezogen werden, daß der Knabe, da mit einer bisher für unheilbar geltenden Krankheit behaftet, zu keinerlei Art von Geselligkeit und Bildung fähig sei. Zu diesem Schluß kam auch Pinel, den er jedoch mit jenem philosophischen Zweifel verband, den wir in allen seinen Schriften finden und den derjenige unter seine Vorhersagen mischt, der die Wissenschaft der Prognose beherrscht und in ihr nur eine mehr oder weniger zuverlässige Berechnung von Wahrscheinlichkeiten und Mutmaßungen sieht.

Ich teilte diese ungünstige Ansicht nicht; und wiewohl das Bild sehr der Wahrheit entsprach und die Vergleiche richtig waren, hegte ich noch einige Hoffnungen. Ich gründete sie auf die doppelte Erwägung der *Ursache* und der *Heilbarkeit* dieser offensichtlichen Idiotie. Ich kann nicht umhin, mich für einen Augenblick diesen beiden Erwägungen zuzuwenden. Sie sind auch heute noch gültig; sie beruhen auf einer Reihe von

Tatsachen, die ich erwähnen muß, wobei ich mich gezwungen sehen werde, mehr als einmal meine eigenen Überlegungen mit einfließen zu lassen.

Wenn man folgendes metaphysische Problem lösen müßte, *nämlich anzugeben, welches der Intelligenzgrad und die Natur der Gedanken eines Heranwachsenden sein könnte, der seit seiner Kindheit jeder Erziehung entraten mußte und von den Individuen seiner Rasse völlig getrennt gelebt hatte,* so müßte ich mich sehr täuschen, wenn die Lösung dieses Problems nicht darauf hinausliefe, einem solchen Wesen nur die Intelligenz zuzuschreiben, die der geringen Zahl seiner Bedürfnisse entspricht und alle jene einfachen und komplexen Gedanken vermissen läßt, die wir durch die Erziehung erhalten und die sich in unserem Geist auf so vielfältige Weise verbinden, und zwar einzig mittels unserer Kenntnis der Schriftzeichen. Nun, das moralische Bild eines solchen Heranwachsenden würde dem des *Wilden von Aveyron* gleichen, und die Lösung des Problems würde das Ausmaß und die Ursache für dessen Geisteszustand angeben.

Doch um diese Ursache mit noch größerer Berechtigung annehmen zu können, muß man beweisen, daß sie schon seit vielen Jahren am Werke war, und auf den Einwand eingehen, den man mir machen könnte und auch schon gemacht hat, daß nämlich der sogenannte Wilde nichts weiter sei, als ein armer Schwachsinniger, den seine Eltern, seiner überdrüssig, erst kürzlich an irgendeinem Waldrand ausgesetzt hätten. Wer sich in solchen Vermutungen ergeht, hat dieses Kind wohl kaum bei seiner Ankunft in Paris beobachtet. Dann hätte er nämlich gesehen, daß alle seine Gewohnheiten den Stempel eines irrenden und einsamen Lebens trugen: unüberwindbarer Widerwille gegen die Gesellschaft und ihre Bräuche, unsere Kleider, unsere Möbel, den Aufenthalt in unseren Wohnungen, die Zubereitung unserer Mahlzeiten; tiefe Gleichgültigkeit gegenüber unseren Vergnügungen und unnatürlichen Bedürfnissen; leidenschaftliche Sehnsucht nach der

Freiheit der Felder, eine Sehnsucht, die noch heute, trotz neuen Bedürfnissen und aufkeimenden Affekten, so lebendig ist, daß er während eines kurzen Besuchs in Montmorency ohne die strengsten Vorsichtsmaßregeln unweigerlich entflohen wäre und bereits zweimal, trotz der Wachsamkeit seiner Erzieherin, aus der Taubstummenanstalt entkommen konnte; ungewöhnliche Fortbewegung, die zwar sehr schwerfällig ist, seit er Schuhe trägt, aber stets dadurch auffällt, daß es ihm Mühe bereitet, sich unserem ruhigen und gesetzten Schritt anzupassen, und er fortwährend dazu neigt, in Trab oder Galopp zu verfallen; hartnäckige Gewohnheit, alles zu beschnuppern, was man ihm zeigt, sogar Dinge, die wir für geruchlos halten; nicht weniger wunderliches Kauen, das nur durch schnelle Bewegung der Schneidezähne erfolgt, was in Analogie zuı Kauweise einiger Nagetiere genugsam darauf hinweist, daß unser Wilder ganz wie diese Tiere hauptsächlich von pflanzlicher Nahrung lebte: ich sage hauptsächlich, denn es scheint, als habe er sich unter gewissen Umständen auch kleine leblose Tiere zur Beute gemacht. Man hatte ihm einmal einen toten Zeisig gezeigt, und binnen kurzem war der Vogel gerupft, mit den Fingernägeln aufgeschlitzt, berochen und weggeworfen.
Weitere Anzeichen für ein vollständig isoliertes, unsicheres und vagabundierendes Leben sind die Art und Anzahl der Narben, mit denen der Körper des Kindes bedeckt ist. Abgesehen von jener, die man vorne am Hals sieht und auf die ich an anderer Stelle eingehen werde, trägt er vier im Gesicht, sechs am linken Arm, drei in der Nähe der rechten Schulter, vier in der Schamgegend, eine auf dem linken Gesäßteil, drei an einem Bein und zwei am anderen; was zusammen dreiundzwanzig Narben ergibt, von denen die einen auf Tierbisse, die anderen auf mehr oder weniger tiefe Schürfungen und Kratzwunden zurückzuführen sind, – zahlreiche und unauslöschliche Zeugnisse für die lange und totale Verwahrlosung dieses Unglücklichen, die, unter allgemeineren und philosophische-

ren Gesichtspunkten, ebensosehr von der Schwäche und Unzulänglichkeit des seinen eigenen Kräften überlassenen Menschen zeugen wie von den Hilfsmitteln der Natur, die nach scheinbar widersprüchlichen Gesetzen offen darauf hinarbeitet, das wiedergutzumachen und zu erhalten, was sie insgeheim zu beschädigen und zu zerstören neigt.

Diese Beobachtungen müssen noch durch die nicht minder authentischen ergänzt werden, welche die Bewohner der Dörfer gemacht haben, in deren Nähe dieser Knabe gefunden wurde: aus ihnen erfahren wir, daß er sich in den ersten Tagen nach seinem Eintritt in die Gesellschaft nur von Eicheln, rohen Kartoffeln und Kastanien ernährte; daß er keinen wie immer gearteten Laut von sich gab; daß er trotz schärfster Bewachung mehrmals entfliehen konnte; daß er es überaus verabscheute, in einem Bett zu schlafen usw. Wir erfahren vor allem, daß er vor mehr als fünf Jahren schon einmal gesehen worden war, völlig nackt und die Nähe von Menschen fliehend[6], was vermuten läßt, daß er, als er zum ersten Male auftauchte, diese Lebensweise schon gewohnt war, – eine Gewohnheit, die nur das Ergebnis von mindestens zwei Jahren Aufenthalt in unbewohnten Gegenden sein konnte. So hat dieser Knabe, der bei seiner Ergreifung in den Wäldern von Caune etwa zwölf Jahre alt war, ungefähr sieben Jahre lang in absoluter Einsamkeit verbracht. Es ist also wahrscheinlich und fast erwiesen, daß er im Alter von vier oder fünf Jahren ausgesetzt worden war und daß, falls er zu jener Zeit durch einen Anfang von Erziehung schon einige Ideen und Wörter erworben hatte, all dies infolge der Isolierung seinem Gedächtnis wieder entfallen war.
Eben dies schien mir die Ursache seines gegenwärtigen Zustands zu sein. Man sieht, weshalb ich den Erfolg meiner Bemühungen günstig beurteilte. Und in der Tat, in Anbetracht der kurzen Zeit, die er unter den Menschen weilte, war der *Wilde von Aveyron* weniger ein schwachsinniger Jüngling als

ein Kind von zehn oder zwölf Monaten, noch dazu ein Kind, das durch jene asozialen Gewohnheiten, eine beharrliche Unaufmerksamkeit, wenig angepaßte Organe und eine durch die Ereignisse abgestumpfte Sensibilität behindert war. In letzterer Hinsicht war er ein rein medizinischer Fall, dessen Behandlung in den Bereich der moralischen Medizin fiel, jener sublimen Kunst, die von Willis und Crichton in England begründet wurde und neuerlich auch in Frankreich durch die Erfolge und Schriften von Professor Pinel Verbreitung fand. Weit mehr vom Geist ihrer Lehre denn von ihren einzelnen Vorschriften geleitet, die auf diesen unvorhergesehenen Fall nicht anwendbar waren, beschränkte ich die moralische Behandlung oder die Erziehung des *Wilden von Aveyron* auf fünf Hauptgesichtspunkte.

Erster Gesichtspunkt: Ihn für das Leben in Gemeinschaft gewinnen, indem man es ihm angenehmer gestaltet als das, welches er bisher geführt hat, und gleichzeitig dem Leben ähnlicher macht, das er verlassen hat.

Zweiter Gesichtspunkt: Die Sensibilität seiner Nerven durch kräftige Stimulantien und zuweilen durch heftige seelische Erschütterungen wecken.

Dritter Gesichtspunkt: Seinen Gedankenkreis erweitern, indem man ihm neue Bedürfnisse gibt und seine Beziehungen zu der ihn umgebenden Welt vervielfältigt.

Vierter Gesichtspunkt: Ihn zum Gebrauch der Sprache führen, wobei das Einüben der Nachahmung durch das zwingende Gebot der Notwendigkeit bestimmt wird.

Fünfter Gesichtspunkt: Eine Zeitlang die einfachsten Geistestätigkeiten an den Gegenständen seiner körperlichen Bedürfnisse üben und sie dann auf den Bildungsstoff ausdehnen.

I.

Erster Gesichtspunkt: Ihn für das Leben in Gemeinschaft gewinnen, indem man es ihm angenehmer gestaltet als das, welches er bisher geführt hat, und gleichzeitig dem Leben ähnlicher macht, das er verlassen hat.

Die jähe Veränderung seiner Lebensweise, die häufige Belästigung durch Neugierige sowie einige Mißhandlungen – unvermeidbare Folgen seines Zusammenlebens mit gleichaltrigen Kindern – schienen jede Hoffnung, ihn zu zivilisieren, ausgelöscht zu haben. Seine ungestüme Lebhaftigkeit war unmerklich einer dumpfen Apathie gewichen, die noch einsamere Gewohnheiten zur Folge hatte. So fand man ihn stets, mit Ausnahme jener Augenblicke, da der Hunger ihn in die Küche trieb, in einer Ecke des Gartens zusammengekauert oder im zweiten Stock hinter irgendwelchem Mauerwerk versteckt. In diesem kläglichen Zustand sahen ihn einige Neugierige aus Paris, die meinten, nachdem sie ihn wenige Minuten gesehen hatten, daß er ins Irrenhaus gehöre; als ob die Gesellschaft das Recht hätte, ein Kind einem freien und unschuldigen Leben zu entreißen, um es dann in eine Anstalt zu schikken, in der es sich zu Tode quält und dafür büßen muß, die öffentliche Neugier enttäuscht zu haben. Ich glaubte, daß es einen einfacheren und vor allem humaneren Weg gebe, nämlich den, es mit guter Behandlung und viel Verständnis für seine Neigungen zu versuchen. Madame Guérin, der die besondere Pflege dieses Kindes anvertraut worden war, widmete sich und widmet sich noch heute dieser mühsamen Aufgabe mit der ganzen Geduld einer Mutter und der Intelligenz einer aufgeklärten Erzieherin. Sie ließ seinen Gewohnheiten nicht nur freien Lauf, sondern verstand es auch, sich ihrer zu bedienen und damit den Zweck dieses ersten Gesichtspunkts zu erfüllen.

Soweit man das vergangene Leben dieses Knaben nur irgend nach seinen gegenwärtigen Anlagen beurteilen wollte, konnte man sehen, daß er, gleich gewissen Wilden warmer Länder,

nur vier Dinge kannte: schlafen, essen, nichts tun und durch die Felder streifen. Es galt daher, ihn auf seine Weise glücklich zu machen: ihn bei Tagesausgang zu Bett bringen, ihm reichlich Nahrung nach seinem Geschmack vorsetzen, seine Trägheit respektieren und ihn auf seinen Spaziergängen, vielmehr seinen wilden Jagden begleiten, und zwar bei Wind und Wetter. Solche ländlichen Streifzüge schienen ihm sogar noch größeren Spaß zu machen, wenn in der Atmosphäre eine plötzliche und heftige Veränderung eintrat: so begierig ist der Mensch, in welcher Lage er sich auch befinden mag, auf neue Empfindungen. Wenn man diesen Knaben beispielsweise in seinem Zimmer beobachtete, konnte man sehen, wie er sich mit ermüdender Monotonie hin und her wiegte, immerfort seine Augen zum Fenster wandte und traurig in die Ferne schweifen ließ. Aber wenn dann ein Gewitterwind zu brausen begann, wenn sich die hinter Wolken versteckte Sonne mit einem Male zeigte und alles hell aufleuchten ließ, dann brach er in lärmendes Lachen aus, eine fast konvulsivische Freude, in der all sein Vor- und Rückwärtsschaukeln ganz so aussah, als wolle er damit einen Anlauf nehmen, um durch das Fenster zu springen und sich in den Garten zu stürzen. Zuweilen verfiel er statt in solche Freudenausbrüche in eine Art Raserei; dann verdrehte er sich die Arme, preßte seine geballten Fäuste auf die Augen, knirschte mit den Zähnen und wurde denen gefährlich, die sich in seiner Nähe befanden.
Eines Morgens, als es heftig schneite und er noch im Bett lag, stieß er beim Erwachen einen Freudenschrei aus, stürzte aus dem Bett und zum Fenster, dann zur Tür, rannte ungeduldig von einem zum anderen und entwischte halb angekleidet in den Garten. Dort machte er seiner Freude mit den durchdringendsten Schreien Luft, sprang umher, wälzte sich im Schnee, den er mit beiden Händen packte und mit unvorstellbarer Gier in seinen Mund stopfte.
Doch nicht immer äußerten sich seine Empfindungen beim Anblick solch großartiger Naturereignisse auf so lebhafte und

lärmende Weise. Es ist bemerkenswert, daß sie in manchen Augenblicken den stillen Ausdruck des Bedauerns und der Wehmut anzunehmen schienen: eine recht gewagte und den Ansichten der Metaphysiker ganz entgegenstehende Vermutung, derer man sich jedoch nicht erwehren konnte, wenn man diesen unseligen Knaben sorgsam und bei mancherlei Gelegenheiten beobachtete. Wenn beispielsweise schlechtes Wetter alle Leute aus dem Garten trieb, so war dies für ihn genau der Augenblick, um das Haus zu verlassen. Er machte einige Rundgänge und setzte sich schließlich auf den Rand des Brunnens.

Oft bin ich stehengeblieben und habe ihn lange Stunden mit unsagbarer Freude in solchen Situationen beobachtet und gesehen, wie all jene krampfhaften Zuckungen und jenes ständige Wiegen seines Körpers allmählich nachließen und einem ruhigeren Verhalten wichen; und wie unmerklich sein ausdrucksloses oder grimassierendes Gesicht einen tiefen Zug von Trauer oder melancholischer Verträumtheit annahm, sobald seine Augen sich auf die Oberfläche des Wassers hefteten, in das er von Zeit zu Zeit einige dürre Blätter warf. Wenn nachts bei klarem Mondschein die Strahlen dieses Himmelskörpers in sein Zimmer drangen, wachte er meistens auf und stellte sich ans Fenster. Und dort verharrte er, wie seine Erzieherin berichtete, einen Teil der Nacht reglos, mit angespanntem Nacken, die Augen auf die mondbeschienene Landschaft geheftet, in einer Art kontemplativer Ekstase, deren Stille und Reglosigkeit nur hin und wieder von einem tiefen Atemzug unterbrochen wurde, den stets ein leiser Klagelaut begleitete. – Es wäre ebenso sinnlos wie unmenschlich gewesen, diesen Gewohnheiten entgegenwirken zu wollen, und es kam mir sogar der Gedanke, sie in sein neues Dasein einzubeziehen, um es ihm angenehmer zu gestalten. Anders stand es mit solchen Gewohnheiten, die den Nachteil hatten, fortgesetzt seinen Magen und seine Muskeln zu überanstrengen und somit ohne Wirkung auf die Sensibilität seiner Nerven und seine geistigen Fähigkeiten blieben. So mußte ich dafür sorgen, was mir langsam auch gelang, daß er weniger herumrannte, weniger üppig und häufig aß, kürzere Zeit im Bett verbrachte und seine Tage für seine Bildung nützlicher verwendete.

II.

Zweiter Gesichtspunkt: Die Sensibilität seiner Nerven durch kräftige Stimulantien und zuweilen durch heftige seelische Erschütterungen wecken.

Einige moderne Physiologen haben vermutet, daß die Sensibilität in direktem Verhältnis zur Zivilisation stehe. Ich glaube nicht, daß sich dafür ein stärkerer Beweis erbringen läßt, als die überaus geringe Sensibilität der Sinnesorgane des *Wilden von Aveyron*. Man kann sich leicht davon überzeugen, wenn man auf die obige Schilderung zurückblickt, deren Einzelheiten ich der unverdächtigsten Quelle entnommen habe. Zu diesem Punkt möchte ich nun noch einige meiner hervorstechendsten Beobachtungen mitteilen.

Mehrmals im Laufe des Winters habe ich gesehen, wie er durch den Garten der Taubstummenanstalt kroch, sich halb nackt auf den feuchten Boden kauerte und stundenlang trotz kalten und regnerischen Winden in dieser Haltung verharrte. Doch nicht nur gegen Kälte, auch gegen große Hitze war seine Haut vollkommen empfindungslos; täglich kam es vor, daß er, wenn er sich in der Nähe des Feuers befand und glühende Kohlen aus dem Herd fielen, diese mit den Fingern aufhob und ohne sonderliche Eile in die brennenden Scheite zurückwarf. Mehr als einmal hat man ihn in der Küche dabei überrascht, wie er auf dieselbe Weise Kartoffeln aus dem kochenden Wasser holte; und ich darf versichern, daß er zu jener Zeit eine feine und samtene Haut hatte.[7]

Es ist mir oft geglückt, ihm Schnupftabak in die Nasenlöcher zu stecken, ohne daß er niesen mußte. Dies läßt darauf schließen, daß zwischen dem Geruchssinn, der im übrigen sehr ausgeprägt war, und den Organen der Atmung und des Sehens keine von jenen sympathetischen Beziehungen bestanden, die ein Bestandteil der Sensibilität unserer Sinne sind und die in solchen Fällen einen Niesreiz oder das Ausscheiden von Tränen ausgelöst hätten. Diese letztere Wirkung war noch weniger bei seelischer Trauer zu beobachten; und trotz den unzähligen Widrigkeiten, trotz den schlechten Behandlungsweisen, denen er in den ersten Monaten seines neuen Lebens ausgesetzt war, habe ich ihn niemals Tränen vergießen sehen. – Das Ohr schien von allen Sinnesorganen das unempfindlichste zu sein. Dennoch wußte man, daß er beim Geräusch einer knakkenden Nuß oder irgendeines anderen eßbaren Dinges, das nach seinem Geschmack war, niemals versäumte, sich umzudrehen. Diese Beobachtung ist unbestritten, und trotzdem blieb eben dieses Organ auch für die lautesten Geräusche, sogar Explosionen von Feuerwaffen, völlig empfindungslos. Eines Tages habe ich in seiner Nähe zwei Pistolenschüsse abgegeben: der erste schien ihn ein klein wenig zu berühren, beim zweiten drehte er nicht einmal den Kopf um.

So war, abgesehen von einigen Fällen, wo mangelnde Aufmerksamkeit der Seele eine Unempfindlichkeit des Organs vortäuschen konnte, dennoch zu beobachten, daß die meisten seiner Sinne besonders schwach entwickelt waren. Folglich faßte ich den Plan, die Sensibilität mit allen erdenklichen Mitteln zu entfalten und den Geist auf die Aufmerksamkeit vorzubereiten, indem ich seine Sinne den lebhaftesten Eindrükken aussetzte. Unter den verschiedenen Mitteln, die ich benutzte, erschien mir der Einfluß der Hitze am besten hierfür geeignet. Es ist eine von Physiologen[8] und Politikern[9] anerkannte Tatsache, daß die Bewohner der südlichen Länder nur der Einwirkung der Hitze auf die Haut ihre feine Sensibilität verdanken, die bei ihnen so viel höher ist als bei den Menschen aus dem Norden. Ich wandte diesen Reiz auf jegliche Weise an: er wurde nicht nur warm gekleidet, gebettet und untergebracht; ich verordnete ihm auch täglich ein sehr heißes Bad

von zwei oder drei Stunden, bei dem ihm auch häufig der Kopf mit heißem Wasser übergossen wurde. Ich konnte nicht bemerken, daß die Hitze und die Häufigkeit der Bäder jene schwächende Wirkung hatten, die man ihnen zuschreibt.
Ich hätte mir dies sogar gewünscht, denn ich war der Überzeugung, daß in einem solchen Fall der Verlust an Muskelkraft der nervlichen Sensibilität förderlich sei. Wenngleich nun diese Wirkung nicht eintrat, so wurden doch meine Erwartungen nicht ganz getäuscht. Nach einiger Zeit zeigte sich unser junger Wilde gegen Kälte empfindlich, benutzte die Hand, um die Temperatur des Badewassers zu messen, und weigerte sich hineinzusteigen, wenn es nur mäßig warm war. Aus demselben Grund lernte er bald die Nützlichkeit von Kleidern schätzen, die er bisher nur höchst widerwillig getragen hatte. Nachdem er diese Nützlichkeit einmal erkannt hatte, bedurfte es nur noch eines Schrittes, um ihn dahin zu bringen, sich alleine anzukleiden. Dies gelang uns nach einigen Tagen, indem wir ihn jeden Morgen in der Kälte stehen ließen, neben seinen Kleidern, bis er selbst darauf kam, sich ihrer zu bedienen. Eine ähnliche Maßnahme genügte, um ihn gleichzeitig an Sauberkeit zu gewöhnen: die Gewißheit, die Nacht in einem kalten und feuchten Bett zu verbringen, veranlaßte ihn, aufzustehen, um seine Notdurft zu verrichten.
Außer den Bädern verschrieb ich noch trockene Massagen der Wirbelsäule und ließ ihn sogar in der Lendengegend kitzeln. Letzteres war besonders erregend für ihn, und ich sah mich sogar gezwungen, es abzusetzen, als es sich nicht mehr darauf beschränkte, Lustgefühle zu wecken, sondern sich auch auf die Geschlechtsorgane auszuwirken schien und die ersten Regungen einer schon allzu vorzeitigen Pubertät in eine unliebsame Richtung zu drängen drohte.
Diesen verschiedenen Stimulantien mußte ich noch die nicht minder starken der Gemütsbewegungen hinzufügen. Zu jener Zeit besaß er deren nur zwei: Freude und Zorn. Diese rief ich nur in Abständen hervor, damit die Anfälle heftiger würden,

und stets mit dem Anschein einer einleuchtenden Gerechtigkeit. Manchmal kam es mir dann vor, als ob, unter dem Druck seiner Ereiferung, seine Intelligenz eine Art Erweiterung erfuhr und ihn irgendeinen listigen Ausweg finden ließ, der ihn aus der Affäre zog.

Einmal, als wir ihn in ein Bad stecken wollten, das nur lauwarm war, und unser wiederholtes Drängen seinen Zorn entfacht hatte, und als er sah, daß seine Erzieherin von den häufigen Versuchen, die er mittels der Fingerspitzen über die kühle Temperatur des Wassers anstellte, wenig überzeugt war, kehrte er sich heftig gegen sie, ergriff ihre Hand und tauchte sie in die Wanne.

Noch über ein weiteres Erlebnis dieser Art möchte ich berichten. Eines Tages, als er in meinem Schreibzimmer auf einer Ottomane saß, setzte ich mich neben ihn und stellte eine schwach geladene Leydener Flasche zwischen uns. Durch einen leichten elektrischen Schlag, den er tags zuvor erhalten hatte, kannte er deren Wirkung. Als ich sah, wie ihn die Nähe dieses Geräts beunruhigte, glaubte ich, er würde sie am Griff nehmen und entfernen. Er tat etwas Klügeres: er steckte seine Hände in die Öffnung seiner Weste und rückte einige daumenbreit ab, so daß seine Schenkel nicht mehr mit der Flasche in Berührung kamen. Wiederum näherte ich mich und stellte sie zwischen uns. Neuerliches Abrücken seinerseits, neuerliche Annäherung meinerseits. Dieses kleine Spiel währte so lange, bis er sich, ans äußerste Ende der Ottomane gedrängt, von hinten durch die Wand, von vorn durch einen Tisch und auf meiner Seite durch die leidige Maschine eingeengt sah und nicht die geringste Bewegung mehr machen konnte. Und genau in dem Augenblick, da ich meinen Arm dem seinen näherte, drückte er äußerst geschickt meine Hand auf den Verschluß der Flasche. Und ich empfing den Schlag.

Auch wenn ich es, trotz dem lebhaften Interesse, das mir dieses Waisenkind einflößte, zuweilen übers Herz brachte, seinen Zorn zu erregen, so ließ ich doch keine Gelegenheit verstreichen, ihm Freude zu bereiten; und dazu bedurfte es weder schwieriger noch kostspieliger Mittel. Ein Sonnenstrahl, den man mit einem Spiegel einfing und an der Decke seines Zimmers tanzen ließ; ein Glas Wasser, das man aus einer gewissen Höhe auf seine Finger tropfen ließ, wenn er im Bad lag; oder etwas Milch in einer hölzernen Schale, die man ans andere Ende der Wanne legte und die das schwappende Wasser langsam zu ihm trieb, bis er sie unter Freudengeheul mit den Händen greifen konnte: mehr war nicht nötig, um dieses Naturkind zu erheitern und mit einer oft rauschhaften Freude zu erfüllen.

Mit solchen und vielen anderen sowohl körperlichen wie moralischen Stimulantien versuchte ich, die Empfindlichkeit seiner Organe zu entwickeln. Nach drei Monaten hatte ich eine allgemeine Erregbarkeit aller sensitiven Kräfte erreicht. Der Tastsinn war nun empfindlich gegen heiße oder kalte, glatte oder rauhe, weiche oder harte Gegenstände. Er fand, wie es schien, Gefallen daran, mit der Hand über die Samthose zu streichen, die ich damals trug. Mit diesem erkundenden Organ prüfte er auch die Garheit der Kartoffeln, wenn er, nachdem er sie mit einem *Löffel* aus dem Topf geholt hatte, sie mit den Fingern betastete und sich, je nachdem, ob sie weich oder hart waren, dazu entschloß, sie zu essen oder ins kochende Wasser zurückzuwerfen. Wenn man ihn aufforderte, einen Leuchter mit Papier anzuzünden, wartete er nicht immer, bis der Docht Feuer gefangen hatte, sondern warf hastig das Papier weg, noch lange bevor die Flamme in die Nähe seiner Finger kam. Wenn man ihn ermunterte, einen auch noch so leichten Gegenstand zu verrücken oder fortzutragen, kam es zuweilen vor, daß er ihn plötzlich stehen ließ, seine Fingerspitzen betrachtete, die gewiß weder zerquetscht noch verletzt waren, und behutsam die Hand in seine Weste schob. Auch der Geruchssinn hatte von dieser Veränderung profitiert. Bei der kleinsten Reizung dieses Organs mußte er niesen, und aus dem Entsetzen, das ihn ergriff, als ihm dies zum ersten Mal

widerfuhr, schloß ich, daß es für ihn etwas gänzlich Neues war. Kurz darauf warf er sich auf sein Bett.
Noch mehr hatte sich sein Geschmackssinn verfeinert. Die Nahrungsmittel, mit denen sich dieser Knabe kurz nach seiner Ankunft in Paris ernährte, waren im höchsten Maße ekelhaft. Er schleifte sie in alle Ecken und knetete sie mit seinen vor Schmutz starrenden Händen. Doch zur Zeit, von der ich spreche, geschah es oft, daß er unmutig den Inhalt seines Tellers zurückwies, sobald eine fremde Substanz hineinfiel; und wenn er Nüsse mit seinen Füßen geknackt hatte, reinigte er sie sehr säuberlich.
Schließlich kamen die Krankheiten, jene unabweisbaren und mißlichen Zeugen für die hohe Empfindlichkeit des zivilisierten Menschen, und bestätigten auch hier die Entwicklung dieses Lebensprinzips. In den ersten Frühlingstagen bekam unser junger Wilder einen argen Schnupfen und einige Wochen später kurz hintereinander zwei Katharrinfektionen.
Nichstdestoweniger erstreckten sich diese Resultate nicht auf alle Organe. Die des Sehens und Hörens waren nicht beteiligt; wohl deshalb nicht, weil diese beiden Sinne, die komplizierter sind als die anderen, eine besondere und längere Erziehung benötigten, wie wir in der Folge noch sehen werden.
Daß sich die drei übrigen Sinne infolge von Reizungen der Haut gleichzeitig verfeinerten, während die beiden letzteren sich nicht veränderten, ist eine wertvolle Tatsache, die den Physiologen vorgelegt zu werden verdient. Sie scheint zu beweisen, was im übrigen auch ganz einsichtig ist, daß der Tastsinn, der Geruch und der Geschmack nur eine Modifizierung des Hautorgans sind; während der Gehör- und der Gesichtssinn, weniger äußerlich und mit einem sehr konplizierten physischen Apparat versehen, anderen Regeln der Vervollkommnung unterliegen und gleichsam eine Klasse für sich bilden müssen.

III.

Dritter Gesichtspunkt: Seinen Gedankenkreis erweitern, indem man ihm neue Bedürfnisse gibt und seine Beziehungen zu der ihn umgebenden Welt vervielfältigt.

Wenn die Fortschritte dieses Kindes zur Zivilisation und meine Erfolge bei der Entwicklung seiner Intelligenz bisher so langsam und schwierig gewesen sind, so muß ich dies vor allem den zahllosen Hindernissen zuschreiben, die sich mir in den Weg gestellt haben, um diesen dritten Punkt zu erfüllen. Ich habe dem Knaben nacheinander das verschiedenartigste Spielzeug vorgelegt und mich viele Stunden darum bemüht, ihn mit deren Gebrauch vertraut zu machen; doch voll Kummer mußte ich feststellen, daß diese verschiedenen Gegenstände, statt seine Aufmerksamkeit zu erregen, ihn ihm Gegenteil so ungeduldig machten, daß er sie versteckte oder zerstörte, sobald sich eine Gelegenheit dazu bot. Nachdem er zum Beispiel ein Kegelspiel, das ihm von unserer Seite einige Unannehmlichkeiten bereitet hatte, lange Zeit in einem Nachtstuhl verborgen hatte, entschloß er sich eines Tages, als er allein in seinem Zimmer war, die Kegel ins Herdfeuer zu legen, und dort fand man ihn, wie er sich vergnügt an diesem Freudenfeuer wärmte.

Dennoch gelang es mir zuweilen, ihn für einige Vergnügungen zu gewinnen, die mit den Bedürfnissen seines Magens in Zusammenhang standen. Hier ein Spiel, mit dem ich ihn des öfteren am Ende der Mahlzeit erheiterte, wenn ich ihn zum Essen in die Stadt mitgenommen hatte. Ich stellte vor ihm mehrere Silberbecher in beliebiger Reihenfolge auf, drehte sie um und schob unter einen von ihnen eine Kastanie. Sobald ich sicher war, seine Aufmerksamkeit erregt zu haben, hob ich einen Becher nach dem anderen hoch, außer jenem, unter dem die Kastanie lag. Nachdem ich ihm auf diese Weise gezeigt hatte, daß sich nichts unter ihnen befand, und sie in derselben Reihenfolge wieder hingestellt hatte, forderte ich ihn durch Zeichen auf, das Spiel nun seinerseits zu versuchen. Der erste Becher, den er untersuchte, war eben jener, unter dem ich die kleine Belohnung für seine Aufmerksamkeit versteckt hatte. Bis jetzt war dies nur eine recht geringe Gedächtnisanstrengung gewesen. Doch unmerklich gestaltete ich das Spiel schwieriger. So veränderte ich, wenn ich auf diese Weise eine Kastanie versteckte hatte, die Reihenfolge der Becher, allerdings sehr langsam, damit es ihm in dieser allgemeinen Verkehrung nicht zu schwer fiel, mit den Augen und der Aufmerksamkeit den Becher zu verfolgen, der das kostbare Pfand enthielt. Ich ging noch weiter und legte unter zwei oder drei solcher Becher je eine Kastanie, und seine Aufmerksamkeit, wiewohl zwischen diesen drei Gegenständen geteilt, verfolgte sie alle in ihren jeweiligen Verschiebungen, und er untersuchte diese als erste. Aber auch dies reichte noch nicht aus, denn das war nicht das einzige Ziel, das ich mir steckte. Ein solches Urteil konnte höchstens der Naschhaftigkeit zu verdanken sein. Damit seine Aufmerksamkeit gleichsam weniger animalisch werde, ließ ich bei diesen Spielen alles weg, was mit seinen Neigungen zusammenhing, und legte nichts Eßbares mehr unter die Becher. Das Ergebnis war fast ebenso zufriedenstellend; und diese Übung stellte nun nichts anderes mehr dar als ein einfaches Becherspiel, das seine Aufmerksamkeit, seine Urteilskraft und seine Beobachtungsgabe schulte.

Mit Ausnahme dieser Art von Belustigungen, die mit seinen Bedürfnissen zusammenhingen, ist es mir nicht gelungen, ihn für die Spiele seines Alters zu begeistern. Ich bin ziemlich sicher, daß ich, falls mir dies geglückt wäre, damit große Erfolge erzielt hätte; man erinnere sich nur daran, welch mächtigen Einfluß die Spiele der Kindheit sowie die kleinen Genüsse des Geschmacksorgans auf die erste Entwicklung des Denkens ausüben.

Auch habe ich alles unternommen, um seine Geschmacksempfindungen mittels der von Kindern so begehrten Süßigkeiten zu wecken, wobei ich hoffte, sie als neue Mittel der Belohnung, der Strafe, der Ermunterung und der Belehrung verwenden zu können. Doch der Abscheu, den er für alles Süße Teller auch für unsere delikatesten Gerichte an den Tag legte, war nicht zu bezwingen. Nun meinte ich, es mit stark gewürzten Speisen versuchen zu müssen, da ich sie für geeignet hielt, ein durch grobe Nahrung notwendig verkümmertes Sinnesorgan zu reizen. Aber auch hiermit hatte ich kein Glück; vergebens reichte ich ihm, wenn er Hunger oder Durst hatte, starke Liköre oder würzige Speisen. In meiner Verzweiflung darüber, ihn für keine neuen Geschmacksrichtungen gewinnen zu können, nutzte ich schließlich die wenigen Genüsse, auf die er beschränkt war, indem ich Umstände schuf, die geeignet waren, sein Vergnügen an ihnen zu steigern. In dieser Absicht habe ich ihn oft zum Essen in die Stadt mitgenommen. An solchen Tagen standen alle seine Lieblingsgerichte auf dem Tisch. Als er zum ersten Mal ein derartiges Fest erlebte, geriet er vor Freude fast außer sich. Wahrscheinlich meinte er, daß er am Abend nicht so gut essen werde wie mittags, denn er konnte sich nicht enthalten, am Abend, als er das Haus verließ, einen Teller Linsen mitzunehmen, den er aus der Küche entwendet hatte. Ich beglückwünschte mich zu diesem ersten Ausgang. Ich hatte ihm eine Freude gemacht; ich brauchte dies nur mehrmals zu wiederholen, um in ihm ein Bedürfnis zu wecken; und eben dies tat ich. Ich ging sogar noch weiter, indem ich für diese Ausflüge einige Vorkehrungen traf, die er bemerken mußte: gegen vier Uhr erschien ich in seinem Zimmer mit meinem Hut auf dem Kopf und seinem gefalteten Hemd in der Hand. Bald waren diese Vorbereitungen für ihn das Zeichen zum Aufbruch. Kaum erschien ich, verstand er mich schon; er zog sich eilig an und folgte mir mit Zeichen großer Zufriedenheit. Ich führe diesen Punkt nicht als Beweis einer höheren Intelligenz an, und jeder könnte entgegenhalten, daß auch der gewöhnlichste Hund nicht anders handeln würde. Aber auch wenn eine solche moralische Gleichheit besteht, so ist doch eine große Veränderung festzustellen; und diejenigen, die den *Wilden von Aveyron* bei seiner Ankunft

in Paris gesehen haben, wissen, daß er damals in seinem Urteilsvermögen den intelligentesten Haustieren weit unterlegen war.
Wenn ich ihn in die Stadt mitnahm, war es mir unmöglich, ihn durch die Straßen zu führen. Entweder hätte ich mit ihm losrasen oder ihn mit ermüdender Gewalt dazu bringen müssen, sich meinem Schritt anzupassen. Wir waren also gezwungen, einen Wagen zu nehmen: ein neues Vergnügen für ihn, das er mehr und mehr mit diesen häufigen Ausflügen verband. Binnen kurzem waren diese Tage nicht nur Festtage, die er mit der größten Freude genoß, sondern ein wirkliches Bedürfnis, so daß er, wenn er sie einmal längere Zeit entbehren mußte, unruhig und launisch wurde.
Und wie steigerte sich gar sein Vergnügen, wenn diese Ausflüge auf dem Land stattfanden. Vor kurzem bin ich einmal mit ihm ins Tal von Montmorency gefahren, zum Landhaus des Bürgers Lachabeaussière. Es war ein seltenes und, ich gestehe es, äußerst ergreifendes Schauspiel, zu sehen, wie seine Augen beim Anblick der Hügel und Wälder dieses lächelnden Tals aufleuchteten: es schien, als würden die Wagenfenster der Gier seiner Blicke nicht genügen. Bald beugte er sich aus dem einen, bald aus dem anderen, und zeigte die größte Ungeduld, wenn die Pferde langsamer gingen oder gar anhielten. Zwei Tage verbrachte er in diesem Landhaus; und die Wälder und Hügel jener Umgebung, an denen er sich nicht sattsehen konnte, beeindruckten ihn so tief, daß er unbändiger und wilder denn je erschien und sogar hier, in eine der Umgebung zuvorkommendster Aufmerksamkeit und fürsorglichster Liebe, einzig von dem Wunsch beseelt war, die Flucht zu ergreifen. Völlig von diesem Gedanken beherrscht, der alle Kräfte seines Geistes und sogar das Gefühl für seine Bedürfnisse verzehrte, fand er kaum die Zeit zu essen: jeden Augenblick stand er vom Tisch auf, lief zum Fenster, um in den Park zu entwischen, wenn es offen war; oder andernfalls wenigstens durch die Scheiben all jene Dinge zu betrachten, zu denen ihn

seine noch wachen Gewohnheiten und vielleicht sogar die Erinnerung an ein unabhängiges, glückliches und vermißtes Leben unwiderstehlich hinzogen. Daher beschloß ich, ihm derartige Prüfungen künftig zu ersparen. Um ihn jedoch seiner ländlichen Neigungen nicht gänzlich zu berauben, gingen wir auch weiterhin mit ihm in den nahen öffentlichen Gärten spazieren, deren gerade und regelmäßige Anlage nichts mit jenen großzügigen Landschaften der ländlichen Natur gemein haben, die den wilden Menschen so stark an die Stätten seiner Kindheit binden. So führte ihn Madame Guérin zuweilen in den Luxembourg-Garten und fast täglich in den Garten des Observatoriums, wo der Bürger Lemeri stets zur Vesper eine Schale Milch für ihn bereit hielt. Durch diese neuen Gewohnheiten, einige Spiele nach seinen Wünschen und endlich all die gute Behandlung, die ihm in seinem neuen Dasein zuteil wurde, hat er schließlich Geschmack daran gefunden. Hieraus erwuchs auch jene innige Zuneigung zu seiner Gouvernante, die er ihr bisweilen auf die rührendste Weise zeigte. Nie trennte er sich ohne Schmerzen von ihr, und nie traf er sie wieder, ohne seiner Zufriedenheit Ausdruck zu verleihen.
Einmal, nachdem er ihr auf der Stravd entwischt war, vergoß er, als er sie wiedersah, viele Tränen. Noch Stunden später hatte er einen beschleunigten, keuchenden Atem und einen fieberhaften Puls. Als Madame Guérin ihm später einige Vorwürfe machte, verstand er so gut deren Ton, daß er erneut zu weinen begann. Seine Freundschaft zu mir ist sehr viel schwächer, und so muß es auch sein. Die Pflege, die Madame Guérin ihm angedeihen läßt, ist solcher Art, daß er sie sogleich versteht; die meine dagegen ist für ihn ohne spürbaren Nutzen. Daß dies die wirkliche Ursache für diesen Unterschied ist, läßt sich daraus ersehen, daß ich nur in bestimmten Stunden herzlich empfangen werde: nämlich jenen, die ich noch nie für seinen Unterricht benützt habe. Wenn ich zum Beispiel bei hereinbrechender Nacht in sein Zimmer komme, nachdem er gerade zu Bett gegangen ist, ist seine erste Regung, daß er sich

aufrichtet, damit ich ihn umarme, mich sodann am Arm faßt und zu sich zieht, damit ich mich auf sein Bett setze. Meist nimmt er dann meine Hand, legt sie sich auf die Augen, die Stirn, den Hinterkopf und hält sie mit der seinen eine lange Weile dort fest. Andere Male steht er laut lachend auf und setzt sich mir gegenüber, um mir die Knie auf seine Weise zu liebkosen: er befühlt sie, massiert sie mehrere Minuten lang kräftig in alle Richtungen und preßt dann mitunter zwei oder dreimal seine Lippen darauf. Man mag darüber sagen was man will, aber ich gestehe, daß ich mir all diese Kindereien ohne weiteres gefallen lasse.

Vielleicht wird man mich verstehen, wenn man sich des großen Einflusses erinnert, den solche unerschöpfliche Liebesdienste auf das kindliche Gemüt haben, all jene kleinen Nichtigkeiten, welche die Natur ins Herz einer Mutter gelegt hat und die das erste Lächeln und die ersten Freuden des Lebens aufblühen lassen.

IV.

Vierter Gesichtspunkt: Ihn zum Gebrauch der Sprache führen, wobei das Einüben der Nachahmung durch das zwingende Gebot der Notwendigkeit bestimmt wird.

Wenn ich mir vorgenommen hätte, nur die erfreulichen Resultate mitzuteilen, hätte ich diesen vierten Gesichtspunkt aus meinem Bericht auslassen müssen, auch die Mittel, die ich anwandte, sowie den geringen Erfolg, der mir beschieden war. Aber mein Ziel ist weniger, die Geschichte meiner Bemühungen als die der ersten moralischen Entwicklungen des *Wilden von Aveyron* wiederzugeben, und ich darf nichts verschweigen, was nur irgend damit zusammenhängt. Ich werde sogar genötigt sein, an dieser Stelle einige theoretische Gedanken darzulegen, und ich hoffe, daß man sie mir verzeihen wird, wenn man sieht, wie sehr ich darauf bedacht war, sie nur auf Tatsachen zu stützen, und mich gezwungen fühle, auf jene ständigen Einwände zu antworten: *Kann der Wilde sprechen?*

Wenn er nicht taub ist, warum spricht er nicht?
Es ist leicht einzusehen, daß, inmitten der Wälder und fern der Gesellschaft jedweden denkenden Wesens,das Gehör unseres Wilden keine anderen Eindrücke als die einer kleinen Zahl von Geräuschen empfing, besonders solchen, die sich auf seine körperlichen Bedürfnisse bezogen. Es war nicht ein Organ, das Töne, ihre Artikulierung und Kombinationen erkennt; es war nur ein einfaches, individuelles Mittel, das ihm das Nahen eines gefährlichen Tieres oder das Herabfallen einer wilden Frucht ankündigte. Auf diese Funktion zweifellos beschränkte sich das Gehör, beurteilt man es nach der geringen oder gar fehlenden Wirkung, die noch vor einem Jahr alle Laute und Geräusche auf dieses Organ ausübten, die nicht seine persönlichen Bedürfnisse betrafen; und nach der feinen Sensibilität, die dieses Sinnesorgan andererseits für solche Geräusche bezeugte, die ihm etwas bedeuteten. Wenn man ohne sein Wissen und so leise wie möglich eine Kastanie oder eine Nuß schälte, wenn man nur den Schlüssel der Tür berührte, hinter der er eingeschlossen war, verfehlte er nie, sich jäh umzudrehen und zu der Stelle zu laufen, von wo das Geräusch kam. Wenn sich das Ohr für die Laute der Stimme oder gar für den Knall von Feuerwaffen nicht ebenso empfindlich zeigte, so deshalb, weil es notgedrungen allen Eindrücken wenig Aufmerksamkeit schenkte, die anders waren als diejenigen, welche er so lange und ausschließlich gewohnt gewesen.[10]
Man versteht also, warum das Ohr, das bestimmte Geräusche, selbst die leisesten, vorzüglich wahrzunehmen vermag, stimmliche Laute nur sehr schwach erkennen kann. Zudem genügt es zum Sprechen nicht, nur die Laute der Stimme wahrzunehmen; man muß auch die Artikulierung dieser Laute erkennen; zwei ganz verschiedene Tätigkeiten, die beim Organ unterschiedliche Voraussetzungen erfordern. Fürs erstere genügt ein gewisser Sensibilitätsgrad des Gehörnervs; für die zweite bedarf es einer besonderen Modifikation dieser Sensibilität. Es ist also möglich, daß man trotz gut aus-

gebildeter Ohren die Artikulation von Wörtern nicht zu erfassen vermag. Unter den Kretins finden sich viele Stumme, die dennoch nicht taub sind. Unter den Schülern des Bürgers Sicard gibt es zwei oder drei Kinder, die deutlich den Glokkenschlag, ein Händeklatschen, die tiefsten Töne der Flöte und der Geige hören und doch niemals ein Wort haben nachsprechen können, auch wenn es sehr laut und langsam artikuliert wird. So könnte man sagen, daß das Wort eine Art Musik ist, auf die bestimmte, im übrigen normal ausgebildete Ohren nicht reagieren. Ist dies auch bei dem Kind der Fall, das uns hier beschäftigt? Ich glaube nicht, wenngleich meine Hoffnungen nur auf einer kleinen Zahl von Tatsachen gründen; freilich stimmt es, daß meine Versuche in dieser Richtung nicht sehr zahlreich waren und daß ich mich, da lange Zeit unschlüssig über die anzuwendenden Methoden, in die Rolle eines Beobachters gefügt habe. Folgendes konnte ich beobachten: In den vier oder fünf ersten Monaten seines Aufenthalts in Paris schenkte der *Wilde von Aveyron* nur den Geräuschen Beachtung, die mit den erwähnten Dingen in Bezug standen. Im Laufe des Frimaire* schien er die menschliche Stimme zu vernehmen, und wenn sich im Flur neben seinem Zimmer zwei Personen laut unterhielten, konnte es geschehen, daß er sich der Tür näherte, um sich zu vergewissern, ob sie auch gut verschlossen sei, und noch eine innere Flügeltür zuzuschlagen, wobei er den Finger auf den Riegel drückte, um sie noch besser zu verschließen. Kurze Zeit darauf bemerkte ich, daß er die Stimmen der Taubstummen unterscheiden konnte, vielmehr jene Kehllaute, die sie beim Spielen immer von sich geben. Er schien sogar zu erkennen, woher die Töne kamen. Denn wenn er sie beim Treppensteigen hörte, rannte er stets noch eiliger die Treppe hinauf oder hinunter, je nachdem, ob der Schrei von unten oder von oben kam. Zu Anfang des Nivôse** machte ich eine noch interessantere Beobachtung. Eines Tages, als er in der Küche damit beschäftigt war, Kartoffeln zu kochen, unterhielten sich sehr lebhaft zwei Personen hinter ihm, ohne daß er sie im geringsten zu beachten schien. Es trat eine dritte Person hinzu, mischte sich in den Disput und begann alle ihre Erwiderungen mit den Worten: *Oh, das ist etwas anderes!* Ich bemerkte, daß jedes Mal, wenn diese Person ihren Lieblingsausruf *Oh!* ausstieß, der *Wilde von Aveyron* lebhaft den Kopf umdrehte. Am gleichen Abend noch machte ich einige Experimente mit diesem Laut und erzielte ungefähr dasselbe Ergebnis. Ich probierte es mit allen anderen einfachen Lauten, mit den Vokalen, aber ohne jeden Erfolg. Diese Vorliebe für das *O* bewog mich, ihm einen Namen zu geben, der mit diesem Vokal endete. Ich wählte den Namen *Victor*. Er ist ihm bis heute geblieben, und wenn man ihn laut ausspricht, versäumt er selten, den Kopf zu wenden oder herbeizulaufen.

Vielleicht aus demselben Grund hat er später die Bedeutung der Verneinung verstanden: *non*, womit ich ihn oft auf seine Irrtümer hinweise, wenn er bei seinen kleinen Übungen etwas falsch macht.

Trotz dieser langsamen, aber spürbaren Entfaltung des Gehörorgans blieb die Stimme weiterhin stumm und weigerte sich, artikulierte Laute wiederzugeben, die das Ohr aufzunehmen schien; dennoch zeigten die Stimmorgane in ihrer äußeren Gestaltung nicht die geringste Spur von Unvollkommenheit, und es bestand auch kein Anlaß, in ihrer inneren Organisation dergleichen zu vermuten. Freilich sieht man vorne am Hals eine ziemlich große Narbe, die einigen Zweifel an der Unversehrtheit der darunterliegenden Teile wecken könnte, wenn uns das Aussehen der Narbe nicht beruhigte. Zwar kündet sie von einer durch ein scharfes Instrument beigebrachten Wunde, doch ihr linearer Schnitt weist darauf hin, daß es sich hierbei nur um eine Hautwunde handelte, die rasch abgeheilt war. Man darf vermuten, daß eine zum Verbrechen mehr bereite denn geschaffene Hand diesem Knaben nach dem Leben trachtete und daß er, für tot im Walde liegen gelassen, wohl nur der Hilfe der Natur die schnelle Heilung seiner Wunde verdankte, was nicht so glatt hätte erfolgen können, wenn die Muskeln und Knorpel des Stimmorgans verletzt worden wären. Diese Überlegungen führten mich zu der Ansicht, daß man, wenn das Ohr einige Laute wahrzunehmen begann, die Stimme sie aber nicht wiederholte, dafür nicht einen Organschaden verantwortlich machen dürfe, sondern allein die ungünstigen Umstände. Der völlige Mangel an Übung macht unsere Organe für ihre Funktionen untauglich; und wenn schon jene, die benutzt wurden, so stark von Untätigkeit betroffen sind, was geschieht dann erst mit denen, die wachsen und sich entwickeln, ohne daß irgendeine Kraft darauf hinzielt, sie ins Spiel zu setzen? Es bedarf mindestens achtzehn Monate sorgfältiger Erziehung, bis ein Kind einige Wörter zu stammeln vermag; aber von einem wilden Waldbewohner, der erst seit vierzehn oder fünfzehn Monaten in menschlicher Gesellschaft weilt, von denen er fünf oder sechs unter Taubstummen zugebracht hat, erwartet man, daß er bereits in der Lage sei, zu sprechen! Dies ist nicht nur unmöglich, sondern es braucht auch, um diesen wichtigen Punkt seiner Erziehung zu erreichen, weit mehr Zeit und Mühe als für das zurückgebliebenste Kind. Es weiß nichts, aber es besitzt in hohem Maße die Fähigkeit, alles zu erlernen: einen angeborenen Trieb zur Nachahmung, außerordentliche Anpassungsgabe und Sensibilität aller Organe; ständige Beweglichkeit der Zunge; eine fast gallertartige Konsistenz des Kehlkopfs: mit einem Wort, alles trägt dazu bei, bei ihm jenes dauernde Lallen zu erzeugen, eine unfreiwillige Schulung der Stimme, die noch durch Husten, Niesen und das Schreien dieses Alters und sogar durch Weinen begünstigt wird, ein Weinen, das nicht nur als Zeichen einer hohen Erregbarkeit, sondern auch als eine mächtige Triebkraft zu betrachten ist, die unablässig und in den geeigneten Augenblicken für die gleichzeitige Entwicklung der Organe der Atmung, der Stimme und der Sprache sorgt. Man gewähre mir diese großen Vorteile, und ich verbürge mich für das Ergebnis. Wenn man jedoch gleich mir erkennt, daß damit in der Adoleszenz des jungen Victor nicht mehr zu rechnen ist, dann möge man auch einräumen, daß die Natur sich neue und fruchtbringende Hilfsmittel zu schaffen weiß, wenn zufällige Ursachen sie der ursprünglich vorhandenen berauben. Hier einige Tatsachen, die darauf hoffen lassen.

Ich habe in der Ankündigung dieses vierten Gesichtspunkts gesagt, daß ich mir vornahm, Victor zum Gebrauch der Sprache zu führen, *wobei das Einüben der Nachahmung durch das zwingende Gebot der Notwendigkeit bestimmt wird.* Da ich aufgrund der in den beiden letzten Abschnitten geäußerten Überlegungen und eines nicht minder schlüssigen Gedankens, den ich in Kürze darlegen werde, zu der Überzeugung gekommen bin, daß mit einer Tätigkeit des Kehlkopfs erst sehr spät zu rechnen sei, mußte ich versuchen, ihn durch das Lockmittel der für seine Bedürfnisse notwendigen Gegenstände zu aktivieren. Ich hatte Grund zu der Annahme, daß der Vokal *O,* den er als ersten wahrgenommen hatte, auch derjenige wäre, den er als ersten aussprechen könnte, und ich hielt es für ein sehr glückliches Zusammentreffen, daß diese einfache Aussprache, zumindest was den Laut betrifft, das Zeichen eines der alltäglichsten Bedürfnisse dieses Kindes war. Freilich konnte ich daraus keinerlei Vorteil ziehen. Vergeblich hielt ich ihm in Augenblicken, da er großen Durst hatte, eine mit Wasser gefüllte Schale vor und sagte immer wieder *eau, eau* (Wasser), gab dann das Gefäß einer anderen Person, die neben ihm stand und dasselbe Wort aussprach, und forderte es mittels dieses Wortes wieder zurück; während der Unglückliche sich herumplagte, seine Arme fast krampfhaft zuckend um die Schale bewegte und eine Art Pfeifton von sich gab, aber keinen artikulierten Laut hervorbrachte. Es wäre unmenschlich gewesen, darauf zu beharren. Ich wechselte das Thema, nicht aber die Methode. Meine Bemühungen richteten sich nun auf das Wort *lait* (Milch).

Am vierten Tag dieses zweiten Versuchs gelangte ich ans Ziel meiner Wünsche, und ich hörte Victor deutlich, wenn auch ein wenig rauh, das Wort *lait* aussprechen, das er alsbald wiederholte. Es war das erste Mal, daß ein artikulierter Laut aus seinem Munde kam, und ich vernahm ihn mit der größten Befriedigung.

Indessen kam mir ein Verdacht, der in meinen Augen den Nutzen dieses ersten Erfolgs um vieles schmälerte. Denn erst in dem Augenblick, da ich schon am Gelingen zweifelte und die Milch in die Tasse geschüttet hatte, die er mir vorhielt, entwich ihm das Wort *lait* unter großen Freudenbezeigungen; und erst als ich ihm zur Belohnung abermals Milch eingegossen hatte, sprach er es zum zweiten Male aus.

Man sieht, weshalb dieses Ergebnis weit entfernt war, meinen Absichten zu genügen; das ausgesprochene Wort war nicht ein Zeichen des Bedürfnisses, sondern zum Zeitpunkt, da es artikuliert wurde, nur ein nichtssagender Ausruf der Freude. Wäre dieses Wort aus seinem Munde gekommen, bevor er das Gewünschte erhielt, dann wäre es geschafft gewesen; dann hätte Victor den wahren Gebrauch des Wortes erfaßt; der Anfang einer Verständigung zwischen ihm und mir wäre gemacht gewesen, und es hätten sich aus diesem ersten Erfolg rasche Fortschritte ergeben. Statt dessen hatte ich nur einen für ihn bedeutungslosen und für mich unnützen Ausdruck seines Vergnügens erhalten. Zwar handelte es sich um ein stimmliches Zeichen, das Zeichen für den Besitz der Sache; doch dieses, ich wiederhole es, stellte keinerlei Beziehung zwischen uns her; es mußte bald aufgegeben werden, eben weil es für die Bedürfnisse des Individuums nutzlos war und eine Menge abnormer Wirkungen hervorrief, ganz wie das flüchtige und unbeständige Gefühl, dessen Ausdruck es geworden war. Ich fürchtete die Ergebnisse, die sich aus dieser falschen Richtung ergeben konnten.

Meist ließ er das Wort *lait* nur beim Genuß der Sache hören. Zuweilen geschah es, daß er es vorher oder kurz danach aussprach, jedoch immer ohne Absicht. Auch der Tatsache, daß er es spontan wiederholte und noch immer wiederholt, wenn er im Laufe der Nacht aufwachte, messe ich ebenso geringe Bedeutung bei. Nach diesem ersten Resultat verzichtete ich gänzlich auf die Methode, mit der ich es erzielt hatte, und wartete auf den Augenblick, da die Gelegenheit es mir gestatten würde, sie durch eine andere zu ersetzen, die ich für sehr viel wirksamer hielt, und überließ das Organ der Stimme dem Einfluß der Nachahmung, die, obzwar schwach, doch nicht ganz erloschen war, wenn man sie nach einigen späteren kleinen und spontanen Fortschritten beurteilt.

Das Wort *lait* war für Victor die Wurzel zweier weiterer Silben geworden, *la* und *li,* denen er sicherlich noch weniger Bedeutung beimißt. Seit kurzem hat er die letztere verändert und ein zweites *l* hinzugefügt, die er beide wie das italienische *gli* ausspricht. Oft hört man ihn *lli, lli* vor sich hinsagen, und zwar in einem leisen und sanften Tonfall. Es ist erstaunlich, daß das moullierte *l,* der für Kinder schwierigste Laut, einer der ersten war, die er artikulierte. Fast neige ich zu dem Glauben, daß dieser mühsamen Zungenarbeit eine gewisse Absicht zugrunde lag, nämlich den Namen *Julie* auszusprechen, den eines jungen Mädchens von elf oder zwölf Jahren, das die Sonntage bei Madame Guérin, seiner Mutter, verbringt. Sicher ist, daß an diesen Tagen die Ausrufe *lli, lli* häufiger werden und, nach den Aussagen seiner Erzieherin, sogar nachts zu hören sind, und zwar zu Zeiten, da man annehmen darf, daß er fest schläft. Ursache und Wert dieser letzten Tatsache lassen sich nicht genau bestimmen. Um sie einzuordnen und ihr Rechnung zu tragen, müssen wir warten, bis uns die weiter fortgeschrittene Pubertät eine größere Zahl an Beobachtungen liefert.

Die letzte Errungenschaft des Stimmorgans ist etwas beachtlicher; sie besteht aus zwei Silben, die wegen der Art und Weise, wie die letzte ausgesprochen wird, fast den Wert von dreien haben. Es handelt sich um den Ausruf *Oh Dieu!* (O Gott!), den er von Madame Guérin übernommen hat und oft

in seinen Freudenausbrüchen von sich gibt. Er spricht ihn ohne das *U* von *Dieu* aus und dehnt das *I,* als ob es doppelt wäre, so daß man ihn deutlich rufen hört: *Oh Diie! oh Diie!* Das *O* dieser Lautfolge war für ihn nicht neu; kurz vorher war es mir gelungen, ihn diesen Vokal aussprechen zu lassen.
Soweit also sind wir, was das Stimmorgan betrifft, augenblicklich gekommen. Man sieht, daß bereits alle Vokale, mit Ausnahme des *U,* zu den wenigen Lauten zählen, die er artikulieren kann, und nur die drei Konsonanten *l, d* und mouilliertes *l* auftauchen. Zugegeben, diese Fortschritte sind sehr gering, wenn man sie mit denen vergleicht, die für die vollständige Entwicklung der menschlichen Stimme erforderlich sind, aber sie schienen mir auszureichen, um die Möglichkeit einer solchen Entwicklung zu garantieren. Ich habe schon oben gesagt, aus welchen Gründen sie notgedrungen langwierig und mühsam sein wird. Und noch etwas kommt hinzu, das nicht weniger dazu beiträgt und daher nicht unerwähnt bleiben darf. Nämlich die Leichtigkeit, mit der unser junger Wilde die kleine Zahl seiner Bedürfnisse auf andere Weise als durch das Wort auszudrücken vermag.[11] Jeden seiner Wünsche bekundet er durch die ausdrucksvollsten Zeichen, die gleich den unseren gewissermaßen ihre Abstufungen und Synonyme haben. Sobald die Stunde des Spaziergangs gekommen ist, zeigt er sich wiederholt am Fenster und an der Tür seines Zimmers. Wenn er dann sieht, daß seine Erzieherin noch nicht fertig ist, legt er alle für ihren Ausgang notwendigen Dinge vor sie hin und geht in seiner Ungeduld sogar soweit, ihr beim Ankleiden zu helfen. Danach geht er als erster hinunter und öffnet eigenhändig die Tür. Sobald er im Observatorium angekommen ist, bittet er als erstes um Milch; dies tut er, indem er eine Holzschale hinhält, die er beim Fortgehen nie in seine Tasche zu stecken vergißt und die er zum ersten Mal mitnahm, als er tagszuvor im selben Haus und zum selben Zweck eine Porzellantasse zerbrochen hatte.
Seit einiger Zeit wird er hier, um sein Vergnügen voll zu ma-

chen, in einem Schubkarren herumgefahren. Seither geht er immer, sobald die Lust ihn packt und niemand da ist, sie zu befriedigen, ins Haus zurück, nimmt jemanden am Arm, zieht ihn in den Garten und drückt ihm die Griffe des Karrens in die Hand, in den er alsbald hineinsteigt; wenn man dieser ersten Aufforderung nicht nachkommt, steigt er aus, packt die Griffe des Karrens, macht einige Runden mit ihm und setzt sich abermals hinein, offenbar in der Annahme, seine Wünsche seien deshalb nicht erfüllt worden, weil er sie nicht klar genug zum Ausdruck gebracht habe. Wenn es ums Mittagessen geht, sind seine Absichten noch unmißverständlicher. Er legt eigenhändig sein Gedeck auf und drückt Madame Guérin die Schüssel in die Hand, die sie in die Küche tragen soll, um sie füllen zu lassen. Wenn er mit mir in der Stadt speist, richten sich all seine Forderungen an die Person, welche die Gäste bewirtet; stets wendet er sich an sie, um bedient zu werden. Wenn man so tut, als verstünde man ihn nicht, stellt er seinen Teller neben das Gericht, das er mit den Augen verschlingt. Wenn auch das nichts fruchtet, nimmt er eine Gabel und schlägt damit zwei oder dreimal auf den Tellerrand. Versteht man immer noch nicht, dann kennt er kein Halten mehr: er steckt einen Löffel oder auch seine Hand in die Schüssel und gießt ihren ganzen Inhalt im Nu auf seinen Teller. Nicht weniger ausdrucksvoll gibt er seine Gefühle und vor allem seinen Unmut zu erkennen. Viele Neugierige wissen, auf welche Weise er sie, eher mit natürlicher Offenheit als mit Höflichkeit, verabschiedet, wenn er, von der Länge ihrer Besuche ermüdet, jedem von ihnen, ohne sich zu irren, seinen Stock, seine Handschuhe und seinen Hut reicht, ihn sanft zur Tür drängt und diese ungestüm hinter ihm zuschlägt.[12]

Um die Geschichte dieser pantomimischen Sprache zu ergänzen, muß ich noch sagen, daß Victor sie ebenso leicht versteht wie spricht. Es genügt, daß Madame Guérin, wenn er für sie Wasser holen soll, ihm den Krug zeigt, ihn umkehrt und ihm dadurch zu verstehen gibt, daß er leer ist. Ebenso geht es mir,

wenn wir zusammen essen und ich ihn auffordere, mir einzuschenken usw. Das Erstaunlichste jedoch an der Weise, mit der er sich dieses Verständigungsmittels bedient, ist die Tatsache, daß es keiner einführenden Lektion noch irgendeiner gegenseitigen Übereinkunft bedarf, um sich verständlich zu machen. Ich konnte mich eines Tages durch ein sehr einleuchtendes Experiment davon überzeugen. Unter einer Fülle von Gegenständen wählte ich einen aus, bei dem ich mich versichert hatte, daß zwischen ihm und seiner Erzieherin hierüber keine vereinbarten Zeichen bestanden.
Dies traf zum Beispiel für seinen Kamm zu, den ich mir bringen lassen wollte. Ich rechnete fest damit, verstanden zu werden, wenn ich meine Haare nach allen Richtungen zerzauste und ihm meinen unordentlichen Kopf präsentierte. Er verstand mich in der Tat, und ich hielt alsbald in Händen, wonach ich verlangte. Viele Leute sehen in alledem nur die Handlungsweise eines Tieres; was mich betrifft, so muß ich gestehen, daß ich hierin, in all ihrer Einfachheit, die Aktionssprache wiedererkenne, jene primitive Sprache der menschlichen Art, die ursprünglich in den ersten Gemeinschaften verwendet worden ist, bevor die Arbeit von Jahrhunderten das System der Sprache ordnete und dem zivilisierten Menschen ein schöpferisches und sublimes Mittel der Vervollkommnung an die Hand gab, das sein Denken schon in der Wiege fördert und dessen er sich sein ganzes Leben hindurch bedient, ohne zu ahnen, was er ihm verdankt und was er ohne es wäre, wenn er es durch unglückliche Umstände entbehren müßte, wie es bei Victor der Fall ist. Zweifellos wird der Tag kommen, an dem wachsende Bedürfnisse diesem Knaben die Notwendigkeit werden spüren lassen, neue Zeichen zu verwenden. Der mangelhafte Gebrauch, den er von seinen ersten Lauten gemacht hat, wird diesen Zeitpunkt zwar hinauszögern, aber nicht verhindern können. Es wird ihm vielleicht ebenso gehen wie dem Kleinkind, das zuerst das Wort Papa stammelt, ohne irgendeinen Begriff damit zu verbinden, und es überall und

bei jeder Gelegenheit sagt, es dann für alle Männer gebraucht, die es sieht, und erst nach einer Fülle von Gedanken und sogar Abstraktionen dazu kommt, es richtig anzuwenden.

V.

Fünfter Gesichtspunkt: Eine Zeitlang die einfachsten Geistestätigkeiten an den Gegenständen seiner körperlichen Bedürfnisse üben und sie dann auf den Bildungsstoff ausdehnen.

Betrachtet man den Menschen in seiner zartesten Kindheit und im Hinblick auf seine Einsicht, so scheint er sich noch nicht über die anderen Lebewesen zu erheben. Alle seine intellektuellen Fähigkeiten liegen in dem engen Kreis seiner körperlichen Bedürfnisse beschlossen. Nur für sie bilden sich seine Geistestätigkeiten aus. Dann muß sich die Erziehung ihrer annehmen und sie für seine Bildung nutzen, d. h. für eine neue Ordnung der Dinge, die zu seinen ersten Bedürfnissen in keiner Beziehung mehr stehen. Aus dieser Anwendung entspringen alle seine Kenntnisse, alle Fortschritte seines Geistes und auch die Schöpfungen des erhabensten Genies. Welchen Grad von Wahrscheinlichkeit dieser Gedanke auch haben mag, ich erwähne ihn hier nur als den Ausgangspunkt des Weges, den ich gegangen bin, um diesen letzten Gesichtspunkt zu erfüllen.

Die Mittel, die ich verwandte, um die intellektuellen Fähigkeiten des *Wilden von Aveyron* an den Gegenständen seiner Begierden zu üben, will ich hier nicht in allen Einzelheiten beschreiben. Sie waren nichts anderes als stets wachsende und immer neue Hindernisse, die sich zwischen ihn und seine Bedürfnisse schoben, und die er nicht überwinden konnte, ohne beständig seine Aufmerksamkeit, sein Gedächtnis, seine Urteilskraft und die Fähigkeiten aller seiner Sinne zu schärfen.[13] Auf diese Weise entwickelten sich alle Fähigkeiten, die seiner Bildung dienlich sein sollten, und ich brauchte nur noch die Mittel zu finden, die sie am leichtesten zur Geltung brächten. Ich durfte noch wenig mit der Hilfe des Gehörs rechnen; in dieser Hinsicht war der *Wilde von Aveyron* nichts weiter als ein Taubstummer. Diese Überlegung brachte mich auf den Gedanken, es mit der Methode des Bürgers Sicard zu versuchen. Ich begann also mit den ersten Verfahren, die auf dieser berühmten Schule angewandt werden, und zeichnete auf eine schwarze Tafel die Umrisse einiger Gegenstände, deren Form durch eine einfache Zeichnung am besten wiederzugeben war; so einen Schlüssel, eine Schere, einen Hammer. Ich legte zu wiederholten Malen und in Augenblicken, da ich mich beobachtet wußte, einen jeden dieser Gegenstände auf die ihm entsprechende Abbildung; und als ich sicher war, ihm die Beziehungen zu Bewußtsein gebracht zu haben, wollte ich mir diese Dinge nacheinander bringen lassen und deutete mit dem Finger auf die Abbildung desjenigen, das ich wünschte. Ich konnte nichts ausrichten und versuchte es noch mehrere Male, aber stets mit ebenso geringem Erfolg: entweder weigerte er sich hartnäckig, mir den Gegenstand zu bringen, auf den ich deutete, oder aber er brachte mit diesem auch die beiden anderen und legte sie mir alle drei vor. Ich überzeugte mich, daß dies auf einer Art Faulheit beruhte, die ihm nicht gestattete, nacheinander zu tun, was auf einmal zu erledigen er einfacher fand. Mir fiel nun ein Mittel ein, das ihn zwang, seine Aufmerksamkeit auf jeden einzelnen Gegenstand zu lenken. Schon seit einigen Monaten hatte ich beobachtet, daß er einen sehr ausgeprägten Sinn für Ordnung hatte: so sehr, daß er zuweilen aus seinem Bett aufstand, um ein Möbelstück oder sonst einen Gegenstand, der sich zufällig verschoben hatte, wieder an seinen ursprünglichen Platz zu rücken. Diese Neigung war noch stärker bei Dingen, die an der Wand hingen: jedes hatte einen Nagel und einen besonderen Haken; und wenn sich irgendeine Umstellung unter diesen Gegenständen ergeben hatte, ruhte er nicht eher, bis er sie wieder rückgängig gemacht hatte. Ich brauchte also nur die Dinge, an denen ich seine Aufmerksamkeit üben wollte, in gleicher Weise anzuordnen. Mittels eines Nagels befestigte ich jeden der Gegenstände unter seiner Abbildung und ließ ihn dort einige Zeit hängen. Wenn ich sie dann entfernte und sie Victor in die Hand gab, hängte er sie augenblicklich an ihre richtige Stelle zurück. Ich versuchte es noch einige Male, und immer mit demselben Erfolg. Ich dachte jedoch noch lange nicht daran, dies seiner Urteilskraft zuzuschreiben, denn eine solche Klassifizierung konnte sehr wohl nur ein Akt des Gedächtnisses sein. Um mich dessen zu versichern, veränderte ich die Reihenfolge der Zeichnungen, und da sah ich, daß er, ohne jede Rücksicht auf diese Umstellung, die Dinge in derselben Reihenfolge aufhängte wie zuvor. Freilich war nichts leichter, als ihm die durch diese Veränderung erforderlich gewordene neue Ordnung beizubringen, aber nichts schwieriger, als sie ihm bewußt zu machen. Einzig sein Gedächtnis war bei jeder neuen Einordnung beteiligt. Ich bemühte mich nun, die Hilfestellung, die es ihm leistete, gewissermaßen zu neutralisieren. Dies gelang mir, indem ich ihn unablässig dadurch ermüdete, daß ich immer mehr Zeichnungen verwendete und ihren Platz immer häufiger änderte. So wurde sein Gedächtnis zu einem unzulänglichen Führer für das methodische Ordnen dieser vielen Gegenstände, und sein Geist mußte zum Vergleich der Abbildung mit dem Gegenstand Zuflucht nehmen. Welch schwieriges Hindernis hatte ich überwunden! Ich zweifelte nicht daran, wenn ich sah, wie unser junger Victor seinen Blick nacheinander auf jeden einzelnen Gegenstand heftete, dann einen auswählte und nach der Abbildung suchte, mit der er ihn in Verbindung bringen wollte. Und bald hatte ich auch den materiellen Beweis dafür, denn wenn ich die Bilder vertauschte, nahm auch er eine methodische Vertauschung der Gegenstände vor.

Dieses Resultat erweckte in mir die glänzendsten Hoffnungen; ich glaubte schon, keine großen Schwierigkeiten mehr bezwingen zu müssen, als eine der unüberwindlichsten auftrat, die mir Einhalt gebot und mich zwang, meine Methode aufzugeben. Bekanntlich wird bei der Erziehung von Taubstummen nach diesem ersten vergleichenden Verfahren ein zweites und weit schwierigeres angewandt. Nachdem man durch wiederholte Vergleiche die Beziehung des Gegenstands zu seiner Abbildung bewußt gemacht hat, legt man um diese Zeichnung alle Buchstaben, die das Wort für den abgebildeten Gegenstand formen. Dann wird die Zeichnung ausgelöscht und es bleiben nur noch die alphabetischen Zeichen zurück. Der Taubstumme sieht in diesem zweiten Vorgang nur eine Veränderung der Abbildung, die für ihn weiterhin das Zeichen für den Gegenstand bleibt. Anders bei Victor, der sich, trotz vielen Wiederholungen und langem Verbleiben des Gegenstandes unter seinem Wort, nie zurechtfinden konnte. Es fiel mir nicht schwer, diese Schwierigkeit zu erkennen und zu verstehen, warum sie unüberwindlich war. Zwischen der Abbildung eines Gegenstandes und seiner alphabetischen Darstellung besteht ein enormer Unterschied, der für den Schüler um so größer ist, als er sich schon bei den ersten Bildungsschritten zeigt. Daß die Taubstummen daran nicht scheitern, rührt daher, daß sie von allen Kindern die größte Aufmerksamkeit und Beobachtungsgabe besitzen. Von frühester Jugend an gewöhnt, mit den Augen zu hören und zu sprechen, sind sie mehr als andere geübt, alle Beziehungen der sichtbaren Dinge zu erfassen.

Es galt also, nach einer Methode zu suchen, die den noch schlafenden Fähigkeiten unseres Wilden gerechter wurde, einer Methode, in der jede bezwungene Schwierigkeit ihn auf die Ebene der noch zu bezwingenden erhob. In diesem Sinne entwarf ich meinen neuen Plan. Ich will mich nicht damit aufhalten, ihn zu analysieren; man urteile selbst nach seiner Ausführung.

Auf ein Brett von zwei Fuß im Quadrat klebte ich drei Papierstücke von deutlich unterschiedener Form und lebhafter Farbe; zum Beispiel einen roten Kreis, ein blaues Dreieck und ein schwarzes Quadrat. Drei Stücke Pappe, ebenfalls von bestimmter Form und Farbe, wurden in der Mitte durchbohrt

und mit Nägeln auf ihre entsprechenden Vorbilder auf dem Brett gesteckt und einige Tage dort belassen. Als ich sie dann fortnahm und Victor gab, steckte er sie mühelos wieder an ihren Platz. Indem ich das Brett umkehrte und damit die Reihenfolge der Figuren veränderte, überzeugte ich mich davon, daß diese ersten Ergebnisse keine Gewohnheitssache, sondern dem Vergleich zu verdanken waren. Nach einigen Tagen ersetzte ich das Brett durch ein anderes. Auf diesem hatte ich die gleichen Formen dargestellt, jedoch alle von derselben Farbe. Auf dem ersten hatte der Schüler, um sich zurechtzufinden, den doppelten Hinweis der Form und der Farbe; auf dem zweiten nur noch einen Anhaltspunkt, nämlich den Vergleich der Formen. Fast gleichzeitig legte ich ihm ein drittes Brett vor, auf dem alle Figuren einander glichen – und immer mit demselben Resultat, abgesehen von einigen nicht erwähnenswerten Fehlern der Aufmerksamkeit. Die Leichtigkeit, mit der er diese kleinen Vergleiche ausführte, veranlaßte mich, ihm weitere vorzuführen. Ich ergänzte und veränderte die beiden letzten. Dem einen fügte ich andere, in der Form weit weniger voneinander zu unterscheidende Figuren hinzu, dem anderen neue Farben, die nur um Nuancen voneinander abwichen. Auf dem ersten gab es zum Beispiel ein nur etwas schiefes Parallelogramm neben einem Viereck, und auf dem zweiten eine himmelblaue Form neben einer graublauen. Hier zeigten sich einige Irrtümer und Unsicherheiten, die jedoch nach einigen Tagen der Übung verschwanden.
Diese Ergebnisse ermutigten mich zu neuen und immer schwierigeren Veränderungen. Jeden Tag fügte ich etwas hinzu, nahm etwas hinweg, modifizierte etwas und regte ihn zu neuen Vergleichen und Urteilen an. Durch die Vielfalt und Kompliziertheit dieser kleinen Übungen erlahmten mit der Zeit seine Aufmerksamkeit und Fügsamkeit. Dann traten mit aller Intensität jene Anfälle von Ungeduld und Wut wieder in Erscheinung, die zu Beginn seines Aufenthalts in Paris vor allem dann so heftig ausgebrochen waren, wenn er sich in sei-

nem Zimmer eingeschlossen fand. Gleichwohl schien mir der Augenblick gekommen, wo ich diese Ausbrüche nicht mehr durch Nachsicht besänftigen durfte, sondern sie durch Energie überwinden mußte. Ich glaubte also, beharrlich sein zu müssen. Wenn er daher, von einer Arbeit angeekelt, deren Zweck er in Wahrheit nicht begriff, ihrer ganz natürlicherweise überdrüssig wurde und die Pappstücke ergriff, sie trotzig auf die Erde schleuderte und sich voller Wut auf sein Bett warf, ließ ich ein oder zwei Minuten verstreichen; dann kehrte ich so gelassen wie möglich zu der Aufgabe zurück; ich hieß ihn alle Kartons aufheben, die im Zimmer verstreut lagen, und ließ ihn erst dann ruhen, wenn er sie an ihren richtigen Platz gelegt hatte.

Meine Hartnäckigkeit hatte nur wenige Tage Erfolg und wurde am Ende durch seinen unabhängigen Charakter besiegt. Seine Wutanfälle wurden immer häufiger und heftiger und gleichen denen, die ich bereits erwähnt habe, jedoch mit dem auffallenden Unterschied, daß sie weniger gegen Personen als gegen Dinge gerichtet waren. In dieser zerstörerischen Verfassung lief er dann fort, biß in seine Laken und Decken, in den Kaminsims, verstreute Asche und brennende Scheite in seinem Zimmer und verfiel schließlich in Krämpfe, die denen der Epilepsie insofern ähnelten, als die sensorischen Funktionen zum völligen Stillstand kamen. Ich mußte also nachgeben, wenn die Dinge diesen erschreckenden Punkt erreichten; aber auch meine Nachsicht machte das Übel nur noch schlimmer; die Anfälle häuften sich und konnten sich beim kleinsten Widerspruch, oft sogar ohne bestimmten Anlaß wiederholen.

Ich geriet in große Verlegenheit und sah den Moment kommen, da alle meine Bemühungen nur dahin geführt hätten, aus diesem armen Kind einen unglücklichen Epileptiker zu machen. Noch einige Anfälle, und die Macht der Gewohnheit würde zu einer der entsetzlichsten und unheilbarsten Krankheiten werden. Hier galt es also, so schnell wie möglich Abhilfe zu schaffen, und zwar nicht durch Medikamente, die so oft wirkungslos sind, auch nicht durch Sanftmut, von der nichts mehr zu erhoffen war, sondern durch ein Schreckverfahren ähnlich dem, welches Boerhaave im Spital von Harlem angewandt hatte. Ich wußte genau, daß, falls dieses erste Mittel, das ich benutzen wollte, seine Wirkung verfehlte, das Übel sich verschlimmern würde und jede Behandlung gleicher Art vergeblich wäre. In dieser festen Überzeugung wählte ich dasjenige aus, von dem ich glaubte, daß es für ein Wesen, das in seinem neuen Dasein noch keinerlei Gefahr kannte, das erschreckendste sei.

Einige Zeit vorher hatte Madame Guérin, als sie wieder einmal mit ihm im Observatorium war, ihn auf die Plattform geführt, die bekanntlich sehr hoch gelegen ist. Kaum war er in die Nähe der Brüstung gekommen, als er von Entsetzen und starkem Zittern befallen wurde, mit schweißgebadetem Gesicht zu seiner Erzieherin zurücklief, sie am Arm zur Türe zog und sich erst wieder beruhigte, als er am Fuß der Treppe angelangt war. Was mochte der Grund eines solchen Schreckens sein? Danach forschte ich nicht; mir genügte es, seine Wirkung zu kennen, um sie für mein Vorhaben zu benützen. Bald bot sich die Gelegenheit während eines der heftigsten Anfälle, den ich durch die Wiederaufnahme unserer Übungen hervorrufen mußte. In dem Augenblick nun, da die Sinnesfunktionen noch nicht lahmgelegt waren, öffnete ich heftig das Fenster seines Zimmers; das im vierten Stock direkt über einem gepflasterten Hof liegt; ich näherte mich ihm mit allen Anzeichen des Zorns, packte ihn fest bei den Hüften und hob ihn aus dem Fenster, den Kopf dem Abgrund zugekehrt. Nach einigen Sekunden zog ich ihn wieder zurück: er war bleich, mit kaltem Schweiß bedeckt, hatte einige Tränen in den Augen und zitterte, was ich den Folgen der Angst zuschrieb. Ich führte ihn zu seinen Tafeln. Ich ließ ihn alle seine Pappkärtchen aufheben und verlangte, daß er sie alle an ihren Platz lege. All dies führte er aus, zwar sehr langsam und mehr

schlecht als recht; aber immerhin ohne Ungeduld. Dann warf er sich auf sein Bett und weinte ausgiebig.
Meines Wissens war es das erste Mal, daß er Tränen vergoß. Die Tatsache, von der ich schon berichtet habe, daß er vor Kummer über die Trennung von seiner Gouvernante oder vor Freude, sie wiederzusehen, weinte, lag später; ich habe sie in meinem Bericht nur deshalb an früherer Stelle erwähnt, weil es mir bei meinem Plan weniger um die zeitliche Abfolge als um die methodische Darstellung der Tatsachen geht.
Dieses befremdliche Mittel hatte einen zwar nicht vollständigen, aber doch hinreichenden Erfolg. Wenn er seinen Abscheu vor der Arbeit auch nicht ganz überwunden hatte, so war er doch sehr viel geringer geworden und hatte nie wieder die Auswirkungen, die ich oben beschrieben habe. Wenn man ihn etwas zu sehr überanstrengte oder ihn in solchen Stunden zur Arbeit zwang, die seinen Spaziergängen oder Mahlzeiten vorbehalten waren, begnügte er sich damit, Verdruß und Ungeduld zu zeigen und ein klagendes Gemurmel von sich zu geben, das gewöhnlich mit Tränen endete.
Diese glückliche Wendung erlaubte es uns, unsere Übungen wieder aufzunehmen, die ich neuen Veränderungen unterzog, um seine Urteilskraft zu festigen. Die auf die Tafeln geklebten Bilder, die, wie ich schon sagte, Flächen waren und geometrische Figuren darstellten, ersetzte ich durch die linearen Zeichnungen eben dieser Flächen. Auch auf die Farben verwies ich nur noch mittels kleiner, unregelmäßig geformter Muster, die denen der bunten Pappkärtchen in keiner Weise ähnelten. Ich kann sagen, daß diese neuen Schwierigkeiten für Victor ein Kinderspiel waren, – ein Ergebnis, das dem Ziel genügte, das ich mir gesteckt hatte, als ich dieses System grober Vergleichungen anwendete. Der Augenblick war gekommen, es durch ein anderes, viel lehrreicheres zu ersetzen, das uns vor unüberwindliche Schwierigkeiten gestellt hätte, wenn diese nicht zuvor durch den Erfolg der Mittel beseitigt worden wären, die wir benutzt hatten, um die ersteren zu überwinden.

In großen Lettern ließ ich die vierundzwanzig Buchstaben des Alphabets auf zwei Zoll breite Pappkarten drucken. Ein Brett von anderthalb Fuß im Quadrat ließ ich in eine ebenso große Zahl von Feldern einteilen, in die ich die Pappkarten legte, ohne sie jedoch festzukleben, so daß man sie beliebig auswechseln konnte. In der selben Größe wurden aus Metall eine gleiche Anzahl Buchstaben angefertigt. Diese sollten von dem Schüler mit den gedruckten Buchstaben verglichen und in die entsprechenden Felder eingeordnet werden. Den ersten Versuch mit dieser Methode machte Madame Guérin in meiner Abwesenheit; ich war sehr überrascht, als ich bei meiner Rückkehr hörte, daß Victor alle Buchstaben richtig erkannt und eingeordnet hatte. Sofort wurde der Beweis angetreten, ohne den geringsten Fehler. Wiewohl entzückt von einem so raschen Erfolg, war ich doch weit entfernt, seine Ursache erklären zu können; und erst einige Tage später bot sie sich mir in der Art und Weise dar, mit der unser Schüler diese Klassifizierung vornahm. Um sich die Aufgabe zu erleichtern, hatte er sich selbst ein kleines Hilfsmittel ausgedacht, das ihm bei dieser Arbeit das Erinnern, Vergleichen und Urteilen ersparte. Sobald man ihm das Brett in die Hand gab, wartete er nicht, bis jemand die Metallbuchstaben aus ihren Fächern nahm, sondern er selbst holte sie heraus und stapelte sie in der Reihenfolge ihrer Anordnung auf seiner Hand, so daß der letzte Buchstabe des Alphabets, wenn das Brett ausgeräumt war, als erster auf dem Stoß lag, und genau mit diesem begann er auch und hörte mit dem letzten auf, indem er stets am Ende der Tafel anfing und immer von rechts nach links vorging. Mehr noch: dieses Verfahren ließ sich von ihm vervollkommnen; denn häufig brach der Stapel auseinander, und die Buchstaben glitten weg; sie mußten entwirrt und einzig durch die Anstrengung der Aufmerksamkeit wieder in Ordnung gebracht werden. Die vierundzwanzig Buchstaben waren über vier Reihen zu je sechs Lettern verteilt; es war also einfacher, sie reihenweise aufzunehmen und ebenso wieder hinzulegen,

und die zweite Reihe erst dann in Angriff zu nehmen, wenn die erste wiederhergestellt war.
Ich weiß nicht, ob er diese Überlegung anstellte; jedenfalls steht fest, daß er so vorging, wie ich sage. Es war also eine wirkliche Routine, aber eine Routine seiner eigenen Erfindung, die seiner Intelligenz vielleicht ebensoviel Ehre machte, wie kurz darauf eine methodische Einteilung seiner Urteilskraft. Es war nicht schwer, ihn auf diesen Weg zu bringen, indem man ihm die Buchstaben bunt durcheinander in die Hand gab, wenn man ihm die Tafel vorlegte. Und trotz der häufigen Vertauschungen, die ich mit den gedruckten Buchstaben vornahm, indem ich sie in andere Fächer legte, trotz einiger listiger Anordnungen, wenn ich zum Beispiel das G neben das C, das E neben das F legte usw. – sein Urteil war nicht zu erschüttern. Mit all diesen Buchstabenübungen verfolgte ich das Ziel, Victor auf einen sinnvollen, wenn auch zweifellos primitiven Gebrauch dieser Lettern vorzubereiten, nämlich als Ausdruck der Bedürfnisse, die er durch die Sprache noch nicht zu äußern vermochte. Da ich mich jenem großen Zeitpunkt seiner Erziehung noch lange nicht nahe wähnte, stellte ich eher aus Neugier denn in der Hoffnung auf Gelingen folgendes Experiment an:
Eines Morgens, als er ungeduldig auf seine Milch wartet, die er täglich zum Frühstück bekommt, nahm ich die vier Buchstaben LAIT von seiner Tafel und legte sie auf ein zu diesem Zweck angefertigtes Brett. Madame Guérin, die ich eingeweiht hatte, kam herbei, sah sich die Buchstaben an und reichte mir sofort eine Tasse Milch, die ich selbst trinken zu wollen vorgab. Einen Augenblick später näherte ich mich Victor: ich gab ihm die vier Buchstaben, die ich von der Tafel genommen hatte; mit der einen Hand deutete ich auf sie, während ich ihm mit der anderen die Schale Milch hinhielt. Sofort legte er die Buchstaben zurück, jedoch in vollkommen umgekehrter Reihenfolge, so daß sie TIAL ergaben statt LAIT. Ich zeigte ihm nun, welche Korrekturen er vornehmen

mußte, indem ich mit dem Finger auf die Buchstaben deutete, die er vertauschen, sowie auf die Stelle, auf die er sie legen sollte: sobald diese Veränderungen das Zeichen für die Sache ergeben hatten, ließ ich ihn nicht länger auf dieselbe warten. Es ist schwer zu glauben, daß fünf oder sechs Übungen dieser Art genügt haben, ihn nicht nur die vier Buchstaben des Wortes *lait* (Milch) methodisch ordnen zu lassen, sondern ihm auch die Beziehung zwischen dem Wort und der Sache zu vermitteln. Dies zumindest darf man berechtigterweise vermuten, wenn man weiß, was acht Tage nach dieser ersten Erfahrung geschah. Man sah ihn am Abend, als er zum Observatorium gehen wollte, wie er sich aus eigenem Antrieb mit jenen vier Buchstaben versah, sie in seine Tasche steckte und sie, kaum bei dem Bürger Lemeri angekommen, bei dem er, wie schon gesagt, jeden Tag seine Vespermilch bekommt, dergestalt auf einen Tisch legte, daß sie das Wort *lait* bildeten.

Ich hatte eigentlich die Absicht, an dieser Stelle alle in diesem Werk verstreuten Tatsachen nochmals zu rekapitulieren; aber dann dachte ich, daß die Wirkung, die sie durch eine solche Zusammenfassung gewännen, doch niemals derjenigen dieses letzten Ergebnisses gleichkäme. Ich erwähne es gleichsam nackt und ohne jede Reflexion, damit es den Punkt, an dem wir angelangt sind, um so eindringlicher hervortreten lasse und für denjenigen bürge, den wir noch anstreben. Unterdessen darf man aus den meisten meiner Beobachtungen, vor allem aus jenen, die den beiden letzten Gesichtspunkten zu entnehmen sind, schließen, daß das unter dem Namen der *Wilde von Aveyron* bekannte Kind über die freie Ausübung all seiner Sinne verfügt; daß es fortwährend Beweise seiner Aufmerksamkeit, seiner Erinnerungskraft und seines Gedächtnisses liefert; daß es vergleichen, unterscheiden und urteilen kann und schließlich alle Fähigkeiten seines Verstandes auf Gegenstände seiner Bildung anzuwenden vermag. Als wesentlichen Punkt darf man hervorheben, daß diese glücklichen Veränderungen in der kurzen Zeitspanne von neun Monaten bei einem Wesen eingetreten sind, dem man keinerlei Aufmerksamkeit zutraute; und man mag daraus den Schluß ziehen, daß seine Erziehung möglich, wenn nicht sogar schon durch jene ersten Erfolge garantiert ist, unabhängig von denen, die man notwendig von der Zeit erwarten darf, die in ihrem unabänderlichen Lauf der Kindheit das an Kraft und Entwicklung zu geben scheint, was sie dem Menschen am Ende seines Lebens entzieht.[14] Und dennoch, welche bedeutsame Konsequenzen für die Geistes- und Naturgeschichte des Menschen ergeben sich bereits aus diesen ersten Beobachtungen! Man möge sie zusammenfassen, methodisch klassifizieren, auf ihren richtigen Wert zurückführen, und man wird darin den materiellen Beweis für die wichtigsten Wahrheiten in Händen haben, jene Wahrheiten, deren Entdeckung Locke und Condillac einzig der Kraft ihres Geistes und der Tiefe ihres Denkens verdankt. Mir zumindest scheint, daß man daraus auf Folgendes schließen darf:

1. Daß der Mensch im reinen *Naturzustand* einer großen Zahl von Tieren unterlegen ist[15]; einem Zustand der Bedeutungslosigkeit und Barbarei, den man sich ohne Begründung in den verführerischsten Farben ausgemalt hat; einem Zustand, in dem das Individuum, der charakteristischen Fähigkeiten seiner Art beraubt, ein elendes Dasein führt, ohne Intelligenz wie ohne Gemütsbewegungen, ein unsicheres, auf die bloßen Funktionen der Animalität beschränktes Leben.

2. Daß jene moralische Überlegenheit, von der es heißt, sie sei eine natürliche Eigenschaft des Menschen, nichts weiter ist als das Ergebnis der Zivilisation, die ihn durch eine große und mächtige Triebkraft über die anderen Tiere erhebt. Diese Triebkraft ist die hohe Sensibilität seiner Art, eine sehr wesentliche Eigenschaft, aus der die Fähigkeit zur Nachahmung und jenes ständige Streben entspringt, das ihn zwingt, in neuen Bedürfnissen nach neuen Empfindungen zu suchen.

3. Daß diese Nachahmungsgabe, die zur Ausbildung seiner Organe und vor allem zum Erlernen der Sprache bestimmt und in den ersten Lebensjahren sehr energisch und wirksam ist, durch das fortschreitende Alter, die Isolierung und all die Ursachen rasch nachläßt, welche die Sensibilität der Nerven abzustumpfen neigen; woraus folgt, daß das Artikulieren von Lauten, das von allen Wirkungen der Nachahmung unbestritten die unbegreiflichste und nützlichste ist, in einem Alter, das nicht mehr zur ersten Kindheit gehört, auf zahllose Hindernisse stoßen muß.

4. Daß beim isoliertesten Wilden wie beim zivilisiertesten Bürger eine stetige Beziehung zwischen Gedanken und Bedürfnissen besteht; daß die stets wachsende Zahl der Bedürfnisse bei gesitteten Völkern als ein wichtiges Mittel zur Entwicklung des menschlichen Geistes betrachtet werden muß; so daß man den allgemeinen Grundsatz aufstellen darf, daß alle zufälligen, lokalen oder politischen Ursachen, welche die Zahl unserer Bedürfnisse zu steigern oder zu verringern neigen, notwendig dazu beitragen, die Sphäre unseres Wissens und das Feld der Wissenschaft, der schönen Künste und des gesellschaftlichen Lebens auszuweiten oder einzuengen.

5. Daß beim gegenwärtigen Stand unseres physiologischen Wissens der Weg des Unterrichts sich von der modernen Medizin erleuchten lassen kann und muß, die von allen Naturwissenschaften am stärksten zur Vervollkommnung der menschlichen Art beitragen kann, da sie die organischen und geistigen Anomalien des Individuums beurteilt und von da aus festlegt, was die Erziehung für es zu tun vermag und was die Gesellschaft von ihm erwarten darf.

Es gibt noch einige andere, nicht weniger wichtige Überlegungen, die ich diesen ersten Tatsachen anschließen wollte; doch die Ausführungen, die sie erfordert hätten, würden den Rahmen und die Absicht dieser kleinen Arbeit überschreiten. Im übrigen habe ich, als ich meine Beobachtungen mit der Theorie einiger unserer Metaphysiker verglich, erkannt, daß

ich in gewissen interessanten Punkten nicht mit ihnen übereinstimme.
Infolgedessen muß ich zahlreichere und eben dadurch schlüssigere Tatsachen abwarten. Ein ähnlicher Beweggrund hat es mir nicht gestattet, bei den vielen Entwicklungen des jungen Victor auch auf die Zeit seiner Pubertät einzugehen, die sich seit einigen Wochen fast explosionsartig geäußert hat und deren erste Anzeichen den Ursprung gewisser Herzensneigungen, die wir für ganz *natürlich* halten, ernsthaft in Frage stellen. Auch hier muß ich mich vor vorschnellen Urteilen und Schlüssen hüten, in der Überzeugung, daß man all jene Überlegungen gar nicht genug ausreifen und durch spätere Beobachtungen bestätigen lassen kann, welche geeignet sind, möglicherweise berechtigte Vorurteile sowie die angenehmsten als auch tröstlichsten Illusionen des gesellschaftlichen Lebens zu zerstören.

Bericht über die Weiterentwicklung des Victor von Aveyron (1806; gedruckt 1807)

Vorwort

An seine Exzellenz, den Minister des Innern
Monseigneur,
Ihnen vom *Wilden von Aveyron* berichten, heißt einen Namen nennen, der heute kein Interesse mehr weckt; es heißt, sich eines Wesens erinnern, das jene vergessen haben, die ihn nur sahen, und das von denen geringgeschätzt wird, die glaubten, ihn beurteilen zu können. Ich habe mich bisher darauf beschränkt, ihn zu beobachten und ihm meine Pflege angedeihen zu lassen, gleichgültig gegenüber dem Vergessen der einen und der Geringschätzung der anderen; gestützt auf fünf Jahre täglicher Beobachtungen, lege ich Ihrer Exzellenz den Bericht vor, den Sie von mir erwarten, und schildere, was ich gesehen und getan habe; ich stelle den gegenwärtigen Zustand dieses jungen Mannes dar, die langen und schwierigen Wege, die er geführt wurde, die Hindernisse, die er überwunden hat, sowie diejenigen, die er nicht zu bewältigen vermochte. Wenn alle diese Einzelheiten Ihrer Aufmerksamkeit wenig würdig zu sein und der günstigen Meinung, die Sie hierüber gefaßt haben, nicht zu entsprechen scheinen, dann mögen ihre Exzellenz zu meiner Entschuldigung zutiefst davon überzeugt sein, daß ich ohne Ihre formelle Aufforderung meine Arbeiten in tiefes Stillschweigen gehüllt und zu ewigem Vergessen verurteilt hätte, Arbeiten, deren Ergebnis weit weniger die Geschichte der Fortschritte des Schülers als die der Mißerfolge seines Lehrers offenlegt. Aber auch wenn ich mich selber unparteiisch beurteile, glaube ich dennoch, daß abgesehen von dem Ziel, dem ich zusteuerte, und der Aufgabe, die ich mir freiwillig und unter einem allgemeineren Gesichtspunkt auferlegt hatte, Sie, Monseigneur, nicht ohne Befriedigung in

den verschiedenen Experimenten und zahlreichen Beobachtungen, die ich gemacht habe, eine Sammlung von Tatsachen sehen werden, die geeignet sind, die Geschichte der medizinischen Philosophie, das Studium des unzivilisierten Menschen und die Richtung bestimmter privater Erziehungsmethoden zu erhellen.

Um den gegenwärtigen Zustand des jungen *Wilden von Aveyron* zu beurteilen, ist es notwendig, seinen vergangenen Zustand in Erinnerung zu rufen. Wenn man diesen Knaben richtig einschätzen will, darf man ihn nur mit sich selbst vergleichen.

Gemessen an einem Jüngling gleichen Alters ist er immer noch ein mißgestaltes, von der Natur wie von der Gesellschaft ausgestoßenes Wesen. Beschränkt man sich aber auf die beiden Vergleichspunkte, die der vergangene und der gegenwärtige Zustand des jungen Victor bieten, dann ist man erstaunt über den gewaltigen Abstand, der sie voneinander trennt; und man darf sich fragen, ob sich Victor von dem in Paris angekommenen *Wilden von Aveyron* nicht stärker unterscheidet als von jedem anderen Individuum seines Alters und seiner Art.

Ich möchte Ihnen, Monseigneur, nicht noch einmal das häßliche Bild dieses Tiermenschen vor Augen führen, wie es sich darbot, als er die Wälder verließ. In einer kleinen Schrift, die ich vor einigen Jahren drucken ließ und von der ich mir erlaube, Ihnen ein Exemplar zu überreichen, habe ich dieses außergewöhnliche Geschöpf nach den Merkmalen geschildert, die ich dem Bericht eines berühmten Arztes vor einer wissenschaftlichen Gesellschaft entnahm. Hier möchte ich nur daran erinnern, daß es der Kommission, deren Berichterstatter jener Arzt war, auch nach langen Untersuchungen und zahlreichen Bemühungen nicht gelungen war, die Aufmerksamkeit dieses Kindes auch nur für einen kurzen Augenblick zu fesseln, und daß sie vergeblich versuchte, in seinen Handlungen und Entschlüssen irgendeinen Akt von Intelligenz oder ein

Zeugnis seiner Sensibilität zu entdecken. Eine solche Gedankentätigkeit, die erste Quelle unserer Vorstellungen, war ihm fremd, und so schenkte er keinem Gegenstand Beachtung, weil kein Gegenstand irgendeinen dauerhaften Eindruck auf seine Sinne machte. Seine Augen sahen, aber betrachteten nicht; seine Ohren hörten, aber horchten auf nichts; und das Tastorgan, auf die mechanische Tätigkeit des Ergreifens von Dingen beschränkt, war nie dazu verwandt worden, deren Form und Vorhandensein festzustellen. Dies war letztlich der Zustand der physischen und moralischen Fähigkeiten dieses Kindes, das sich nicht nur auf der untersten Sprosse seiner Art, sondern auch auf der niedersten Stufe der Tiere befand und von dem man in gewisser Weise sagen kann, daß es sich von einer Pflanze nur durch die Fähigkeit unterschied, sich zu bewegen und zu schreien. Zwischen diesem weniger als tierischen Dasein und dem heutigen Zustand des jungen Victor besteht ein ungeheurer Unterschied, der sich noch deutlicher zeigen würde, wenn ich mich, jedes Zwischenstadium auslassend, darauf beschränkte, die beiden Vergleichspunkte dicht nebeneinanderzusetzen. Doch da ich überzeugt bin, daß es weniger darum geht, ein solch kontrastreiches, als vielmehr ein wahrheitsgetreues und vollständiges Bild zu zeichnen, werde ich all meine Sorgfalt darauf verwenden, kurz die Veränderungen darzulegen, die im Zustand des jungen Wilden eingetreten sind; und um mehr Ordnung und Interesse in die Aufzählung der Fakten zu bringen, werde ich sie in drei wohlunterschiedenen Abteilungen gliedern, die sich auf die Entwicklung der Sinnesfunktionen, der geistigen Funktionen und der affektiven Fähigkeiten beziehen.

Entwicklung der Sinnesfunktionen

I. – Den Arbeiten von Locke und Condillac ist es zu verdanken, daß wir von dem mächtigen Einfluß wissen, den die isolierte wie gleichzeitige Tätigkeit unserer Sinne auf die Bildung und Entfaltung unserer Gedanken hat. Der Mißbrauch, der mit dieser Entdeckung getrieben wurde, zerstört weder ihre Wahrheit noch die praktischen Anwendungen, die ein medizinischer Erziehungsplan von ihr machen kann. Nach diesen Prinzipien habe ich, nachdem die wichtigsten Ziele, die ich mir gesteckt hatte, erfüllt waren und ich sie in meiner ersten Arbeit dargelegt hatte, alle meine Sorgfalt darauf verwandt, die Sinnesorgane des jungen Victor einzeln zu üben und zu entwickeln.

II. – Da das Gehör von allen Sinnen dasjenige ist, das bei der Entwicklung unserer geistigen Fähgkeiten die größte Rolle spielt, habe ich alle erdenklichen Hilfsmittel eingesetzt, um die Ohren unseres Wilden aus ihrer langen Erstarrung zu befreien. Ich überzeugte mich davon, daß ich für die Erziehung dieses Sinns ihn gleichsam isolieren und, da mir im ganzen System seiner Organe nur eine bescheidene Dosis an Sensibilität zur Verfügung stand, diese auf das Sinnesorgan konzentrieren müsse, das ich einsetzen wollte, indem ich künstlich den Gesichtssinn lahmlegte, durch den sich der größte Teil dieser Sensibilität verausgabt. Daher verhüllte ich Victors Augen hinter einer dicken Binde und ließ dann in seine Ohren die lautesten und verschiedenartigsten Töne erschallen. Meine Absicht war nicht allein, sie ihn hören zu lassen, sondern auch, ihn zum Zuhören zu bringen. Um dies zu erreichen, schlug ich einen Ton an und forderte ihn auf, einen ebensolchen zu erzeugen, indem er denselben Schallkörper erklingen lassen sollte, jedoch auf einen anderen zu schlagen, sobald sein Ohr ihm verkündete, daß ich das Instrument gewechselt hatte. Meine ersten Versuche verfolgten das Ziel, ihn den Ton einer Glocke von dem einer Trommel unterscheiden zu lehren, und die Tatsache, daß ich ihn ein Jahr zuvor vom groben Vergleich zweier verschieden geformter und gefärbter Pappstücke zur Unterscheidung von Buchstaben und Wörtern geführt hatte, gab mir allen Anlaß zu glauben, daß das Ohr, wenn es in der Aufmerksamkeit dieselben Fortschritte machte wie das Auge, bald die ähnlichsten und verschiedensten Laute der Stimme oder der Sprache werde unterscheiden können. Ich befleißigte mich also, die Töne immer weniger gleichartig und immer komplizierter zu gestalten. Bald begnügte ich mich nicht mehr damit, von ihm zu verlangen, daß er den Ton einer Trommel von dem einer Glocke unterschied, sondern auch den Laut, den der Trommelstab auf dem Fell, dem Rand oder dem Körper der Trommel, auf dem Pendel einer Uhr oder auf einer laut tönenden Kohlenschaufel erzeugt.

III. – Sodann wandte ich diese vergleichende Methode bei der Wahrnehmung der Töne eines Blasinstruments an, die, da denen der Stimme ähnlicher, die letzte Stufe der Leiter war, mittels derer ich hoffte, meinen Schüler zum Hören der verschiedenen Tonbildungen des Kehlkopfs zu führen. Der Erfolg entsprach meinen Erwartungen; und wann immer ich das Ohr unseres Wilden mit meiner Stimme erreichte, fand ich sein Gehör auch für die leisesten Töne empfänglich.

IV. – Bei diesen letzten Versuchen durfte ich nicht wie bei den früheren hoffen, daß der Schüler die wahrgenommenen Töne auch wiederholte. Diese doppelte Arbeit hätte, da sie seine Aufmerksamkeit spaltete, nicht in den Plan gepaßt, den ich aufgestellt hatte, nämlich jedes seiner Organe gesondert zu erziehen. Ich beschränkte mich also darauf, die bloße Wahrnehmung der Töne zu verlangen. Um mich dieses Ergebnisses zu vergewissern, setzte ich meinen Schüler mit verbundenen Augen und geschlossenen Fäusten mir gegenüber und ließ ihn jedesmal einen Finger ausstrecken, wenn ich einen Ton erzeugte. Bald verstand er dieses Prüfungsmittel: sobald der Laut sein Ohr erreichte, hob er fast stürmisch den Finger, oft sogar unter Freudenausbrüchen, die nicht daran zweifeln ließen, daß der Schüler an diesen bizarren Lektionen

Gefallen fand. Und sei es, daß er ein wirkliches Vergnügen daran fand, den Laut der menschlichen Stimme zu vernehmen, sei es, daß er den Ärger überwunden hatte, stundenlang des Tageslichts beraubt zu sein – mehr als einmal habe ich sehen können, daß er während der Übungspausen zu mir kam, seine Binde in der Hand, sich diese auf die Augen legte und vor Freude trampelte, wenn er spürte, daß meine Hände sie ihm fest hinter dem Kopf zusammenknoteten. Aber erst während dieser letzten Versuche zeigten sich solche Äußerungen von Zufriedenheit. Zunächst gratulierte ich mir dazu, und weit entfernt, sie zu unterdrücken, regte ich sie noch weiter an, ohne zu bedenken, daß ich mir hiermit ein Hindernis schuf, das diese nützlichen Experimente bald unterbrechen und die so mühsam errungenen Resultate zunichte machen sollte.

V. – Nachdem ich mich auf die erwähnte Weise versichert hatte, daß Victor alle Laute der Stimme, welchen Grad an Intensität sie auch haben mochten, wahrnehmen konnte, war ich bestrebt, sie miteinander vergleichen zu lassen. Hier ging es nicht mehr darum, die stimmlichen Laute einfach zu zählen, sondern ihre Unterschiede und alle ihre Modifikationen und Verschiedenheiten zu erfassen, welche die Musik der Sprache ausmachen. Zwischen dieser und der vorherigen Arbeit bestand ein enormer Unterschied für ein Wesen, dessen Entwicklung auf immer größeren Anforderungen beruhte und das nur deshalb auf dem Wege der Zivilisation war, weil ich es unmerklich dorthin führte. Als ich die Schwierigkeit in Angriff nahm, die sich hier stellte, wappnete ich mich mehr denn je mit Geduld und Sanftmut, im übrigen ermutigt durch die Hoffnung, daß nach Überwindung dieses Hindernisses alles für das Gehör getan worden sei. Wir begannen mit dem Vergleich der Vokale und bedienten uns noch der Hand, um uns des Ergebnisses unserer Erfahrungen zu vergewissern. Jeder der fünf Finger wurde dazu bestimmt, einen der fünf Vokale zu bezeichnen und dessen deutliche Wahrnehmung festzustellen. Der Daumen entsprach dem *A* und mußte beim Aussprechen dieses Vokals gehoben werden; der Zeigefinger war das Zeichen für *E,* der Mittelfinger das für *I,* und so fort.

VI. – Nicht ohne Mühe und nur sehr langsam gelang es mir, ihm einen genauen Begriff der Vokale zu vermitteln. Der erste, den er unterscheiden konnte, war das *O,* dann das *A*. Die drei anderen Vokale boten größere Schwierigkeiten und wurden lange Zeit miteinander verwechselt; doch schließlich begann das Ohr, auch sie deutlich zu unterscheiden, und erneut tauchten in aller Heftigkeit jene Freudenausbrüche auf, von denen ich schon gesprochen habe und die unsere neuen Übungen zeitweise unterbrochen hatte. Doch da diese von seiten des Schülers eine weit angestrengtere Aufmerksamkeit, schwierigere Vergleiche und wiederholte Urteile verlangten, kam es, daß diese Anfälle von Freude, die unsere Unterrichtsstunden bisher belebt hatten, sie zum Schluß störten. In solchen Augenblicken verwechselte Victor alle Laute und hob die Finger nur undeutlich und oftmals sogar alle auf einmal, mit zügellosem Ungestüm und wahrhaft ermüdenden Lachanfällen. Um diese lästige Fröhlichkeit zu unterdrücken, versuchte ich, meinem allzu lustigen Schüler die Augen wieder zu öffnen und unsere Übungen so weiterzuführen, daß ich ihn durch eine ernste und sogar ein wenig drohende Miene einschüchterte. Von nun an war es zwar aus mit der Freude, aber es folgte eine ständige Zerstreutheit des Gehörsinns infolge der Ablenkung, die das Auge durch all die Gegenstände seiner Umgebung erfuhr. Die kleinste Veränderung in der Anordnung der Möbel oder seiner Kleider, die geringste Bewegung der Personen, die um ihn herum waren, ein etwas plötzlicher Wechsel des Sonnenlichts – alles zog seine Blicke an und war für ihn Anlaß, sich zu bewegen. Wieder verband ich ihm die Augen, und wieder begannen seine Lachanfälle. Nun versuchte ich, ihn durch meine Gesten einzuschüchtern, da ich ihn durch Blicke nicht mehr zurückhalten konnte. Ich bewaffnete mich mit einem der Trommelstöcke, die wir bei unseren Übungen verwendeten, und schlug ihm damit jedesmal leicht auf die Finger, wenn er sich irrte. Er hielt diese Strafe für einen Scherz, und seine Freude wurde noch lärmender. Ich glaubte, um ihn eines Besseren zu belehren, die Strafe etwas fühlbarer machen zu müssen. Er verstand mich, und ich sah mit einer Mischung aus Schmerz und Freude in der verdüsterten Miene dieses jungen Menschen, wie sehr das Gefühl der Beleidigung den Schmerz des Schlages überwog. Tränen rollten hinter seiner Binde hervor, und ich nahm sie eilig ab; doch ob aus Verwirrung oder aus Furcht oder gar aus einer tiefen Beunruhigung der inneren Sinne – er hielt, auch nachdem er von der Augenbinde befreit war, hartnäckig die Augen geschlossen. Ich kann den schmerzhaften Ausdruck gar nicht schildern, den sein Gesicht annahm, wenn unter seinen geschlossenen Augenlidern von Zeit zu Zeit einige Tränen quollen. Ach, wie oft war ich in solchen wie in vielen anderen Momenten bereit, der Aufgabe zu entsagen, die ich mir gestellt hatte, und die Zeit für verloren zu erachten, die ich darauf verwandte, und wie sehr bedauerte ich dann, dieses Kind kennengelernt zu haben, und verdammte zutiefst die fruchtlose und unmenschliche Neugier der Menschen, die ihn als erste einem unschuldigen und glücklichen Leben entrissen hatten!

VII. – Diese Szene setzte der lärmenden Fröhlichkeit meines Schülers ein Ende. Aber ich hatte keinen Grund, mich zu diesem Erfolg zu beglückwünschen, denn ich hatte diesen Übelstand nur abgewehrt, um in einen anderen zu fallen. Ein Gefühl der Furcht trat an die Stelle jener wilden Freude, und unsere Übungen wurden dadurch noch viel mehr gestört. Wenn ich einen Laut von mir gab, mußte ich minutenlang auf das vereinbarte Zeichen warten; und selbst wenn dieses richtig gewesen war, erfolgte es mit solcher Langsamkeit und Unsicherheit, daß Victor erschrak, wenn ich durch Zufall ein kleines Geräusch machte oder die geringste Bewegung machte, und aus Angst, sich geirrt zu haben, schnell den Finger wieder zurückzog und dafür einen anderen mit derselben Langsamkeit und Vorsicht vorstreckte. Ich verzweifelte noch immer nicht und hoffte, daß die Zeit sowie viel Sanftmut und ein ermunterndes Verhalten diese ärgerliche und übertriebene Ängstlichkeit verscheuchen würden. Ich hoffte vergebens, alles war umsonst. So schwanden die glänzenden Hoffnungen, die sich vielleicht mit einigem Recht auf einer ununterbrochenen Kette von ebenso nützlichen wie interessanten Versuchen gegründet hatten. Seither habe ich mehrmals und in großen Abständen die gleichen Versuche angestellt, und ich sah mich immer wieder genötigt, sie aufgrund desselben Hindernisses aufzugeben.

VIII. – Dennoch sind diese Versuche mit dem Gehörorgan nicht ganz nutzlos gewesen. Ihnen verdankt Victor, daß er einige einsilbige Wörter klar unterscheiden kann, vor allem solche, die durch ihre Betonung Tadel, Zorn, Traurigkeit, Verachtung oder Freundschaft ausdrücken; und sogar dann, wenn diese verschiedenen Seelenregungen von keinem Mienenspiel noch von jenen natürlichen Gebärden begleitet sind, die ihren äußeren Ausdruck darstellen.

IX. – Mehr betrübt denn entmutigt über den geringen Erfolg, den ich mit dem Gehör hatte, beschloß ich, alle meine Sorgfalt auf den Gesichtssinn zu lenken. Meine ersten Arbeiten hatten ihn schon sehr verfeinert und so stark dazu beigetragen, ihm zu Festigkeit und Aufmerksamkeit zu verhelfen, daß mein Schüler zur Zeit meines ersten Berichts bereits in der Lage war, Metallbuchstaben voneinander zu unterscheiden und sie so anzuordnen, daß sie einige Wörter bildeten. Von diesem Punkt bis zur deutlichen Wahrnehmung der geschriebenen Zeichen und zur Handhabung ihrer Schreibung war es noch ein weiter Weg; doch glücklicherweise lagen alle diese Schwierigkeiten auf derselben Ebene, so daß sie leicht überwunden werden konnten. Nach wenigen Monaten konnte mein Schüler eine Reihe von Wörtern leidlich lesen und schreiben, von denen sich einige nur geringfügig voneinander unterschieden, so daß sie mit aufmerksamem Auge betrachtet werden mußten. Doch war dieses Lesen rein anschaulicher Art; Victor las die Wörter, ohne sie auszusprechen, ohne ihren Sinn zu verstehen. Wenn man über diese Art des Lesens ein wenig nachdenkt, die einzige, die bei einem so gearteten Geschöpf anwendbar ist, wird man mich unweigerlich fragen, woher ich wissen konnte, daß er nicht ausgesprochene Wörter, denen er keinen Sinn beimaß, so deutlich las, daß er sie nicht miteinander verwechselte. Nichts war einfacher als das Verfahren, das ich verwendete, um mir hierüber Gewißheit zu verschaffen. Alle zu lesenden Wörter standen auch auf zwei Tafeln geschrieben; ich nahm eine von ihnen und gab Victor die andere; daraufhin ging ich mit der Fingerspitze alle Wörter durch, die auf meiner Tafel standen, und verlangte, daß er mir auf seiner Tafel das Doppel jenes Wortes zeige, auf das ich gerade deutete. Ich hatte dafür gesorgt, daß die Reihenfolge dieser Wörter auf beiden Tafeln ganz verschieden war, so daß der Platz, den ein Wort auf einer Tafel einnahm, keinerlei Hinweis auf denjenigen gab, den es auf der anderen hatte. So entstand die Notwendigkeit, sozusagen die besondere Physiognomie all jener Zeichen zu studieren, um sie auf den ersten Blick wiederzuerkennen.

X. – Wenn der Schüler, von der äußeren Gestalt eines Wortes in die Irre geführt, es anstelle eines anderen zeigte, ließ ich ihn seinen Irrtum korrigieren, und zwar ohne ihm diesen zu erklären, sondern nur dadurch, daß ich ihn aufforderte, das Wort zu buchstabieren. Buchstabieren bedeutete für uns, alle Buchstaben, aus denen zwei Wörter bestanden, einen nach dem anderen rein anschauend zu vergleichen. Dieses wirklich analytische Verfahren ging äußerst rasch vonstatten; mit der Spitze eines Bleistifts berührte ich den ersten, dann den zweiten Buchstaben des Wortes, und wir trieben dies so lange, bis Victor, der in seinem Wort nach den Buchstaben suchte, die ich ihm in meinem Wort zeigte, auf denjenigen stieß, bei dem der Unterschied der beiden Wörter begann.

XI. – Bald war es nicht mehr nötig, zu einem so umständlichen Verfahren zu greifen, um ihn seine Fehler berichtigen zu lassen. Es genügte, seine Augen einen Augenblick lang auf das Wort zu fixieren, das er mit einem anderen verwechselt hatte, um ihn den Unterschied spüren zu lassen; und ich kann sagen, daß der Irrtum fast augenblicklich behoben wurde. Auf diese Weise übte und vervollkommnete sich dieser wichtige Sinn, dessen geringe Beweglichkeit die ersten Versuche zum Scheitern verurteilt hatten, die wir unternahmen, um ihn zu fixieren, und den ersten Verdacht auf Idiotie hatte aufkommen lassen.

XII. – Nachdem ich somit die Erziehung des Gesichtssinnes zu Ende gebracht hatte, beschäftigte ich mich mit der des Tastsinns. Obgleich ich die Meinung Buffons und Condillacs über die wichtige Rolle nicht teile, die sie diesem Sinn beimessen, hielt ich doch die Pflege, die ich dem Tastsinn geben konnte, nicht für verloren und die Beobachtungen, die mir die Entwicklung dieses Sinnes lieferte, nicht für uninteressant. Meinem ersten Bericht konnte man entnehmen, daß dieses Organ, das sich ursprünglich auf das mechanische Greifen von Gegenständen beschränkte, der starken Wirkung von heißen Bädern die Wiedererlangung einiger seiner Fähigkeiten verdankte, unter anderem diejenige, Hitze und Kälte, Rauheit und Glätte von Gegenständen wahrzunehmen. Doch wenn man auf die Natur dieser beiden Empfindungen achtet, sieht man, daß sie denen der Haut entsprechen, die alle unsere Körperteile umhüllt. Das Tastgefühl der Hände, das nur seinen Teil an Sensibilität erhalten hatte, die ich im gesamten Hautsystem erweckt hatte, nahm bis dahin gleichsam nur einen Teil dieses Systems wahr, da es sich durch keine eigentümliche Funktion von ihm unterschied.

XIII. – Meine ersten Versuche bestätigten die Richtigkeit dieser Erkenntnis. Auf den Boden eines undurchsichtigen Gefäßes, in dessen Öffnung gerade ein Arm paßte, legte ich gekochte und noch heiße Kastanien sowie rohe, kalte Kastanien von ungefähr derselben Größe. Eine Hand meines Schülers befand sich in dem Gefäß, die andere lag offen auf seinen Knien. In diese legte ich eine heiße Kastanie und bat ihn, mir eine ebensolche aus dem Gefäß zu holen; er brachte sie mir tatsächlich. Dann legte ich ihm eine kalte Kastanie in die Hand; und diejenige, die er aus dem Gefäß holte, war ebenfalls kalt. Dies versuchte ich mehrere Male und immer mit demselben Erfolg. Anders war es, wenn ich meinen Schüler, statt ihn die Temperatur von Gegenständen vergleichen zu lassen, mit demselben Mittel dazu bringen wollte, sie nach ihrer Form zu unterscheiden. Hier begannen die besonderen Funktionen des Tastgefühls, und dieses war ihm noch neu. Ich legte Kastanien und Eicheln in das Gefäß, und wenn ich ihm die eine oder andere dieser Früchte zeigte, damit er mir eine ebensolche aus dem Gefäß hole, reichte er mir eine Eichel statt einer Kastanie oder eine Kastanie statt einer Eichel. Es galt also, dieses Sinnesorgan wie alle anderen und mit dem gleichen Verfahren in seinen Funktionen zu üben. Zu diesem Zweck gewöhnte ich ihn daran, nicht nur ihrer Form, sondern auch ihrem Gewicht nach ganz verschiedene Körper miteinander zu vergleichen, wie einen Stein und eine Kastanie, ein Geldstück und einen Schlüssel. Nicht ohne Mühe gelang es mir, daß er diese Dinge durch den Tastsinn unterscheiden lernte. Sobald er sie nicht mehr verwechselte, ersetzte ich sie durch weniger verschiedene, wie einen Apfel, eine Nuß und kleine Steine. Dann unternahm ich manuelle Versuche erneut mit Kastanien und Eicheln, und dieser Vergleich war nun nur noch ein Spiel für den Schüler. Ich gelangte bis zu dem Punkt, da er auf diese Weise die ihrer Form nach ähnlichsten Metallbuchstaben unterscheiden konnte, wie B und R, I und J, C und G.

XIV. – Diese Art Übung, von der ich mir, wie gesagt, keinen allzu großen Erfolg versprochen hatte, trug nichtsdestoweniger mit dazu bei, die Aufmerksamkeitsfähigkeit unseres Schülers zu erhöhen; in der Folge hatte ich Gelegenheit zu sehen, wie seine schwache Intelligenz noch weit größere Schwierigkeiten in Angriff nahm und sein Gesicht jene ernsthafte, ruhige und nachdenkliche Miene annahm, sobald es darum ging, den Unterschied der Form von Gegenständen durch Tasten zu bestimmen.

XV. – Nun mußte ich mich nur noch mit dem Geschmacks- und Geruchssinn beschäftigen. Dieser letztere war von einer Feinheit, die jede Vervollkommnung überflüssig machte. Wie man weiß, behielt dieser junge Wilde noch lange nach seinem Eintritt in die Gesellschaft die Gewohnheit bei, alles zu beschnuppern, was man ihm vorlegte, selbst Gegenstände, die wir für geruchlos halten. Bei den ländlichen Spaziergängen, die ich während der ersten Monate seines Aufenthalts in Paris häufig mit ihm unternahm, konnte ich viele Male beobachten, wie er stehenblieb, sogar vom Weg abwich, um Steine oder trockene Holzstücke aufzulesen, die er erst wieder fortwarf, wenn er sie an seine Nase gehalten hatte, oftmals mit Zeichen großer Befriedigung. Eines Abends, als er sich in der Rue d'Enfer verirrt hatte und erst bei Einbruch der Dunkelheit von seiner Erzieherin wiedergefunden wurde, beschnupperte er zwei- oder dreimal ihre Hände und Arme, bevor er sich entschloß, ihr zu folgen und in Freudengeheul auszubrechen, weil er sie wiedergefunden hatte. Die Zivilisation konnte also zur Verfeinerung des Geruchssinns nichts weiter beitragen.

Da er im übrigen weit mehr mit der Übung seiner Verdauungsfunktion zusammenhing als mit der Entwicklung seiner intellektuellen Fähigkeiten, lag er außerhalb meines Erziehungsplans. – Es scheint, als hätte auch der Geschmackssinn, da er im allgemeinen den gleichen Zwecken dient wie der Geruchssinn, meinem Ziel fremd sein müssen. Ich war nicht dieser Ansicht, denn ich betrachtete den Geschmackssinn nicht unter dem Gesichtspunkt der sehr begrenzten Funktionen, die ihm die Natur zugewiesen hat, sondern in bezug auf die ebenso vielfältigen wie zahlreichen Genüsse, welche die Zivilisation diesem Organ bietet, so daß es mir vorteilhaft erschien, es zu entwickeln, vielmehr es zu verändern.
Ich halte es für unnötig, hier alle Mittel aufzuzählen, die ich zu Hilfe nahm, um dieses Ziel zu erreichen, und mittels derer es mir in kurzer Zeit gelang, den Geschmack unseres Wilden für eine Menge von Gerichten zu wecken, die er bislang stets verabscheut hatte. Dennoch zeigte Victor trotz der neuen Errungenschaften dieses Sinnesorgans keine jener gierigen Neigungen zur Naschhaftigkeit. Ganz anders als jene Menschen, die man Wilde genannt hat und die, wenn halbzivilisiert, alle Laster der großen Gesellschaften zeigen, ohne deren Vorteile zu besitzen, blieb Victor, als er sich an neue Gerichte gewöhnte, gleichgültig gegen starke Liköre, eine Gleichgültigkeit, die sogar in Widerwillen umgeschlagen ist, und zwar infolge eines Mißgriffs, dessen Wirkungen und Umstände vielleicht berichtet zu werden verdienen. Victor speiste mit mir in der Stadt. Am Ende der Mahlzeit ergriff er aus eigenem Antrieb eine Karaffe, die einen sehr starken Likör enthielt, der aber, da er farb- und geruchlos war, ganz wie Wasser aussah. Unser Wilde hielt es für solches, goß sich ein halbes Glas voll und trank es, wohl vom Durst geplagt, auf einen Zug fast bis zur Hälfte aus, bevor der durch die Flüssigkeit erzeugte Brand im Magen ihn über seinen Mißgriff aufklärte. Und augenblicklich stieß er das Glas samt dem Likör fort, stand wütend auf, sprang mit einem Satz von seinem Stuhl zur Tür

und begann loszubrüllen und auf den Korridoren und der Treppe des Hauses herumzurennen, wobei er immer wieder zurückkam und den Kreislauf von neuem begann; gleich einem schwerverwundeten Tier, das durch die Schnelligkeit seines Laufs nicht, wie die Dichter sagen, den Pfeil zu fliehen sucht, der es zerfleischt, sondern um durch rasche Bewegungen einen Schmerz zu zerstreuen, zu dessen Erleichterung es nicht wie der Mensch eine hilfreiche Hand herbeirufen kann.

XVI. – Trotz seiner Abneigung gegen Liköre hat Victor einigen Geschmack am Wein gefunden, doch ohne ihn besonders zu vermissen, wenn man ihm keinen gibt. Ich glaube sogar, daß er noch immer eine ausgeprägte Vorliebe für das Wasser bewahrt hat. Die Art, wie er es trinkt, scheint darauf hinzudeuten, daß er ein sehr lebhaftes Vergnügen dabei findet, das wahrscheinlich andere Gründe hat als die Freuden des Gaumens. Fast nach jeder Mahlzeit, wenn er nicht mehr vom Durst getrieben ist, sieht man ihn mit der Miene eines Feinschmeckers, der sein Glas für einen erlesenen Likör hinstellt, das seine mit klarem Wasser füllen, es schluckweise in den Mund nehmen und Tropfen für Tropfen austrinken. Besonders interessant an dieser Szene ist der Ort, wo sie sich abspielt. Unser Trinker stellt sich nämlich dazu ans Fenster, die Augen auf die Landschaft gerichtet, so als ob dieses Kind der Natur in jenem Augenblick des Genusses die beiden einzigen Wohltaten zu vereinen trachtete, die den Verlust seiner Freiheit überlebt haben: das Trinken von klarem Wasser und den Anblick von Sonne und freien Feldern.

XVII. – Auf diese Weise vollzog sich die Vervollkommnung seiner Sinne. Mit Ausnahme des Gehörs traten sie alle aus ihrer langen Gewohnheit heraus, öffneten sich neuen Wahrnehmungen und trugen in die Seele des jungen Wilden eine Fülle von bisher unbekannten Ideen. Doch hinterließen diese Ideen in seinem Gehirn nur eine flüchtige Spur; um sie dort festzuhalten, galt es, ihre jeweiligen Zeichen oder besser die Bedeutung dieser Zeichen dort einzuprägen. Victor kannte sie bereits, denn gleichzeitig mit der Wahrnehmung der Gegenstände und ihrer sinnlichen Eigenschaften hatte ich ihn im Lesen der Wörter unterwiesen, die sie darstellten, ohne indes zu versuchen, deren Sinn zu bestimmen. Victor, der gelernt hatte, durch den Tastsinn einen runden Körper von einem flachen, mit den Augen rotes Papier von weißem und mit der Zunge saure Flüssigkeit von süßer zu unterscheiden, hatte gleichzeitig gelernt, die Namen, die diese verschiedenen Wahrnehmungen ausdrücken, voneinander zu unterscheiden, ohne indes den spezifischen Wert dieser Zeichen zu kennen. Da eine solche Kenntnis nicht mehr in den Bereich der äußeren Sinne fällt, galt es, zu den Fähigkeiten des Geistes Zuflucht zu nehmen und ihm, wenn ich so sagen darf, Rechenschaft über die Vorstellungen abzuverlangen, die ihm jene Sinne vermittelt hatten. Dies wurde der Gegenstand einer neuen Reihe von Erfahrungen, mit der sich der folgende Abschnitt beschäftigen wird.

Entwicklung der intellektuellen Funktionen

XVIII. – Wiewohl gesondert dargestellt, sind die Tatsachen, aus denen sich die soeben betrachtete Reihe zusammensetzt, in vieler Hinsicht mit der nun folgenden verbunden. Denn der innere Zusammenhang, Monseigneur, der den physischen Menschen mit dem geistigen Menschen vereint, ist so groß, daß, obwohl die jeweiligen Bereiche dieser beiden Funktionsordnungen deutlich voneinander getrennt zu sein scheinen und es auch sind, sich an den Grenzen alles vermischt, durch welche sie einander berühren. Beide entwickeln sich zur gleichen Zeit und beeinflussen sich wechselseitig. Und während ich meine Bemühungen darauf beschränkte, die Sinne unseres jungen Wilden zu schärfen, hatte auch sein Geist teil an der ausschließlichen Beschäftigung mit diesen Organen und nahm die gleiche Entwicklung. Es ist ja leicht einzusehen, daß ich, indem ich die Sinne anleitete, neue Gegenstände wahrzunehmen und zu unterscheiden, die Aufmerksamkeit zwang, sich auf sie zu heften, das Urteil, sie miteinander zu vergleichen, und das Gedächtnis, sie zu behalten. Folglich war auch nichts gleichgültig in diesen Übungen; alles brachte die Fähigkeiten der Intelligenz mit ins Spiel und bereitete sie auf das große Werk der Gedankenverbindung vor. Ich hatte mich bereits versichert, daß dies möglich war, denn ich hatte den Schüler dahin gebracht, daß er die Gegenstände seiner Bedürfnisse mit Hilfe von Buchstaben bezeichnete, indem er sie so anordnete, daß sie das Wort für das Gewünschte ergaben. In meiner kleinen Schrift über dieses Kind habe ich diesen ersten Schritt in der Erkenntnis der geschriebenen Zeichen dargelegt; und ich fürchtete nicht, ihn als einen wichtigen Abschnitt seiner Erziehung zu bezeichnen, als den erfreulichsten und glänzendsten Erfolg, der je bei einem Geschöpf erzielt wurde, das wie dieses auf die letzte Stufe der Abgestumpftheit herabgesunken war. Doch spätere Beobachtungen, die mich über die Natur dieses Resultats aufklärten, verringerten bald die Hoffnungen, die ich gehegt hatte. Ich bemerkte nämlich, daß Victor, statt bestimmte Wörter zu reproduzieren, mit denen ich ihn vertraut gemacht hatte, damit er die Gegenstände verlange, die sie ausdrückten, und seinen Wunsch oder sein Bedürfnis nach ihnen äußere, sich ihrer nur in bestimmten Augenblicken bediente, und stets nur beim Anblick des begehrten Gegenstandes. So sehr ihn zum Beispiel nach Milch verlangte, so bildete er doch erst in dem Augenblick, da er sie gewöhnlich trank und sah, daß man ihm welche geben wollte, das Wort dieses Lieblingsgetränks. Um den Verdacht aufzuklären, den mir ein solches Verhalten einflößte, versuchte ich, die Stunde seines Frühstücks hinauszuzögern, aber vergebens wartete ich darauf, daß der Schüler sein Bedürfnis, das doch immer dringender wurde, schriftlich äußern möge. Erst wenn die Tasse auftauchte, bildete er das Wort *lait*. Ich machte noch einen anderen Versuch: während seines Frühstücks, und ohne diesem Vorgang irgendeinen Schein von Strafe zu geben, entfernte ich die Tasse, welche die Milch enthielt, und schloß sie in einen Schrank. Wäre das Wort *lait* für Victor das eindeutige Zeichen für die Sache und der Ausdruck seines Verlangens nach ihr gewesen, dann hätte er nach diesem plötzlichen Entzug, da sein Bedürfnis ja weiter fortbestand, ohne allen Zweifel das Wort *lait* sofort reproduziert. Doch das geschah nicht; und ich schloß daraus, daß die Bildung dieses Zeichens, statt für den Schüler der Ausdruck seiner Wünsche zu sein, lediglich eine Art Vorübung war, die er mechanisch der Befriedigung seiner Gelüste vorherschickte. Wir mußten also von vorn anfangen und auf neuen Grundlagen arbeiten. Ich fügte mich mutig in die neue Situation, in der Überzeugung, daß der Fehler, wenn mein Schüler mich nicht verstanden hatte, eher auf meiner denn auf seiner Seite lag. Denn als ich über die Ursachen nachdachte, die zu einer solch mangelhaften Aufnahme der Schriftzeichen führen mochten, erkannte ich, daß ich bei diesen ersten Beispielen des Ausdrucks von Gedanken nicht mit jener äußersten Einfachheit vorgegangen war wie zu Beginn meiner anderen Belehrungsmittel, die dadurch zum Erfolg geführt hatten. Wiewohl also das Wort *lait* für uns nur ein einfaches Zeichen ist, konnte es für Victor den unbestimmten Ausdruck für dieses Getränk, für das Gefäß, das es enthielt, sowie für den Wunsch, dessen Gegenstand es war, bedeuten.

XIX. – Mehrere andere Zeichen, mit denen ich ihn vertraut gemacht hatte, zeigten in ihre Anwendung denselben Mangel an Genauigkeit. Ein noch bemerkenswerterer Fehler beruhte auf unserem Aussageverfahren. Es bestand, wie ich schon dargelegt habe, darin, daß auf einer Linie Metallbuchstaben so angeordnet wurden, daß sie den Namen eines Gegenstandes ergaben. Doch die Beziehung, die zwischen dem Ding und dem Wort bestand, war nicht unmittelbar genug, um von meinem Schüler vollständig erfaßt zu werden. Um diese Schwierigkeit zu beheben, galt es, zwischen jedem Gegenstand und seinem Zeichen eine direktere Verbindung und eine Art von Gleichheit herzustellen, die beides in seinem Gedächtnis haften ließ; auch mußten die Gegenstände, die bei dieser neuen Aussagemethode als erste verwendet wurden, so einfach wie möglich sein, damit sich ihre Zeichen in keiner Weise auf Nebensächlichkeiten beziehen konnten. Entsprechend diesem Plan verteilte ich auf die Bücherregale mehrere einfache Gegenstände wie eine Feder, einen Schlüssel, ein Messer, eine Schachtel usw. und legte sie jeweils auf eine Karte, auf der ihr Name stand. Diese Namen waren dem Schüler nicht neu; er kannte sie bereits und hatte gelernt, sie nach der oben geschilderten Leseweise voneinander zu unterscheiden.

XX. – Es ging also nur noch darum, seine Augen mit der Zuordnung dieser Namen zu den entsprechenden Gegenständen vertraut zu machen. Diese Anordnung wurde bald begriffen; und ich erhielt den Beweis dafür, als ich, nachdem ich alle jene Gegenstände vertauscht und die Etiketten in eine andere Reihenfolge gebracht hatte, sehen konnte, wie der Schüler sorgsam jedes Ding auf seinen Namen zurücklegte. Ich vervielfältigte meine Versuche; und diese Vielfalt gab mir Gelegenheit, mehrere Beobachtungen über den Grad der Wirkung zu machen, den jene Schriftzeichen auf das Sensorium unseres Wilden ausübten. Indem ich beispielsweise alle Gegenstände in einer Ecke des Zimmers liegen ließ und alle Karten in eine andere trug, wollte ich Victor dadurch, daß ich ihm eine nach der anderen zeigte, dazu veranlassen, mir den Gegenstand zu holen, auf dessen geschriebenes Wort ich gerade deutete; um mir den Gegenstand bringen zu können, durfte er keinen einzigen Augenblick die Buchstaben, die ihn bezeichneten, aus den Augen verlieren. Wenn er sich so weit entfernte, daß er die Karte nicht mehr lesen konnte, oder wenn ich sie, nachdem ich sie ihm gezeigt hatte, mit der Hand zudeckte, entschwand dem Schüler sofort das Wortbild, und er griff unruhig und angstvoll und aufs Geratewohl nach dem erstbesten Gegenstand, der ihm in die Hände fiel.

XXI. – Das Ergebnis dieses Versuchs war wenig ermunternd und hätte mich in der Tat gänzlich entmutigt, wenn ich nicht bemerkt hätte, daß die Eindrücke, wenn ich sie häufig wiederholte, im Gedächtnis meines Schülers merklich länger haften blieben. Bald brauchte er nur noch einen kurzen Blick auf das Wort zu werfen, das ich bezeichnete, um mir, ohne sich zu beeilen oder zu irren, den gewünschten Gegenstand zu bringen. Nach einiger Zeit konnte ich die Erfahrung in noch größerem Umfang machen, indem ich ihn aus meinem Zimmer in das seine schickte, damit er von dort einen Gegenstand hole, dessen Namen ich ihm gezeigt hatte. Die Dauer der Wahrnehmung war zunächst sehr viel kürzer als die Dauer des Weges; aber durch einen sehr bemerkenswerten Akt der Intelligenz suchte und fand Victor in der Flinkheit seiner Beine ein sicheres Mittel, die Dauer des Eindrucks länger zu machen als die des Weges. Sobald er das Wort glesen hatte, schoß er wie ein Pfeil davon und kam kurz darauf mit dem verlangten Gegenstand in Händen zurück. Manchmal freilich entfiel ihm unterwegs die Erinnerung an das Wort; dann hörte ich, wie er in seinem Lauf innehielt und zu meinem Zimmer zurückkehrte, wo er mit ängstlicher und verwirrter Miene eintrat. Zuweilen brauchte er nur einen Blick auf die gesamte Wortsammlung zu werfen, um den Namen wiederzuerkennen und zu behalten, der ihm entfallen war; andere Male war das Bild des Namens so gänzlich aus seinem Gedächtnis geschwunden, daß ich ihm denselben abermals zeigen mußte: dazu forderte er mich auf, indem er meine Hand nahm und meinen Zeigefinger über diese ganze Reihe von Namen führte, bis ich ihm denjenigen bezeichnete, den er vergessen hatte.

XXII. – Auf diese Übung folgte eine andere, die, da sie mehr Gedächtnisarbeit erheischte, sehr dazu beitrug, das Gedächtnis zu entwickeln. Bislang hatte ich mich damit begnügt, einen einzigen Gegenstand auf einmal zu verlangen; nun verlangte ich zuerst zwei, dann drei und schließlich vier, indem ich dem Schüler eine gleiche Anzahl von Zeichen vorlegte, der, da er die Schwierigkeit spürte, sie alle zu behalten, sie so lange mit gieriger Aufmerksamkeit betrachtete, bis ich sie seinen Blikken entzog. Von da an gab es keine Verzögerung und keine Unsicherheit mehr; eilig machte er sich auf den Weg zu seinem Zimmer, aus dem er die gewünschten Dinge holte. Bei mir angekommen, war seine erste Sorge, bevor er sie mir gab, noch einmal einen raschen Blick auf die Liste zu werfen, sie mit den Gegenständen zu vergleichen, die er in Händen hielt und die er mir erst dann überreichte, wenn er sich durch diese Probe vergewissert hatte, daß er weder etwas vergessen noch etwas Falsches gebracht hatte. Dieses letzte Experiment brachte zunächst sehr unterschiedliche Ergebnisse; doch zuletzt wurden auch hier die Schwierigkeiten überwunden. Der Schüler, der sich seines Gedächtnisses nun sicher war und den Vorteil verschmähte, den ihm seine schnellen Beine verschafften, gab sich jetzt in aller Gemütsruhe dieser Übung hin: er blieb oft im Korridor stehen, lehnte den Kopf an das Fenster, das sich am anderen Ende befindet, und grüßte mit einigen spitzen Schreien den Anblick der Landschaft, die sich auf dieser Seite in wunderbarer Weite ausdehnte; dann machte er sich wieder auf den Weg zu seinem Zimmer, holte seine kleine Fracht, huldigte erneut den stets vermißten Schönheiten der Natur und trat bei mir in der Gewißheit ein, den Auftrag richtig ausgeführt zu haben.

XXIII. – Auf diese Weise gelang es dem Gedächtnis, das im ganzen Umfang seiner Funktionen wiederhergestellt war, die Zeichen der Gedanken zu behalten, während auf der anderen Seite die Intelligenz deren volle Bedeutung erfaßte. Dies war zumindest der Schluß, den ich aus den vorangegangenen Tatsachen glaubte ziehen zu dürfen, als ich sah, wie Victor sich in jedem Moment, sei es während unserer Übungsstunden, sei es spontan, der verschiedenen Wörter bediente, deren Bedeutung ich ihn gelehrt hatte, und um die Dinge bat, denen diese Wörter entsprachen, auf die Sache deutete oder sie brachte, wenn man ihm das Wort zu lesen gab, oder auf das Wort zeigte, wenn man ihm die Sache vorlegte. Wer hätte geglaubt, daß dieser doppelte Beweis gerade nur ausreichte, mir die Gewißheit zu geben, daß ich letztlich an dem Punkt angelangt war, um dessentwillen ich hatte umkehren und einen so großen Umweg hatte machen müssen? Was zu jener Zeit geschah, ließ mich einen Augenblick lang glauben, daß ich mehr denn je vom Ziel entfernt war.

XXIV. – Eines Tages, als ich Victor zu mir genommen hatte und ihn wie üblich in seinem Zimmer mehrere Gegenstände holen ließ, die ich ihm auf seiner Liste zeigte, kam mir der Einfall, meine Wohnungstür doppelt zu verschließen und den Schlüssel abzuziehen, ohne daß er es bemerkte. Dann kehrte ich in mein Arbeitszimmer zurück, in dem Victor sich aufhielt, entrollte seine Liste und verlangte von ihm einige der Gegenstände, deren Namen darauf standen, wobei ich darauf achtete, nur solche zu bezeichnen, die sich in meinem Zimmer befanden. Sofort ging er los; doch als er die Tür verschlossen fand und vergeblich überall nach dem Schlüssel gesucht hatte, kam er zu mir zurück, nahm mich bei der Hand und führte mich zur Tür, wie um mir zu beweisen, daß sie sich nicht öffnen ließ. Ich tat so, als sei ich sehr überrascht, suchte überall nach dem Schlüssel und gab mir sogar viel Mühe, die Tür mit Gewalt zu öffnen; schließlich verzichtete ich auf diese vergeblichen Versuche, brachte Victor in mein Studierzimmer zurück, zeigte ihm dort abermals dieselben Wörter und forderte ihn durch Zeichen auf, Umschau zu halten, ob es hier nicht ähnliche Gegenstände gäbe. Die bezeichneten Wörter waren

Stock, Blasebalg, Bürste, Glas, Messer. Alle diese Dinge lagen verstreut, aber leicht sichtbar in meinem Zimmer. Victor sah sie, berührte jedoch keines von ihnen. Auch dann nicht, als ich sie, damit er sie wiedererkenne, alle zusammen auf einen Tisch legte und eines nach dem anderen verlangte, indem ich ihm nacheinander die Namen zeigte. Ich griff zu einem anderen Mittel: ich schnitt mit der Schere die Namen der Gegenstände aus, die, somit in bloße Etikette verwandelt, ich in Victors Hände legte; womit ich ihn wieder zu den ersten Versuchen dieses Verfahrens zurückbrachte und ihn aufforderte, auf jedes Ding den Namen zu legen, der es bezeichnete. Es war vergebens; und ich hatte das unaussprechliche Mißvergnügen zu sehen, daß mein Schüler alle diese Gegenstände, vielmehr die Beziehungen nicht erkannte, die sie mit ihren Zeichen verbanden und daß er mit unbeschreiblich bestürzter Miene seine nichtssagenden Blicke über all diese Buchstaben schweifen ließ, die für ihn wieder unverständlich geworden waren. Ich fühlte, wie ich vor Ungeduld und Entmutigung schwach wurde.

Ich setzte mich in eine Ecke des Zimmers und dachte voll Bitterkeit an diesen Unglücklichen, den sein merkwürdiges Schicksal vor die traurige Alternative stellen würde, entweder wie ein wirklicher Idiot in irgendeine unserer Anstalten verbannt zu werden oder sich mit unsäglichen Mühen ein bißchen Bildung zu erkaufen, die für sein Glück nutzlos war. »Unglücklicher«, sagte ich zu ihm, als ob er mich hätte verstehen können, und mit wirklich beklommenem Herzen, »da alle meine Mühen vergeblich sind und deine Anstrengungen nichts fruchten, so nimm denn wieder den Weg in deine Wälder und mit ihm die Freude am primitiven Leben; oder, wenn deine neuen Bedürfnisse dich in die Abhängigkeit von der Gesellschaft geführt haben, büße für das Unglück, ihr nicht nützlich zu sein, und gehe nach Bicêtre, um dort in Kummer und Elend zu sterben.« Wenn ich die Fassungskraft der Intelligenz meines Schülers weniger gut gekannt hätte, hätte ich glauben können, ich sei voll und ganz verstanden worden; denn kaum hatte ich diese Worte gesagt, sah ich, wie seine Brust sich unter lautem Stöhnen hob – was nur geschah, wenn er großen Kummer hatte –, seine Augen sich schlossen und ein Strom von Tränen unter seinen Lidern hervorquoll.

XXV. – Es war mir schon oft aufgefallen, daß derlei Gefühlsbewegungen, wenn sie in Tränen endeten, eine Art heilsame Krise herbeiführten, die seine Intelligenz plötzlich einen Schritt vorwärts brachte und sie fähiger machte, eine Schwierigkeit zu überwinden, die noch wenige Augenblicke zuvor unüberwindbar gewesen war. Ich hatte auch beobachtet, daß, wenn ich auf dem Höhepunkt einer solchen Gemütsbewegung mit einem Mal den vorwurfsvollen Ton durch ein liebevolles Verhalten und einige freundschaftliche und aufmunternde Worte ersetzte, eine noch stärkere Empfindungsfähigkeit auftrat, welche die Wirkung verdoppelte, die ich mir davon versprach. Die Gelegenheit war günstig, und ich beeilte mich, sie zu nutzen. Ich näherte mich Victor; ich ließ ihn zärtliche Worte hören, die ich in einer ihm verständlichen Weise ausdrückte und mit noch deutlicheren Zeichen der Freundschaft verstärkte. Seine Tränen flossen noch reichlicher, begleitet von Seufzern und Schluchzen; während ich meinerseits die Zärtlichkeiten vermehrte, trieb ich seine Erregung auf den Höhepunkt und ließ, wenn ich so sagen darf, auch die letzte Fiber des moralischen Menschen erzittern. Als diese Erregung wieder abgeklungen war, legte ich Victor erneut die gleichen Gegenstände vor und forderte ihn auf, mir immer denjenigen zu bezeichnen, auf dessen Namen ich gerade deutete. Zuerst bat ich ihn um das Buch; er sah es ziemlich lange an, wollte schon die Hand danach ausstrecken, suchte aber in meinen Augen nach irgendeinem Zeichen der Zustimmung oder Ablehnung, die seine Unsicherheit beheben sollte. Ich war auf der Hut, und meine Miene blieb ausdruckslos. Somit auf sein eigenes Urteil angewiesen, zog er den Schluß, daß dies

nicht der gewünschte Gegenstand sein könne, und er ließ seine Blicke im Zimmer umherschweifen, die indes nur bei Büchern hängen blieben, die auf dem Tisch und dem Kaminsims verstreut lagen.
Bei dieser Art des Umschauens kam mir ein Lichtblick. Sofort öffnete ich einen Schrank, der voller Bücher war, und zog ein Dutzend davon heraus, unter die ich eines mischte, das genau dem glich, welches Victor in seinem Zimmer gelassen hatte; dieses sehen, rasch die Hand danach ausstrecken und es mir mit strahlendem Blick zeigen, war für Victor nur die Sache eines Augenblicks.

XXVI. – Ich ließ es bei diesem Versuch bewenden, denn das Ergebnis genügte, um mich neue Hoffnungen schöpfen zu lassen, die ich allzu leichtfertig aufgegeben hatte, und mir über die Art der Schwierigkeiten klar zu werden, die durch dieses Experiment enthüllt worden waren. Es lag auf der Hand, daß sich mein Schüler keineswegs eine falsche Vorstellung von der Bedeutung der Zeichen gemacht hatte, sondern sie lediglich zu streng anwandte. Er hatte meine Lektionen wörtlich genommen; und da ich mich darauf beschränkt hatte, ihm die Nomenklatur der in seinem Zimmer befindlichen Gegenstände zu geben, war er zu der festen Überzeugung gelangt, daß eben nur diese bestimmten Gegenstände auf sie anwendbar seien. So war für Victor nur das Buch, welches sich in seinem Zimmer befand, ein wirkliches Buch; und damit er sich entschließen konnte, einem anderen diesen Namen zu geben, mußte eine vollkommene Ähnlichkeit zwischen dem einen und dem anderen eine sichtbare Übereinstimmung herstellen. Er wendete die Wörter ganz anders an als Kinder, die, wenn sie zu sprechen beginnen, den individuellen Namen die Bedeutung der allgemeinen Namen im eingeschränkten Sinn der individuellen Namen geben. Woher mochte ein so seltsamer Unterschied rühren? Er beruhte, wenn ich mich nicht täusche, auf der Schärfe seiner visuellen Beobachtung, der notwendigen Folge der besonderen Erziehung, die dem Gesichtssinn zuteil geworden war. Ich hatte dieses Organ so sehr darin geschult, durch analytische Vergleiche die äußerlichen Merkmale von Körpern und ihre Unterschiede in Größe, Farbe und Form zu erfassen, daß zwischen zwei gleichen Körpern für so geübte Augen stets einige Ungleichheiten zu erkennen waren, die auf einen wesentlichen Unterschied schließen ließen. Nachdem ich den Ursprung dieses Irrtums einmal erkannt hatte, wurde es mir auch leicht, Abhilfe zu schaffen; es galt, die Übereinstimmung der Gegenstände dadurch herzustellen, daß man dem Schüler die Übereinstimmung ihrer Anwendung oder ihrer Eigenschaften demonstrierte; daß man ihm zu erkennen gab, welche gemeinsamen Eigenschaften von äußerlich verschiedenen Dingen ihnen denselben Namen eintragen; mit einem Wort, es kam darauf an, ihm beizubringen, die Körper nicht mehr nur im Hinblick auf ihre Unterschiede, sondern auch nach ihren Berührungspunkten zu betrachten.

XXVII. – Diese neuen Übungen wurden eine Art Einführung in die Kunst der Vergleichungen. Der Schüler gab sich ihr zunächst so rückhaltlos hin, daß es schien, als würde er sich von neuem verirren, da er Gegenstände mit demselben Begriff und demselben Namen verband, die keine andere Beziehung zueinander hatten als die Analogie ihrer Form oder ihres Verwendungszwecks. So kam es, daß er mit dem Namen Buch unterschiedslos einen Schreibblock, ein Heft, eine Zeitung, ein Register, eine Broschüre bezeichnete; daß jedes schmale und lange Holzstück Stock genannt wurde; daß er bald das Wort für Bürste dem Besen und das für Besen der Bürste gab; und daß er sich, hätte ich diesem Mißbrauch der Vergleiche nicht Einhalt geboten, bald auf eine kleine Zahl von Zeichen beschränkt haben würde, die er unterschiedslos auf eine Fülle von völlig verschiedenen Gegenständen angewandt hätte, denen nur einige allgemeine Eigenschaften gemeinsam sind.

XXVIII. – Bei all diesen Irrtümern oder vielmehr Schwankungen einer Intelligenz, die stets nach Ruhe tendierte und stets durch künstliche Mittel angespornt wurde, glaubte ich eine der charakteristischsten Fähigkeiten des denkenden Menschen sich entwickeln zu sehen, nämlich die Fähigkeit zur Erfindung. Indem Victor die Dinge unter dem Blickwinkel ihrer Ähnlichkeit oder ihrer gemeinsamen Eigenschaften betrachtete, folgerte er, daß es, wenn zwischen verschiedenen Gegenständen eine Ähnlichkeit in der Form bestand, unter gewissen Umständen auch eine Übereinstimmung in ihrer Verwendung und ihren Funktionen geben müsse. Zweifelsohne war dies eine etwas gewagte Folgerung; aber sie führte zu Urteilen, die, auch wenn sie offensichtlich falsch waren, dennoch für ihn zu neuen Mitteln der Belehrung wurden. Ich erinnere mich, daß er sich eines Tages, als ich ihn schriftlich um ein Messer bat, damit begnügte, nachdem er eine Zeitlang nach einem solchen gesucht hatte, mir ein Rasiermesser vorzulegen, das er aus einem benachbarten Zimmer holte. Ich tat, als sei ich damit zufrieden; und als die Unterrichtsstunde zu Ende war, gab ich ihm sein gewohntes Vesperbrot und verlangte, daß er es zerschneide, statt es wie üblich mit den Händen zu brechen. Zu diesem Zweck reichte ich ihm das Rasiermesser, das er mir statt des Messers gebracht hatte. Er zeigte sich willig und wollte es als solches verwenden; doch die geringe Festigkeit der Klinge hinderte ihn daran. Ich hielt die Lektion noch für ungenügend; ich nahm das Rasiermesser und verwendete es in Victors Anwesenheit seinem eigentlichen Zweck entsprechend. Von da an war dieses Instrument in seinen Augen kein Messer mehr. Ich wollte mich dessen schnellstens vergewissern. Ich nahm sein Heft, deutete auf das Wort Messer, und der Schüler zeigte mir sofort dasjenige, das er in Händen hielt und das ich ihm gegeben hatte, als er mit dem Rasiermesser nicht zu Rande gekommen war. Damit das Resultat vollständig sei, mußte ich noch die Gegenprobe machen; wenn ich das Heft in die Hände des Schülers legte und das Rasiermesser neben mir berührte, durfte mir Victor kein Wort dafür zeigen, da er dasjenige für dieses Instrument noch nicht kannte: genau dies geschah auch.

XXIX. – Andere Male ließen die Ersatzgegenstände, die ihm einfielen, noch weit bizarrere Vergleiche vermuten. Ich entsinne mich, daß er, als wir eines Tages in der Stadt speisten und er einen ihm angebotenen Löffel Linsen in Empfang nehmen wollte, als keine Teller und keine Schüsseln mehr auf dem Tisch standen, auf den Einfall kam, vom Kamin ein kleines Bild unter Glas zu holen, dessen glatter, vorspringender Rahmen dem Rand eines Tellers nicht unähnlich sah, und es gleich einem Teller hinzuhalten.

XXX. – Doch sehr oft waren seine Hilfsmittel besser gewählt und verdienten zu Recht den Namen Erfindung. Ich fürchte nicht, dieses Wort für die Art und Weise zu gebrauchen, mit der er sich eines Tages mit einem Bleistifthalter versah. Ein einziges Mal habe ich ihn in meinem Studierzimmer ein solches Instrument benutzen lassen, um ein kleines Stück Kreide zu befestigen, das er in seinen Fingerspitzen nicht mehr halten konnte. Wenige Tage später stand Victor abermals vor dieser Schwierigkeit; aber er war in seinem Zimmer und hatte dort keinen Bleistifthalter für seine Kreide. Ich überlasse es dem geschicktesten oder einfallsreichsten Menschen, zu sagen oder besser zu tun, was er tat, um sich einen solchen zu verschaffen. Er nahm ein Bratgerät, das in guten Küchen verwendet wird und in derjenigen eines armen Wilden mehr als überflüssig ist und das aus diesem Grunde vergessen in der Tiefe eines kleinen Schrankes rostete: eine Spicknadel. Dieses Instrument nahm er als Ersatz für das ihm fehlende und verwandelte es durch eine zweite und wirklich schöpferische Eingebung in einen Bleistifthalter, indem er die Schieberinge durch einige Fadenumwicklungen ersetzte. Verzeihen Sie, Monseigneur, die Bedeutung, die ich dieser Tatsache beimesse. Man muß alle Ängste eines so beschwerlichen Unterrichts erlebt haben; man muß diese menschliche Pflanze in ihren mühevollen Entwicklungen vom ersten Zeichen der Aufmerksamkeit bis zu jenem ersten Funken von Phantasie verfolgt und angeleitet haben, um sich die Freude vorstellen zu können, die ich empfand, und mir zu verzeihen, daß ich auch noch im jetzigen Augenblick vielleicht ein wenig prahlerisch eine so einfache wie gewöhnliche Tat erwähne. Die Bedeutung dieses Resultats, betrachtet als ein Beweis für das gegenwärtig Beste und als die Garantie für eine Verbesserung in der Zukunft, wurde noch dadurch erhöht, daß es sich nicht vereinzelt zeigte, wodurch man es für einen Zufall hätte halten können, sondern in einer Fülle von anderen Resultaten auftrat, die zwar weniger interessant waren, aber, da sie alle zur selben Zeit erschienen und offensichtlich aus derselben Quelle kamen, sich einem aufmerksamen Beobachter als die verschiedenen Resultate einer allgemeinen Triebkraft darboten. Es ist in der Tat bemerkenswert, daß von diesem Moment an sehr viele routinehafte Gewohnheiten plötzlich verschwanden, die der Schüler angenommen hatte, um den ihm vorgeschriebenen kleinen Beschäftigungen nachzugehen. Auch wenn man sich streng davor hüten muß, übertriebene Vergleiche anzustellen und weit hergeholte Schlüsse zu ziehen, darf man, wie ich meine, immerhin vermuten, daß die neue Betrachtungsweise des Schülers, indem sie den Gedanken aufkommen ließ, die Dinge auf neue Art zu verwenden, ihn notwendig zwang, aus dem gleichförmigen Kreis seiner gleichsam automatischen Gewohnheiten auszubrechen.

XXXI. – Als ich schließlich ganz überzeugt war, in Victors Geist die Beziehung der Gegenstände zu ihren Zeichen völlig hergestellt zu haben, brauchte ich nur noch die Zahl derselben langsam zu erhöhen. Wenn man das Verfahren richtig verstanden hat, mit dem es mir gelungen war, die Bedeutung der ersten Zeichen festzusetzen, mußte man voraussehen, daß dieses Verfahren sich nur auf eng umgrenzte und wenig umfangreiche Gegenstände anwenden ließ und daß es nicht möglich war, auf dieselbe Weise ein Bett, ein Zimmer, einen Baum, eine Person oder die voneinander untrennbaren Bestandteile eines Ganzen zu bezeichnen. Es bereitete mir jedoch keine Schwierigkeit, den Sinn dieser neuen Wörter begreiflich zu machen, obwohl ich sie nicht sichtbar mit den Dingen, die sie darstellten, in Verbindung bringen konnte wie in den vorhergehenden Übungen. Um verstanden zu werden, genügte es, daß ich mit dem Finger auf das neue Wort deutete und mit der anderen Hand auf den Gegenstand, auf den das Wort sich bezog. Ich hatte etwas Mühe, die Nomenklatur der Teile verständlich zu machen, aus denen ein Ganzes bestand. So hatten die Wörter Finger, Hände, Vorderarm lange Zeit für den Schüler keinen deutlich unterscheidbaren Sinn. Diese Verwirrung in der Zuordnung der Zeichen rührte offensichtlich daher, daß der Schüler noch nicht verstanden hatte, daß die Teile eines Körpers, wenn man sie gesondert betrachtete, ihrerseits ganz bestimmte Dinge darstellten, die ihren eigenen Namen hatten. Um ihm dies begreiflich zu machen, nahm ich ein gebundenes Buch, entfernte dessen Umschlag und löste mehrere Blätter heraus. Nacheinander gab ich Victor diese einzelnen Teile und schrieb jeweils ihren Namen auf die Wandtafel; dann nahm ich diese verschiedenen Stücke wieder an mich und ließ mir von ihm deren Namen nennen. Als sie sich seinem Gedächtnis gut eingeprägt hatten, legte ich die einzelnen Teile an ihren Platz zurück, und als ich ihn erneut nach den Namen fragte, nannte er sie mir wie vorher; sodann zeigte ich ihm, ohne auf einen besonderen Namen zu deuten, das Buch als Ganzes und fragte ihn nach dem Namen: mit dem Finger deutete er auf das Wort Buch.

XXXII. – Mehr bedurfte es nicht, um ihn mit der Nomenklatur der verschiedenen Teile zusammengesetzter Körper vertraut zu machen; und damit er bei meinen Vorführungen die

Namen der einzelnen Teile nicht mit dem allgemeinen Namen des Gegenstandes verwechseln konnte, achtete ich darauf, die ersteren, wenn ich sie ihm zeigte, sofort zu berühren, und begnügte mich bei der Anwendung des allgemeinen Namens damit, leichthin auf das Ding hinzuweisen, ohne es zu berühren.

XXXIII. – Von da aus ging ich zur Darstellung der Körpermerkmale über. Hier stieß ich zu dem Bereich der Abstraktionen vor, und ich fürchtete, ihn nicht durchdringen zu können oder bald vor unüberwindlichen Schwierigkeiten zu stehen. Aber es zeigte sich keine einzige; und meine erste Vorführung wurde im Nu erfaßt, wiewohl sie eine der abstraktesten Körpereigenschaften betraf, nämlich die ihres Umfangs. Ich nahm zwei gleich gebundene Bücher unterschiedlicher Größe: das eine in Quart-Format, das andere in Oktav-Format. Ich berührte das erste. Victor öffnete sein Heft und deutete mit dem Finger auf das Wort Buch. Ich berührte das zweite, und wieder wies der Schüler auf dasselbe Wort. Ich wiederholte dies mehrere Male, immer mit demselben Ergebnis. Daraufhin nahm ich das kleinere Buch und ließ Victor seine flache Hand auf den Umschlag legen: sie bedeckte ihn fast ganz; dann forderte ich ihn auf, bei dem größeren Buch ein gleiches zu tun: seine Hand bedeckte es kaum zur Hälfte. Damit er meine Absicht nicht mißverstehen konnte, zeigte ich ihm den Teil der Fläche, der noch zu bedekken war, und forderte ihn auf, die Finger nach dieser Stelle auszustrecken: was er nicht tun konnte, ohne einen ebenso großen Teil wieder aufzudecken. Nach diesem Experiment, das meinem Schüler den Größenunterschied der beiden Gegenstände so spürbar machte, fragte ich erneut nach ihrem Namen. Victor zögerte; er fühlte, daß sich ein und derselbe Name nicht unterschiedslos auf zwei Dinge anwenden ließ, die er so ungleich gefunden hatte. Genau darauf hatte ich gewartet. Ich schrieb nun auf zwei Kärtchen das Wort *Buch* und legte eine auf jedes Buch. Sodann schrieb ich auf eine dritte

Karte das Wort *groß* und das Wort *klein* auf eine vierte; ich legte sie neben die ersten, eine auf das kleine, die andere auf das große Buch. Nachdem ich Victor diese Anordnung gezeigt hatte, nahm ich die Karten wieder an mich, mischte sie einige Male und gab sie ihm, damit er sie zurücklege. Er tat es fehlerlos.

XXXIV. – War ich verstanden worden? Hatte er den jeweiligen Sinn der Wörter *groß* und *klein* begriffen? Um mich davon zu überzeugen, tat ich das Folgende. Ich ließ mir zwei verschieden lange Nägel bringen und sie etwa in derselben Weise miteinander vergleichen. Als ich dann auf zwei Karten das Wort *Nagel* geschrieben hatte, legte ich sie ihm vor, ohne die beiden Adjektive *groß* und *klein* hinzuzufügen, in der Hoffnung, daß er, wenn er meine vorherige Lektion richtig verstanden hatte, den Nägeln dieselben Größenbezeichnungen geben würde, die ihm dazu gedient hatten, den Unterschied der beiden Bücher zu bestimmen. Genau dies tat er, und mit einer Geschwindigkeit, die den Beweis noch überzeugender machte. Dieses Verfahren, mit dem ich ihm die Vorstellung von der verschiedenen Größe der Dinge gab, verwandte ich mit gleichem Erfolg, um ihm die Zeichen verständlich zu machen, welche die anderen sinnlich wahrnehmbaren Eigenschaften der Körper darstellten wie die der Farbe, des Gewichts, des Widerstands usw.

XXXV. – Nach der Erklärung des Adjektivs kam die des Verbums. Um es dem Schüler verständlich zu machen, brauchte ich nur einen Gegenstand, dessen Namen er kannte, mehreren Handlungen zu unterziehen, die ich in dem Augenblick, da ich sie ausführte, mit dem Infinitiv des Verbs benannte, das diese Handlung zum Ausdruck bringt. Ich nahm beispielsweise einen Schlüssel und schrieb den Namen an die Tafel; wenn ich ihn dann *berührte, hinwarf, aufhob, an die Lippen führte, an seinen Platz zurücklegte* usw., schrieb ich während der Ausführung dieser Tätigkeiten neben das Wort *Schlüssel* in eine Kolonne die Verben *berühren, hinwerfen, aufheben, küssen, zurücklegen* usw. Dann ersetzte ich das Wort Schlüssel durch das eines anderen Gegenstandes, mit dem ich dasselbe tat, gleichzeitig mit dem Finger auf die schon geschriebenen Wörter zeigend. Es kam häufig vor, daß, wenn ich so auf gut Glück einen Gegenstand durch einen anderen ersetzte und denselben Tätigkeiten unterzog, zwischen diesen und der Natur des Gegenstandes eine solche Unvereinbarkeit bestand, daß die verlangte Tätigkeit bizarr oder gar unmöglich wurde. Die Verwirrung, in die der Schüler dann geriet, wendete sich fast immer zu seinen Gunsten und zu meiner Befriedigung und gab ihm Gelegenheit, sein Unterscheidungsvermögen zu üben, und mir, neue Beweise seiner Intelligenz zu sammeln. Eines Tages zum Beispiel, als sich infolge des fortgesetzten Auswechselns der Verben so merkwürdige Wortverbindungen ergaben wie: *Stein zerreißen, Tasse schneiden, Besen essen,* zog er sich glänzend aus der Affäre, indem er die beiden von den ersten Verben angezeigten Tätigkeiten durch zwei andere, mit der Art ihrer Anwendung weniger unvereinbare ersetzte. Folglich nahm er einen Hammer, um den Stein zu zerschlagen, und ließ die Tasse hinfallen, um sie zu zerbrechen. Als er beim dritten Verb ankam und keinen Ersatz dafür fand, suchte er ein passendes Objekt, nahm ein Stück Brot und aß es.

XXXVI. – Da wir uns so mühselig und auf endlosen Umwegen durch das Studium dieser grammatikalischen Schwierigkeiten schleppen mußten, betrieben wir als ein zusätzliches Mittel der Belehrung und der unabdingbaren Zerstreuung gleichzeitig die Übung des Schreibens. Der Beginn dieser Arbeit brachte zahllose Schwierigkeiten mit sich, auf die ich gefaßt war. Das Schreiben ist eine Übung der Nachahmung, und diese war bei unserem Wilden erst im Entstehen. Als ich ihm zum ersten Mal ein Stück Kreide zwischen die Finger schob, bekam ich keine Linie zu sehen, die vermuten ließ, daß der Schüler nachahmen wollte, was er mich tun sah. Hier galt es also, zurückzustecken und zu versuchen, die Nachahmungsfähigkeiten dadurch ihrer Trägheit zu entreißen, daß ich sie, wie alle anderen, einer Art gradueller Ausbildung unterzog. Dabei ging ich so vor, daß ich Victor Handlungen ganz einfacher Nachahmung ausführen ließ, wie die Arme heben, den Fuß vorstellen, sich hinsetzen, gleichzeitig mit mir sich erheben, dann die Hand öffnen, sie schließen und mit seinen Fingern eine Fülle von zuerst einfachen, dann komplizierten Bewegungen zu wiederholen, die ich ihm vormachte. Dann legte ich in seine wie in meine Hand einen langen zugespitzten Stab, den ich ihn wie eine Schreibfeder halten ließ, in der doppelten Absicht, seinen Fingern mehr Kraft und Festigkeit zu geben durch die Schwierigkeit, diese Pseudo-Feder im Gleichgewicht zu halten, und ihm die kleinsten Bewegungen des Stabes sichtbar und somit nachahmbar zu machen.

XXXVII. – Durch diese einleitenden Übungen vorbereitet, wandten wir uns der Tafel zu, jeder mit einem Stück Kreide in der Hand; und wenn unser beider Hände sich in gleicher Höhe befanden, begann ich, langsam und senkrecht zum unteren Teil der Tafel herunterzufahren. Der Schüler tat ein gleiches, indem er genau dieselbe Richtung verfolgte und seine Aufmerksamkeit zwischen seiner und meiner Linie teilte und unermüdlich seine Blicke von einer zur anderen wandern ließ, so als hätte er alle ihre Punkte einen nach dem anderen miteinander vergleichen wollen.
Das Ergebnis unserer gemeinsamen Arbeit waren zwei genau parallele Linien. Meine folgenden Lektionen waren nur die Weiterentwicklung dieses Verfahrens, über das ich mich nicht weiter auslassen werde. Ich möchte lediglich sagen, daß Victor nach einigen Monaten in der Lage war, die Wörter abzuschreiben, deren Bedeutung er bereits kannte, und daß er sie wenig später aus dem Gedächtnis wiederzugeben und sich

endlich seiner Schrift, so unförmig sie war und geblieben ist, zu bedienen verstand, um seine Bedürfnisse auszudrücken und um die Mittel zu deren Befriedigung zu bitten, und daß er auf demselben Wege den Ausdruck der Bedürfnisse oder des Willens anderer Personen zu erfassen wußte.

XXXVIII. – Da ich meine Erfahrungen als einen wahren Kurs der Nachahmung betrachtete, glaubte ich, ihn nicht nur auf Handlungen einer rein manuellen Imitation beschränken zu dürfen. Ich benutzte verschiedene Verfahren, die in keiner Beziehung zum Mechanismus der Schrift standen, deren Wirkung jedoch weit besser geeignet war, die Intelligenz zu schärfen. Unter anderen auch das folgende: ich zeichnete auf eine Wandtafel zwei gleiche Kreise, einen mir gegenüber, den anderen Victor gegenüber. An sechs oder acht Punkten dieser Kreislinien ordnete ich sechs oder acht Buchstaben des Alphabets und dieselben innerhalb der Kreise an, jedoch an anderen Stellen. Dann zog ich in einem der Kreise mehrere Linien, die zu den Buchstaben auf der Kreislinie führten: Victor tat dasselbe bei seinem Kreis. Aber infolge der verschiedenen Anordnung der Buchstaben geschah es, daß auch die genaueste Nachahmung zu einer ganz anderen Figur führte als der, die ich ihm als Modell vorlegte. Hieraus entstand der Begriff einer ganz besonderen Nachahmung, bei der es nicht darum ging, eine gegebene Form sklavisch zu kopieren, sondern deren Gedanken wiederzugeben, ohne sich durch das unterschiedliche Ergebnis verwirren zu lassen. Es war dies nicht mehr eine routinemäßige Wiederholung dessen, was der Schüler mich tun sah, und die bis zu einem gewissen Grad auch einige der Nachahmung fähige Tiere erreichen könnten, sondern eine intelligente und überlegte Nachahmung, flexibel in ihren Mitteln wie in ihren Anwendungen, kurz so, wie man sie von einem Menschen erwarten darf, der über den freien Gebrauch all seiner intellektuellen Fähigkeiten verfügt.

XXXIX. – Von allen Phänomenen, die sich dem Beobachter in den ersten Entwicklungen des Kindes zeigen, ist das erstaunlichste vielleicht die Leichtigkeit, mit der es sprechen lernt; und wenn man bedenkt, daß die Sprache der unstreitig bewundernswerteste Akt der Nachahmung und auch ihr erstes Resultat ist, wird man von doppelter Bewunderung für jene höchste Intelligenz erfüllt, deren Meisterwerk der Mensch ist; und wer die Sprache zur wichtigsten Triebkraft der Erziehung machen will, darf die Nachahmung nicht von der allmählichen Entwicklung der anderen Fähigkeiten abhängig machen, sondern muß sie von Anfang an so aktiv wie fruchtbar gestalten. Aber diese Nachahmungsfähigkeit, deren Einfluß sich über das ganze Leben erstreckt, variiert in ihrer Anwendung je nach dem Alter und wird zum Erlernen der Sprache nur in zartester Kindheit verwendet; später beherrscht sie andere Funktionen und gibt sozusagen das Sprechinstrument auf; so daß ein kleines Kind, ja sogar ein Heranwachsender, der sein Geburtsland verläßt, zwar sehr schnell dessen Gewohnheiten und Sprache verliert, niemals aber jenen Tonfall, den man Akzent nennt. Aus dieser physiologischen Wahrheit ergibt sich, daß ich, wenn ich die Nachahmungsfähigkeit dieses schon im Jünglingsalter stehenden Wilden wecken wollte, darauf gefaßt sein mußte, im Stimmorgan keinerlei Anlagen zu finden, die für die Entwicklung jener Fähigkeit irgend von Nutzen gewesen wäre, sogar dann nicht, wenn ich in der hartnäckigen Dumpfheit des Gehörsinns keinem zweiten Hindernis begegnet wäre. In dieser letzteren Hinsicht konnte Victor als ein Taubstummer gelten, wiewohl er dieser in hohem Maße beobachtenden und nachahmenden Menschenklasse weit unterlegen war.

XL. – Dennoch glaubte ich nicht, mich von dieser Schwierigkeit abschrecken oder die Hoffnung aufgeben zu können, ihn zum Sprechen zu bringen, ebensowenig wie die Vorteile, die ich mir davon versprach, bevor ich nicht, um dieses Ziel zu erreichen, das letzte Mittel versucht hatte, das mir noch blieb: nämlich ihn zum Gebrauch des Wortes nicht mehr über den Gehörsinn, da er sich diesem verweigerte, sondern über den Gesichtssinn zu führen. Es ging also bei diesem letzten Versuch darum, die Augen darin zu üben, den Mechanismus der Artikulierung der Laute zu erfassen, und die Stimme darin zu schulen, diese durch eine glückliche Vereinigung aller Kräfte der Aufmerksamkeit und der Nachahmung zu wiederholen. Mehr als ein Jahr lang verfolgten alle meine Arbeiten und alle unsere Übungen dieses Ziel.

Auch hier verfuhr ich nach der Methode der unmerklichen Steigerung und ließ dem Studium der sichtbaren Artikulation der Laute die etwas leichtere Nachahmung der Bewegungen der Gesichtsmuskeln vorausgehen, wobei ich mit solchen begann, die am offensichtlichsten waren. So saßen also Lehrer und Schüler einander gegenüber und grimassierten um die Wette, d. h. sie bewegten auf alle mögliche Weise die Muskeln der Augen, der Stirn, des Mundes und der Kiefer, wobei sich nach und nach die Versuche auf die Lippenmuskeln konzentrierten; und nachdem wir uns längere Zeit mit den Bewegungen dieses fleischigen Teils des Sprechorgans beschäftigt hatten, wurde schließlich auch die Zunge ähnlichen Übungen unterworfen, die jedoch weit abwechslungsreicher waren und viel länger dauerten.

XLI. – Es schien mir, als könnte sich das so vorbereitete Sprechorgan mühelos der Nachahmung fügen, und ich glaubte, daß dieses Resultat ebenso nahe wie unausbleiblich sei. Meine Hoffnung wurde vollkommen enttäuscht, und alles, was ich nach diesen langwierigen Bemühungen erreichen konnte, beschränkte sich auf einige formlose, einsilbige Wörter, die bald hoch, bald tief ausgestoßen wurden und weit undeutlicher waren als diejenigen, die ich bei meinen ersten Versuchen erzielt hatte. Dennoch gab ich nicht auf und kämpfte noch lange Zeit gegen die Widerspenstigkeit dieses Organs, bis ich endlich einsah, sowohl meine fortgesetzten Bemühungen als auch die Zeit keinerlei Veränderungen bewirkten, und meine letzten Versuche, den Schüler sprechen zu lehren, hiermit beendete und ihn einer unheilbaren Stummheit überließ.

Entwicklung der affektiven Fähigkeiten

XLII. – Sie haben gesehen, Monseigneur, wie die Zivilisation die intellektuellen Fähigkeiten unseres Wilden aus ihrer tiefen Dumpfheit erweckte und ihre Anwendung auf die Gegenstände seiner Bedürfnisse beschränkte, um dann die Sphäre seiner Gedanken über sein animalisches Dasein hinauszuheben. Ihre Exzellenz wird nun sehen, wie in derselben Entwicklungsfolge auch die affektiven Fähigkeiten, die zuerst durch das Gefühl des Selbsterhaltungstriebs geweckt wurden, weniger eigennützige Gefühle, umfassendere Seelenregungen und jene großmütigen Empfindungen entstehen ließen, die den Ruhm und das Glück des menschlichen Herzens ausmachen.

XLIII. – Bei seinem Eintritt in die Gesellschaft war Victor unempfindlich für all die Fürsorge, die man ihm angedeihen ließ, und da er zudringliche Neugier mit wohlwollendem Interesse verwechselte, zeigte er lange Zeit keinerlei Aufmerksamkeit für die Person, die sich um ihn kümmerte. Er näherte sich ihr, wenn ihn sein Bedürfnis dazu zwang, und entfernte sich wieder, sobald es befriedigt war, und sah in ihr nur die Hand, die ihn nährte, und in dieser Hand nichts anderes, als was sie enthielt. So war Victor hinsichtlich seiner moralischen Existenz ein Kind in den ersten Lebenstagen, das von der Brust seiner Mutter zu der seiner Amme und von dieser wieder zu einer anderen wechselt, ohne dabei einen anderen Unterschied zu finden als den der Quantität oder Qualität der Flüssigkeit, die ihm als Nahrung dient. Mit ebensolcher Gleichgültigkeit sah unser Wilder, als er seine Wälder verlassen hatte, immer neue Personen, die zu seiner Aufsicht bestellt waren, und nachdem er von einem armen Bauern aus dem Departement Aveyron, der ihm eine väterliche Zuneigung entgegenbrachte, gepflegt und nach Paris geführt worden war, sah er sich plötzlich von ihm getrennt, ohne Kummer oder Bedauern zu zeigen.

XLIV. – In den drei ersten Monaten nach seinem Eintritt ins Institut wurde er von den neugierigen Müßiggängern der Hauptstadt belästigt, aber nicht minder von denen, die ihn unter dem Deckmantel von Beobachtern besuchten. Er irrte bei Wind und Wetter durch die Korridore und den Garten des Hauses und verkam in ekelerregendem Schmutz; verspürte oft Hunger und sah sich plötzlich von einer sanftmütigen, gütigen und intelligenten Wärterin geliebt und umsorgt, ohne daß diese Veränderung in seinem Herzen das geringste Gefühl der Dankbarkeit zu erwecken schien. Wenn man nur ein wenig nachdenkt, wird man sich nicht darüber wundern. Denn was vermochten all die zärtlichen Gesten, die liebevollste Pflege über ein so fühlloses Wesen! Und was scherte es ihn, warm gekleidet, bequem untergebracht und weich gebettet zu sein, ihn, der durch die Unbilden der Jahreszeit abgehärtet war und unempfindlich gegenüber den Vorteilen des gesellschaftlichen Lebens, der kein anderes Gut kannte als die Freiheit und in der angenehmsten Wohnung nur ein Gefängnis sah? Um seine Dankbarkeit zu erregen, bedurfte es Wohltaten anderer Art, so beschaffen, daß sie von diesem außergewöhnlichen Geschöpf geschätzt werden konnten; man mußte seinen Neigungen entgegenkommen und ihn auf seine Weise glücklich machen. Getreulich hielt ich an diesem Gedanken fest, als der wesentlichen Indikation bei der moralischen Behandlung dieses Kindes. Ich habe ihre ersten Erfolge bereits mitgeteilt. In meinem ersten Bericht habe ich dargelegt, wie es gelungen war, daß er seine Erzieherin liebte und ihm das Leben in der Gesellschaft erträglich wurde. Doch diese Zuneigung, so herzlich sie zu sein schien, konnte noch immer als egoistische Berechnung gelten. Anlaß zu einer solchen Vermutung gab mir die Beobachtung, daß Victor nach einer Abwesenheit von einigen Stunden oder gar Tagen der Person, die ihn pflegte, mit Zeichen der Freundschaft entgegenkam, deren Lebhaftigkeit jedoch viel weniger von der Dauer der Abwesenheit abhing als von den wirklichen Vorteilen, die er bei seiner Rückkehr vorfand, und den Entbehrungen, die er während dieser Trennung empfunden hatte. Nicht weniger eigennützig in seinen Zärtlichkeiten, benutzte er sie zunächst mehr dazu, seine Wünsche zu äußern, als seine Dankbarkeit zu bezeugen, so daß er, wenn man ihn nach einem reichhaltigen Mahl genau beobachtete, den betrüblichen Anblick eines Wesens bot, das sich für nichts interessiert, was es umgibt, sobald seine Wünsche befriedigt sind. Doch mit der wachsenden Vielfalt seiner Bedürfnisse, die auch seine Beziehungen zu uns und unsere Pflege ihm gegenüber ständig vermehrten, öffnete sich schließlich dieses verhärtete Herz für so unzweideutige Gefühle wie die der Dankbarkeit und der Freundschaft. Unter den vielen Beispielen, die ich als Beweise dieser günstigen Veränderung zitieren könnte, werde ich nur die beiden folgenden anführen.

XLV. – Das letzte Mal, als unser Wilder, durch alte Erinnerungen und seine leidenschaftliche Liebe zur Freiheit der Felder getrieben, aus dem Hause entfloh, lief er in die Richtung von Senlis und erreichte den Wald, den er bald wieder verließ, zweifellos unter dem Zwang des Hungers und der Unmöglichkeit, für sich selbst zu sorgen. Als er sich den nahegelegenen Feldern näherte, fiel er in die Hände der Gendarmerie, die ihn als Landstreicher festnahm und ihn vierzehn Tage als solchen gefangenhielt. Nachdem man ihn wiedererkannt und nach Paris gebracht hatte, wurde er zum »Temple« geführt, wo sich Madame Guérin, seine Erzieherin, eingefunden hatte, um ihn abzuholen. Viele Neugierige hatten sich versammelt, um Zeugen dieses wahrhaft rührenden Wiedersehens zu werden. Kaum hatte Victor seine Erzieherin erblickt, erbleichte er und verlor einen Augenblick lang das Bewußtsein; doch als Madame Guérin ihn küßte und umarmte, kam er rasch wieder zu sich und bezeugte seine Freude durch schrille Schreie, konvulsivisches Händeschütteln und ein vor Glück strahlendes Gesicht, und er erschien allen Anwesenden viel weniger als ein gewaltsam zu seiner Aufsichtsperson zurückgeholter Flüchtling denn als ein zärtlicher Sohn, der sich aus eigenem Antrieb in die Arme derer stürzt, die ihn zur Welt gebracht hat.

XLVI. – Nicht weniger Gefühl zeigte er bei seiner ersten Begegnung mit mir. Dies geschah am nächsten Morgen. Victor lag noch im Bett. Sobald er meiner ansichtig wurde, setzte er sich lebhaft auf, wandte mir den Kopf zu und streckte mir die Arme entgegen. Doch als er sah, daß ich nicht näher kam, sondern reglos und in kühler Haltung und mit unzufriedener Miene vor ihm stehenblieb, legte er sich ins Bett zurück, zog die Decke über sich und begann zu weinen. Ich erhöhte seine Erregung durch meine Vorwürfe, die ich laut und drohend vortrug; die Tränen flossen noch reichlicher, begleitet von langem und tiefem Schluchzen. Als ich seine affektiven Fähigkeiten bis zu diesem Punkt gesteigert hatte, setzte ich mich auf das Bett meines reumütigen Schülers. Dies war stets das Zeichen der Verzeihung gewesen. Victor verstand mich, tat die ersten Schritte zur Versöhnung, und alles ward vergessen.

XLVII. – Ungefähr zur gleichen Zeit erkrankte der Ehemann von Madam Guérin und wurde außerhalb des Hauses gepflegt, ohne daß man Victor davon unterrichtete. Da es zu seinen kleinen häuslichen Pflichten gehörte, den Tisch zu dekken, fuhr er fort, das Gedeck für Monsieur Guérin aufzulegen, und obwohl es jeden Tag wieder entfernt wurde, verfehlte er nie, es am nächsten Tag wieder aufzulegen. Die Krankheit nahm einen schlechten Verlauf, und Monsieur Guérin erlag ihr; aber auch am Tag seines Todes lag sein Gedeck auf dem Tisch. Man kann die Wirkung erraten, die eine solche herzzerreißende Aufmerksamkeit auf Madame Guérin haben mußte. Victor wurde Zeuge dieser schmerzlichen Szene und begriff, daß er deren Ursache war; und ob er nun meinte, unrecht gehandelt zu haben, oder ob er den Grund für die Verzweiflung seiner Erzieherin durchschaute – er fühlte, wie sinnlos und unpassend die Mühe war, die er sich gegeben hatte, und entfernte aus eigenem Antrieb das Gedeck, trug es traurig in den Schrank zurück, und legte es nie wieder auf.

XLVIII. – Dies war ein Verhalten der Trauer, wie es nur dem zivilisierten Menschen eigen ist. Aber auch ein anderes gehört in diesen Bereich, nämlich der tiefe Mißmut, in den mein junger Schüler immer dann verfällt, wenn er sich im Verlauf unserer Lektionen, nachdem er mit allen Kräften seiner Aufmerksamkeit vergebens gegen eine neue Schwierigkeit gekämpft hat, vor der Unmöglichkeit sieht, sie zu überwinden. Dann kann es geschehen, daß er, vom Gefühl seines Unvermögens durchdrungen, jene für ihn unverständlichen Buchstaben mit Tränen benetzt, ohne daß irgendein Wort des Vorwurfs, der Drohung oder der Strafe seine Tränen hervorgerufen hätte.

XLIX. – Die Zivilisation, die seine Bereitschaft zur Trauer erhöhte, mußte notwendig auch seine Freuden vermehren. Ich werde nicht von denen sprechen, die aus der Befriedigung seiner neuen Bedürfnisse erwachsen. Wenngleich sie stark zur Entwicklung der affektiven Fähigkeiten beigetragen haben, sind sie, wenn ich so sagen darf, so animalisch, daß sie nicht als unmittelbare Beweise für die Empfindsamkeit seines Herzens gelten dürfen. Ich möchte vielmehr solche nennen wie den Eifer, den er an den Tag legt, und das Vergnügen, das er empfindet, sich den Personen, die er liebt, erkenntlich zu zeigen und sogar durch kleine Dienste, die er zu leisten vermag, ihren Wünschen zuvorzukommen. Dies ist vor allem in seinen Beziehungen zu Madame Guérin festzustellen. Auch bezeichne ich als Empfindung einer zivilisierten Seele die Befriedigung, die sich auf seinen Zügen spiegelt und sich häufig durch lautes Lachen ankündigt, wenn er während unserer Unterrichtsstunden eine Schwierigkeit durch eigene Kraft überwindet, oder wenn ich, zufrieden mit seinen kleinen Fortschritten, ihm meine Befriedigung durch Lob und Aufmunterung zeige. Nicht nur in seinen Übungen erweist er sich als jemand, der Gefallen daran findet, etwas gut und richtig zu machen, sondern auch bei den kleinsten häuslichen Tätigkeiten, die man ihm aufträgt, besonders wenn diese einen großen Aufwand an Muskelkraft erfordern. Wenn man ihm beispielsweise Holz zu sägen gibt, kann man sehen, wie sein Eifer und seine Anstrengungen sich verdoppeln, je tiefer die Säge eindringt, und wie er in dem Augenblick, da das Holzstück herabfällt, so große Freudensprünge vollführt, daß man versucht wäre, sie mit denen eines Irrsinnigen zu vergleichen, wenn sie sich nicht auf ganz natürliche Weise erklären ließen, nämlich einerseits durch das Bewegungsbedürfnis eines so aktiven Geschöpfs, und andererseits durch die Art dieser Beschäftigung, die für ihn eine gesunde Übung, einen vergnüglichen Mechanismus und zugleich ein seinen Bedürfnissen angemessenes Resultat bedeutet und ihm damit auf sehr anschauliche Weise die Verbindung des Angenehmen mit dem Nützlichen zeigt.

L. – Doch gleichzeitig, wie sich die Seele unseres Wilden einigen Freuden des zivilisierten Menschen öffnet, ist sie auch weiterhin empfänglich für diejenigen seines primitiven Lebens. Noch immer bewahrt er dieselbe Leidenschaft für das freie Land, dieselbe Extase beim Anblick eines schönen Mondscheins, eines schneebedeckten Ackers, und dieselbe Begeisterung beim Brausen eines Gewitterwindes. Seine Leidenschaft für die Freiheit der Felder wird durch die sozialen Neigungen zwar gedämpft und halb befriedigt durch die häufigen Spaziergänge in frischer Luft; dennoch ist sie nicht erloschen, und um sie wieder anzufachen, braucht es nur einen schönen Sommerabend, den Anblick eines schattigen Hains oder die zeitweilige Unterbrechung seiner täglichen Spaziergänge. Dies war auch die Ursache seiner letzten Flucht. Madame Guérin, die wegen rheumatischer Schmerzen das Bett hütete, konnte ihren Schützling vierzehn Tage lang nicht spazierenführen. Geduldig ertrug er diese Entbehrung, deren Grund er offensichtlich sah. Doch sobald seine Erzieherin das Bett verlassen hatte, machte er seiner Freude Luft, die sich noch verstärkte, als er nach einigen Tagen sah, daß sich Madame Guérin zum Ausgehen bereitmachte; schon war er fertig angezogen, um ihr zu folgen. Doch sie ging fort, ohne ihn mitzunehmen. Er verbarg seinen Unmut, und als er zur Essenszeit in die Küche geschickt wurde, um die Schüsseln zu holen, benützte er den Moment, da das Hoftor für die Einfahrt eines Wagens offenstand, um hindurchzuschlüpfen: er stürzte auf die Straße und erreichte schnell das Stadttor d'Enfer.

LI. – Die durch die Zivilisation bewirkten Veränderungen in der Seele des jungen Menschen beschränkten sich nicht nur darauf, in ihr unbekannte Neigungen und Freuden zu wecken, sie ließ auch einige jener Empfindungen entstehen, die wir die Lauterkeit des Herzens nennen. Zu ihr gehört auch das innere Gefühl der Gerechtigkeit. Unser Wilde war beim Verlassen seiner Wälder so wenig dafür empfänglich, daß wir noch sehr lange danach äußerste Wachsamkeit üben mußten, um ihn daran zu hindern, sich seiner unersättlichen Raubgier hinzugeben. Doch da er damals nur ein einziges Bedürfnis verspürte, nämlich den Hunger, ist es leicht zu erraten, daß das Ziel all seiner Diebereien nur auf die wenigen Nahrungsmittel seines Geschmacks beschränkt war. Zu Anfang nahm er sie eher, als daß er sie entwendete; und zwar mit einer Natürlichkeit, einer Ungezwungenheit und Einfachkeit, die etwas Rührendes hatten und der Seele den Traum jener primitiven Zeiten wieder vor Augen führten, in denen der Gedanke des Eigentums in den Köpfen der Menschen noch nicht aufgekeimt war. Um diese natürliche Neigung zum Diebstahl zu unterdrücken, verwandte ich einige Züchtigungen, wenn ich ihn auf frischer Tat ertappte. Und ich erreichte das, was die Gesellschaft gewöhnlich mit dem erschreckenden System ihrer Körperstrafen erreicht, nämlich nur eine Veränderung des Lasters statt einer wirklichen Besserung; so nahm sich Victor nun mit List, was er bisher ganz offen gestohlen hatte. Ich glaubte, ein anderes Erziehungsmittel versuchen zu müssen; um ihm das Unschickliche seiner Diebereien spürbar zu machen, wandten wir ihm gegenüber Repressalien an. So wurde er das eine Mal ein Opfer des Gesetzes des Stärkeren und sah, wie man ihm eine lang begehrte Frucht, die oft genug die gerechte Belohnung seiner Folgsamkeit gewesen war, aus den Händen riß und vor seinen Augen verzehrte; ein anderes Mal wurde er auf eine mehr subtile denn gewaltsame Weise beraubt: er fand seine Taschen leer, in die er kurz zuvor seine kleinen Vorräte gesteckt hatte.

LII. – Diese letzteren Mittel der Unterdrückung hatten den erwarteten Erfolg und setzten der Raffgier meines Schülers ein Ende. Dennoch hielt ich diese Besserung noch nicht für einen sicheren Beweis dafür, daß ich meinem Schüler das innere Gefühl für Gerechtigkeit eingeflößt hatte. Ich spürte deutlich, daß es trotz der Sorgfalt, die ich darauf verwandt hatte, bei unserem Vorgehen alle Formen eines ungerechten und offenen Diebstahls einzuhalten, nicht sicher war, daß Victor darin etwas anderes gesehen hatte als die Strafe für seine eigenen Missetaten; er hatte sich eher durch die Furcht vor neuen Entbehrungen gebessert als durch das selbstlose Gefühl der moralischen Ordnung. Um diesen Zweifel aufzuhellen und ein eindeutigeres Ergebnis zu erhalten, glaubte ich, das Herz meines Schülers durch eine andere Art von Ungerechtigkeit auf die Probe stellen zu müssen, die, da sie in keiner Beziehung zur Natur des Vergehens stand, nicht als deren verdiente Strafe betrachtet werden konnte und dadurch ebenso hassenswert wie empörend war. Für diesen wirklich peinlichen Versuch wählte ich einen Tag, an dem ich Victor mehr als zwei Stunden mit unseren Übungen beschäftigt hatte und, da ich ebensosehr mit seiner Fügsamkeit wie mit seiner Intelligenz zufrieden war, ihm nur Lob und Belohnung hätte spenden dürfen. Zweifellos erwartete er dies auch, nach dem zufriedenen Ausdruck zu schließen, der sich in seinem Gesicht wie in seiner ganzen Körperhaltung widerspiegelte. Wie groß aber war seine Verwunderung, als er sah, daß ich, statt der gewohnten Belohnung, statt all jener Gesten, die er mit so viel Recht erwarten durfte und die er nie ohne die lebhaftesten Freudenbezeigungen entgegennahm, mit einem Mal eine strenge und drohende Miene aufsetzte und mit allen Zeichen der Unzufriedenheit all das auslöschte, was ich soeben noch gelobt und gebilligt hatte: ich verstreute seine Hefte und Schachteln in alle Ecken seines Zimmers, packte ihn schließlich selbst am Arm und zog ihn mit Gewalt zu einer dunklen Kammer, die ihm in der ersten Zeit seines Pariser Aufenthalts gelegentlich als Gefängnis gedient hatte. Resigniert ließ er sich bis in die Nähe der Türschwelle zerren. Doch hier verließ ihn plötzlich sein gewohnter Gehorsam, er stemmte sich mit Händen und Füßen gegen den Türpfosten und setzte mir den heftigsten Widerstand entgegen, der mich um so angenehmer berührte, als er für ihn ganz neu war und er noch niemals, wenn er eine ähnliche, aber verdiente Strafe erleiden sollte, auch nur durch das geringste Zögern seine Unterwerfung in Frage gestellt hatte. Dennoch drängte ich weiter, um zu sehen, bis zu welchem Punkt er seinen Widerstand treiben würde, und unter Aufbietung aller meiner Kräfte versuchte ich, ihn vom Boden aufzuheben und in die Kammer zu ziehen. Dieser letzte Versuch erregte seine ganze Wut. Außer sich vor Empörung und rot vor Zorn wand er sich in meinen Armen mit einer Heftigkeit, die einige Minuten lang meine Anstrengungen fruchtlos machten; doch endlich, als er spürte, daß er sich dem Gesetz des Stärkeren werde beugen müssen, griff er zum letzten Mittel des Schwachen; er warf sich auf meine Hand und hinterließ auf ihr die tiefe Spur seiner Zähne. Wie süß wäre es in diesem Augenblick für mich gewesen, wenn ich mich meinem Schüler hätte verständlich machen und ihm hätte sagen können, wie sehr der Schmerz seines Bisses meine Seele mit Genugtuung erfüllte und mich für alle meine Mühen entschädigte! Durfte ich mich ein wenig darüber freuen? Es war ein überaus gerechtfertigter Racheakt; ein unbestreitbarer Beweis dafür, daß das Gefühl der Gerechtigkeit, diese ewige Grundlage der sozialen Ordnung, dem Herzen meines Schülers nicht mehr fremd war. Indem ich ihm dieses Gefühl vermittelte oder vielmehr dessen Entwicklung veranlaßte, war es mir gelungen, den wilden Knaben zur ganzen Größe des moralischen Menschen zu erheben – durch das hervorstechendste seiner Merkmale und die edelste seiner Eigenschaften.

LIII. – Als ich von den intellektuellen Fähigkeiten unseres Wilden sprach, habe ich nicht die Hindernisse verschwiegen, die sich der Entwicklung einiger derselben in den Weg stellten, und habe es mir zur Pflicht gemacht, auf alle Lücken seiner Intelligenz genauestens hinzuweisen. Getreu demselben Plan bei der Darstellung der Gefühlsregungen dieses jungen Mannes, werde ich die rohe Seite seines Herzens mit der gleichen Genauigkeit enthüllen wie seine zivilisierte Seite. Ich werde nicht verschweigen, daß Victor, wiewohl er für Dankbarkeit und Freundschaft empfänglich geworden ist und ein lebhaftes Vergnügen daran zu finden scheint, sich nützlich zu machen, im wesentlichen Egoist geblieben ist. Voller Eifer und Herzlichkeit, wenn die Dienste, die man ihm abverlangt, nicht in Widerspruch zu seinen Bedürfnissen stehen, kennt er nicht jene Zuvorkommenheit, die weder Entbehrungen noch Opfer scheut; und auch das zarte Gefühl des Mitleids muß bei ihm erst noch entstehen. Wenn man ihn in den Beziehungen zu seiner Erzieherin zuweilen deren Traurigkeit teilen sah, so war dies nichts weiter als ein Akt der Nachahmung ähnlich jenem, der einem Kleinkind Tränen entlockt, wenn es seine Mutter oder Amme weinen sieht. Um das Leiden anderer mitzufühlen, muß man es selbst erlebt haben oder es sich zumindest vorstellen können; und eben dies läßt sich weder von einem kleinen Kind noch von einem Geschöpf wie Victor erwarten, dem alle Schmerzen und Entbehrungen fremd sind, die unsere moralischen Leiden bilden.

LVI. – Doch was im affektiven System dieses Knaben noch erstaunlicher und ganz unerklärlich zu sein scheint, ist seine Gleichgültigkeit gegenüber Frauen, inmitten der gebieterischen Regungen einer sehr ausgeprägten Pubertät. Da ich selbst auf diese Zeit wartete wie auf einen Quell neuer Sensationen für meinen Schüler und reizvoller Beobachtungen für mich, hielt ich aufmerksam Ausschau nach allen Vorläufern dieser moralischen Krise und wartete jeden Tag, daß ein Hauch dieses allgemeinen Gefühls, das alle Wesen bewegt und vermehrt, auch dieses hier beseelen und sein moralisches Dasein erweitern möge. Ich habe diese so ersehnte Pubertät kommen oder vielmehr ausbrechen sehen, und auch gesehen wie sich unser junger Wilde in Begierden von äußerster Heftigkeit und erschreckender Kontinuität verzehrte, ohne daß er ahnte, welches ihr Ziel sei, und ohne für irgendeine Frau auch nur das leiseste Gefühl einer Bevorzugung zu verspüren. Statt dieses expansiven Dranges, der ein Geschlecht zum anderen treibt, sah ich bei ihm nur eine Art von blindem und schwach ausgeprägtem Trieb, der ihn zwar die Gesellschaft von Frauen der von Männern vorziehen ließ, doch ohne daß sein Herz irgendeinen Anteil an diesem Unterschied hatte. So habe ich ihn bei einer Zusammenkunft von Frauen beobachtet, wie er mehrmals bei einer von ihnen eine Erleichterung seiner Ängste suchte, sich neben sie setzte, ihr sanft die Hand, die Arme, die Knie drückte und dies so lange fortsetzte, bis er spürte, daß seine unruhigen Wünsche wuchsen, statt sich durch diese seltsamen Liebkosungen zu beruhigen, und, da er das Ende seiner peinsamen Erregung nicht absehen konnte, plötzlich sein Verhalten änderte, mißmutig die Dame fortstieß, die er mit einer Art Begeisteruung aufgesucht hatte, und sich sofort einer anderen zuwandte, bei der er sich auf die gleiche Weise verhielt. Eines Tages indes trieb er seine Unternehmungen etwas weiter. Nachdem er die Dame zuerst in der geschilderten Weise liebkost hatte, nahm er sie bei den Händen und zog sie, ohne jedoch Gewalt anzuwenden, in einen Alkoven. Sehr unbeholfen zeigte er dort in seinen Gesten wie in seinem außergewöhnlichen Gesichtsausdruck ein Gemisch aus Fröhlichkeit und Trauer, Wagemut und Unsicherheit, bat zu wiederholten Malen seine Dame um Zärtlichkeiten, indem er ihr seine Wangen hinhielt, langsam und mit nachdenklicher Miene um sie herumging und sich schließlich an ihre Schultern warf, wobei er fest ihren Hals drückte. Dabei blieb es, und seine Liebesbezeigungen endeten, wie alle anderen, in einer verdrießlichen Geste, mit der er das Objekt seiner flüchtigen Zuneigung fortstieß.

LV. – Wenngleich dieser unglückliche junge Mann seit dieser Zeit vom Aufruhr seiner Organe nicht weniger gequält wurde, so hat er doch aufgehört, in solchen ohnmächtigen Zärtlichkeiten eine Erleichterung für seine unruhigen Wünsche zu suchen. Aber diese Resignation brachte seiner Situation keine Besänftigung, sondern diente nur dazu, ihn zu erbittern und dem Unglücklichen durch dieses gebieterische Bedürfnis, das er nicht mehr zu befriedigen hofft, einen Grund zur Verzweiflung zu geben. Wenn daher trotz der Hilfe von Bädern, einer beruhigenden Lebensweise und harter körperlicher Übung dieser Sturm der Sinne abermals losbricht, vollzieht sich augenblicklich eine völlige Veränderung in dem von Natur aus so sanften Charakter dieses jungen Mannes, der jäh von Trauer in Angst und von Angst in Zorn verfällt und für seine bisherigen Vergnügungen nurmehr Widerwillen empfindet, seufzt, Tränen vergießt, spitze Schreie ausstößt, seine Kleider zerreißt und zuweilen so in Hitze gerät, daß er seine Erzieherin kratz oder beißt. Aber auch wenn er seiner blinden Wut nachgibt, die er nicht zu bezähmen vermag, zeigt er darüber aufrichtige Reue und möchte den Arm oder die Hand küssen, die er soeben gebissen hat. In diesem Zustand hat er einen erhöhten Puls und ein hochrotes Gesicht; und manchmal läuft ihm Blut aus Nase und Ohren: was dem Anfall ein Ende setzt und für längere Zeit einen Rückfall verhindert, besonders wenn die Blutung stark ist. Ausgehend von dieser Beobachtung mußte ich, um einem solchen Zustand abzuhelfen, da ich nichts Besseres tun konnte oder zu tun wagte, versuchen, ihn zur Ader zu lassen, wenn auch mit vielen Vorbehalten, denn ich war überzeugt, daß die wirkliche Behandlung hier darin besteht, jenen vitalen Aufruhr abzukühlen, aber nicht, ihn zu ersticken. Wenngleich ich durch die Anwendung dieses und vieler anderer Mittel, die hier aufzuzählen unnötig ist, ein wenig Beruhigung erzielte, so muß ich doch gestehen, daß diese Wirkung nur vorübergehend war und daß aus der Kontinuität dieser ebenso heftigen wie unbestimmten Begierden ein dauernder Zustand von Unruhe und Leiden erwuchs, der den Fortgang dieser mühseligen Erziehung ständig behinderte.

LVI. – So sah jene kritische Zeit aus, die soviel versprochen hatte und wohl auch alle in sie gesetzten Hoffnungen erfüllt haben würde, wenn sie, statt seine ganze Aktivität auf die Sinne zu konzentrieren, mit demselben Feuer das moralische System beseelt und in dieses dumpfe Herz die Flamme der Leidenschaft getragen hätte. Indessen verhehle ich mir nicht, nun, da ich gründlich darüber nachgedacht habe, daß es nicht richtig war, mit einer solchen Entwicklung der Pubertätserscheinungen zu rechnen und in meinen Gedanken meinen Schüler mit einem gewöhnlichen Heranwachsenden zu vergleichen, bei dem die Liebe zu Frauen oft genug der geschlechtlichen Erregung vorausgeht oder sie zumindest stets begleitet. Diese Übereinstimmung mit unseren Bedürfnissen und Neigungen konnte man bei einem Wesen nicht antreffen, das die Erziehung nicht gelehrt hatte, einen Mann von einer Frau zu unterscheiden, und das nur durch die Eingebungen des Instinkts diesen Unterschied erkennen sollte, ohne in seiner gegenwärtigen Situation Gebrauch von ihm machen zu können. Und ich zweifle nicht daran, daß man, wenn man es gewagt hätte, diesem jungen Mann das Geheimnis seiner Unruhe und das Ziel seiner Begierden zu enthüllen, unabschätzbare Vorteile daraus hätte ziehen können. Doch angenommen, mir wäre es gestattet gewesen, einen solchen Versuch zu wagen, hätte ich dann andererseits nicht befürchten müssen, unseren Wilden mit einem Bedürfnis bekannt zu machen, das er ebenso öffentlich hätte befriedigen wollen wie die anderen und das ihn zu Handlungen von empörender Anstößigkeit geführt hätte? Eingeschüchtert durch die Furcht vor einem solchen Ausgang, mußte ich hier innehalten und mich wie in so vielen anderen Fällen damit zufriedengeben, mitanzusehen, daß meine Hoffnungen wie schon so oft vor einem unvorhergesehenen Hindernis dahinschwanden.

Dies ist, Monseigneur, die Geschichte der Veränderungen, die im System der affektiven Fähigkeiten des *Wilden von Aveyron* aufgetreten sind. Dieser Abschnitt schließt notwendig alle mit der Entwicklung meines Schülers zusammenhängenden Tatsachen während eines Zeitraums von vier Jahren ab. Viele dieser Tatsachen sprechen zugunsten seiner Entwicklungsfähigkeit, während andere sie zu widerlegen scheinen. Ich habe es mir zur Pflicht gemacht, die einen wie die anderen unterschiedslos darzustellen und von meinen Rück-

schlägen wie von meinen Erfolgen mit derselben Wahrhaftigkeit zu berichten. Die erstaunliche Vielfalt der Resultate macht in gewisser Weise das Urteil unsicher, das man sich über diesen Knaben bilden kann, und bringt eine Art Mißklang in die Folgerungen, die sich aus den in diesem Bericht dargelegten Tatsachen ergeben. Wenn man diejenigen, die sich in den Paragraphen VI, VII, XVIII, XX, XLI, LIII und LIV verstreut finden, miteinander vergleicht, so wird man nicht umhin können, daraus zu schließen, daß 1. infolge der fast absoluten Untüchtigkeit des Gehör- und Sprechorgans die Erziehung dieses jungen Mannes heute noch unvollständig ist und es wohl immer bleiben wird; das 2. infolge der langen Untätigkeit die intellektuellen Fähigkeiten sich nur langsam und mühsam entwickeln und daß diese Entwicklung, die bei Kindern, die in der Zivilisation aufgewachsen sind, das natürliche Ergebnis der Zeit und der Umstände ist, hier das langsame und mühsame Resultat einer rein tätigen Erziehung ist, deren Mittel, so kräftig sie sein mögen, nur geringe Wirkungen haben; daß 3. die affektiven Fähigkeiten, die ebenso langsam aus ihrem langen Schlaf erwachen, in ihrer Anwendung von einem tiefen Egoismus abhängig sind und daß die Pubertät, statt diese Fähigkeiten auszuweiten, sich deshalb so stark geäußert hat, um zu beweisen, daß, wenn im Menschen eine Beziehung zwischen den Bedürfnissen seiner Sinne und den Neigungen seines Herzens besteht, diese Übereinstimmung wie die meisten großen und edlen Leidenschaften die glückliche Frucht seiner Erziehung ist.
Doch wenn man die glücklichen Veränderungen zusammenfaßt, die im Zustand dieses jungen Mannes eingetreten sind, insbesondere die Tatsachen, die in den Paragraphen IX, X, XI, XII, XIV, XXI, XXV, XXVII, XXX, XXXI, XXXII, XXXIII, XXXIV, XXXV, XXXVII, XXXVIII, XLIV, XLV, XLVI, XLVII und XLIX erwähnt wurden, kann man nicht umhin, seine Erziehung unter einem günstigeren Blickwinkel zu sehen, und muß als korrekte Folgerung zugeben, daß 1. die

Vervollkommnung des Sehens und des Tastens sowie die neuen Genüsse des Geschmacks dadurch, daß sie die Empfindungen und Gedanken unseres Wilden vermehrten, sehr zur Entwicklung seiner intellektuellen Fähigkeiten beigetragen haben; daß man 2., wenn man diese Entwicklung in ihrem ganzen Ausmaß betrachtet, unter anderen glücklichen Veränderungen die Kenntnis des herkömmlichen Werts der Zeichen des Denkens findet, die Anwendung dieser Kenntnis für die Benennung der Gegenstände sowie für die Bestimmung ihrer Eigenschaften und Tätigkeiten, sodann den Umfang der Beziehungen des Schülers zu den Personen seiner Umgebung, die Fähigkeit, ihnen seine Bedürfnisse mitzuteilen, ihre Befehle zu empfangen und mit ihnen einen freien und ständigen Gedankenaustausch zu pflegen; daß sich Victor 3., trotz seinem unmäßigen Drang zur Freiheit der Felder und seiner Gleichgültigkeit gegenüber den meisten Genüssen des gesellschaftlichen Lebens, dankbar erweist für die Pflege, die man ihm angedeihen läßt, einer zärtlichen Freundschaft fähig ist, Gefallen daran findet, etwas richtig zu tun, sich seiner Fehler schämt und seine Wutanfälle bereut; daß 4. und letztens, Monseigneur, wie immer man diesen langjährigen Versuch beurteilen mag – sei es, daß man ihn für die methodische Erziehung eines Wilden hält, sei es, daß man sich darauf beschränkt, ihn als die physische und moralische Behandlung eines von der Natur stiefmütterlich behandelten, von der Gesellschaft ausgestoßenen und von der Medizin aufgegebenen Wesens betrachtet –, daß die Mühe, die man sich mit ihm gegeben hat und die man ihm noch immer schuldet, die Veränderungen, die eingetreten sind und die man noch erwarten darf, ferner die Stimme der Menschlichkeit und das Interesse, das eine so vollständige Verwahrlosung und ein so absonderliches Schicksal einflößt, daß all dies zusammen diesen außergewöhnlichen jungen Mann der Aufmerksamkeit der Wissenschaftler, der Fürsorge unserer Behörden und dem Schutz der Regierung anempfiehlt.

1 Linné gibt ihre Zahl mit zehn an und zählt sie zu einer Abart der menschlichen Gattung (*Système de la nature*).

2 *Essai sur l'origine des connaissances humaines,* 2. Teil, erster Abschnitt.

3 Dieses Mädchen wurde 1731 in der Gegend von Châlons-sur-Marne aufgegriffen und unter dem Namen Mademoiselle Leblanc in einem Nonnenkoster aufgezogen. Als sie sprechen konnte, erzählte sie, daß sie in den Wäldern mit einer Gefährtin gelebt und diese unglücklicherweise durch einen heftigen Schlag auf den Kopf getötet habe, als sie eines Tages einen Rosenkranz gefunden und sich um dessen Besitz gestritten hätten (Racine, *Poème de la Religion*). Diese Geschichte, obwohl eine der ausführlichsten, ist so schlecht dargestellt, daß sie, wenn man alles Überflüssige und Unglaubwürdige abstreicht, nur sehr wenige erwähnenswerte Besonderheiten aufweist, wobei die auffallendste die Fähigkeit dieser jungen Wilden ist, sich ihres vergangenen Zustands zu erinnern.

4 Alles, was ich hier und später über die Geschichte dieses Kindes vor seinem Aufenthalt in Paris sage, ist verbürgt durch die offiziellen Berichte der Bürger Guiraud und Constant de Saint-Estève, beides Regierungskommissare, der erste im Kanton von Saint-Affrique, der zweite im Kanton von Saint-Sernin, sowie durch die Beobachtungen des Bürgers Bonnaterre, Professor der Naturgeschichte an der *Ecole Centrale* im Departement Aveyron, die er sehr ausführlich niedergelegt hat in seiner *Notice historique sur le Sauvage de l'Aveyron,* Paris, im Jahre VIII.

5 Wenn man unter dem Ausdruck *Wilder* bisher einen wenig zivilisierten Menschen verstanden hat, so wird man darin übereinstimmen, daß ein solcher, der überhaupt nicht zivilisiert ist, diesen Namen in noch viel stärkerem Maße verdient. Ich werde also diesen Namen, mit dem man ihn stets bezeichnet hat, solange beibehalten, bis ich die Motive erläutert habe, die mich veranlaßten, ihm einen anderen zu geben.

6 Brief des Bürgers N ... im *Journal des Débats,* 5. Pluviôse, im Jahre VIII.

7 Ich gab ihm, so erzählt ein Beobachter, der ihn in Saint-Sernin gesehen hat, eine große Menge Kartoffeln; er freute sich, als er sie sah, und nahm welche in seine Hände und warf sie ins Feuer. Kurz darauf holte er sie wieder heraus und aß sie glühend heiß.

8 Lacose: *Idée de l'homme, physique et moral.* – Laroche: *Analyse des fonctions du système nerveux.* – Fouquet, Artikel: *Sensibilité,* aus der Enzyklopädie in alphabetischer Reihenfolge.

9 Montesquieu: *De l'Esprit des Lois,* Buch XIV.

10 Zur Bekräftigung dieser Behauptung möchte ich noch darauf hinweisen, daß, je weiter sich der Mensch von seiner Kindheit entfernt, die Ausübung seiner Sinne von Tag zu Tag weniger allgemein wird. Im frühen Lebensalter will er alles sehen, alles berühren; jeden Gegenstand, den man ihm reicht, führt er an den Mund; das kleinste Geräusch läßt ihn erbeben; seine Sinne heften sich auf alle Dinge, selbst auf solche, die nichts mit seinen Bedürfnissen zu tun haben. In dem Maße, in dem er sich von dieser Zeit entfernt, die gewissermaßen die Lehrzeit seiner Sinne ist, berühren ihn die Dinge nur noch insofern, als sie seine Wünsche, Gewohnheiten oder Absichten betreffen. Und so geschieht es oft, daß nur ein oder zwei Sinne seine Aufmerksamkeit erregen. Dies wäre etwa der Fall bei einem ausgeprägten Musiker, der auf alles aufmerkt, was er hört, aber gleichgültig ist für das, was er sieht. Oder auch bei einem Mineralogen und einem Botaniker, die auf einem für ihre Forschungen fruchtbaren Feld entweder nur Mineralien oder nur Pflanzenprodukte sehen würden. Oder bei einem Mathematiker, der nach der Aufführung eines Stücks von Racine sagt: Und was beweist das alles? Wenn sich also nach den Tagen der ersten Kindheit die Aufmerksamkeit natürlicherweise nur auf solche Gegenstände richtet, die mit unseren Neigungen in bekannten oder vorstellbaren Beziehungen stehen, dann begreift man, warum unser junger Wilde, der nur wenige Bedürfnisse hatte, seine Sinne auch nur an wenigen Dingen üben konnte. Dies ist, wenn ich mich nicht täusche, die Ursache für jene absolute Unaufmerksamkeit, die alle verblüffte, als er in Paris ankam, und die gegenwärtig fast gänzlich verschwunden ist, weil man ihm die Verbindung fühlbar gemacht hat, die all die neuen Dinge in seiner Umgebung zu ihm haben.

11 Meine Beobachtungen bestätigen auch in diesem Punkt die Ansicht von Condillac, der im Zusammenhang mit dem Ursprung der Sprache der Sinne sagt: »Die Aktionssprache, einst so natürlich, war ein großes Hindernis und schwer zu überwinden; durfte man sie für eine andere aufgeben, deren Vorteile man noch nicht voraussah, aber deren Schwierigkeit sich schon spürbar machte?«

12 Bemerkenswert ist, daß diese Aktionssprache vollkommen natürlich ist und daß er sie schon in den ersten Tagen seines Eintritts in die Gesellschaft auf die ausdrucksvollste Weise verwandte. »Wenn er Durst bekam«, sagt der Bürger Constant de Saint-Estève, der ihn zu Beginn jener interessanten Zeit gesehen hat, »ließ er seine Blicke nach rechts und links schweifen; sobald er einen Krug erblickt hatte, nahm er mich bei der Hand und führte mich zu dem Krug, gegen den er mit der linken Hand klopfte, damit ich ihm zu trinken gebe. Man

brachte ihm Wein, den er verschmähte, voller Unmut darüber, daß es so lange dauerte, bis ich ihm Wasser brachte.«

13 Es ist bemerkenswert, daß es mir keine Mühe bereitete, dieses erste Ziel zu erreichen. Immer wenn es um seine Bedürfnisse geht, scheinen seine Aufmerksamkeit, sein Gedächtnis und seine Intelligenz über ihn selbst hinauszuwachsen. Dies war eine Beobachtung, die ich immer wieder machen konnte und die, hätte man sie ernsthaft vertieft, dazu geführt hätte, eine glückliche Zukunft vorauszusehen. Ich scheue mich nicht zu sagen, daß ich es für einen großen Beweis seiner Intelligenz halte, daß er schon nach sechs Wochen Aufenthalt in der Gesellschaft hat lernen können, seine Mahlzeiten mit aller Sorgfalt und in allen Einzelheiten zuzubereiten, wie es uns der Bürger Bonnaterre berichtet hat. »Während seines Aufenthalts in Rodez«, sagt der Naturwissenschaftler, »bestand seine einzige Beschäftigung darin, Bohnen zu enthülsen, und er erledigte diese Aufgabe mit demselben Grad an Unterscheidungsgabe, deren der geübteste Mensch fähig ist. Da er aus Erfahrung wußte, daß dieses Gemüse für seinen Unterhalt bestimmt war, holte er, sobald man ihm ein Bündel trockener Stengel brachte, einen Topf und richtete sich für diese Tätigkeit in der Mitte der Wohnung ein. Hier verteilte er sein Material so bequem wie möglich. Den Topf stellte er rechts, die Bohnen links neben sich; und mit unnachahmlich geschickten Fingern öffnete er die Schoten eine nach der anderen; die guten Bohnen tat er in den Topf, die faulen oder fleckigen warf er fort; wenn ihm zufällig eine Bohne entglitt, folgte er ihr mit den Augen, hob sie auf und tat sie zu den anderen. Die leeren Schoten häufte er säuberlich neben sich auf, und wenn er mit seiner Arbeit fertig war, nahm er den Topf, goß Wasser hinein und trug ihn zu dem Feuer, das er mit den Schoten unterhielt, die er gesondert aufgehäuft hatte. War das Feuer erloschen, so nahm er die Schaufel, drückte sie seinem Wärter in die Hand und gab ihm durch Zeichen zu verstehen, daß er in der Nachbarschaft welches holen solle, usw....«

14 Den aufgeklärten Beobachtern obliegt es, sich selbst von der Wahrheit dieser Resultate zu überzeugen. Nur sie können den Wert der Tatsachen beurteilen, indem sie zu deren Untersuchung einen verständigen und in der Wissenschaft der Erkenntnis bewanderten Geist mitbringen. Den moralischen Zustand unseres Wilden zu würdigen, ist schwieriger, als man denkt. Die alltägliche Erfahrung sowie viele Vorurteile verwirren das Urteil. »Wenn unsere Gewohnheit«, sagt Condillac in einem ganz ähnlichen Fall, »von Zeichen Gebrauch zu machen, es uns gestatten würde, all das zu erkennen, was wir ihnen verdanken, dann brauchten wir uns nur an die Stelle jenes jungen

Menschen zu versetzen, um zu begreifen, wie wenig Kenntnisse er sich anzueignen vermochte; aber wir urteilen immer nach unserer eigenen Situation.« Auch darf man, um in diesem Fall ein gesundes Urteil fällen zu können, das Kind nicht schon nach kurzer Untersuchung für durchschaut halten, sondern muß es immer wieder beobachten und studieren, und zwar zu den verschiedensten Augenblicken des Tages, bei all seinen Belustigungen und kleinen Übungen usw.; alle diese Voraussetzungen sind unerläßlich. Und selbst sie genügen nicht, wenn man, um einen genauen Vergleich zwischen der Gegenwart und der Vergangenheit anzustellen, mit eigenen Augen den *Wilden von Aveyron* in den ersten Monaten seines Pariser Aufenthaltes gesehen hat. Jene, die ihn damals nicht beobachtet haben und ihn heute sähen, würden ihn für ein *fast normales* Kind halten, das nicht sprechen kann; in moralischer Hinsicht könnten sie die Entfernung nicht ermessen, die dieses *fast normale* Kind von dem gerade in die Gesellschaft eingetretenen *Wilden von Aveyron* trennt; eine scheinbar geringe, in Wahrheit aber ungeheure Entfernung, wenn man bedenkt, durch wie viele neue Überlegungen und erworbene Ideen er wohl zu diesen letzten Ergebnissen gelangen konnte.

15 Ich zweifle nicht daran, daß, wenn man zwei Kinder, ein Mädchen und einen Knaben, von frühester Kindheit an isolierte und ebenso mit zwei wenig intelligenten Vierfüßlern verführe, diese letzteren sich jenen weit überlegen zeigen würden in den Mitteln, für ihre Bedürfnisse und die Erhaltung ihrer selbst wie ihrer Jungen zu sorgen.

* Diese berühmten Texte waren seit 1894 in Frankreich verschollen.

** 21. Nov. – 20. Dez. des republikanischen Kalenders.

*** 21. Dez. – 19. Jan.

Octave Mannoni

Itard und sein »Wilder«[1]

Seit mehr als eineinhalb Jahrhunderten überschatten die Geschichte der Reedukation des »Wilden« von Aveyron sowie die pädagogischen Methoden, die der Doktor Itard als sein Erzieher erfand, einen großen Teil der noch heute gebräuchlichen Techniken zur Anpassung zurückgebliebener Kinder. Diese Situation ist in mehrfacher Hinsicht paradox. Zunächst ist es zwar möglich, in den beiden Berichten von Itard die Lehren zu entdecken, die sich aus dem Scheitern dieses Experiments ziehen lassen, d. h. die Lehre, die Itard daraus hätte ziehen müssen – was die Umerziehung Itards durch seinen Wilden hätte sein können –, doch dies war keineswegs das, was man allgemein an seinem Versuch beherzigt hat, sondern im Gegenteil das, was er in seinen Methoden willkürlich und a priori aufgestellt hat, ausgehend von den philosophischen Auffassungen seiner Zeit, insbesondere denen von Condillac. Wir sehen, daß er von Anfang an, indem er sich ohne Zögern auf jene Auffassungen stützt, schon im voraus einen Erziehungsplan entwirft, den er in fünf numerierten »Gesichtspunkten« vorbringt und der, wie er wörtlich schreibt, von der »Lehre« abgeleitet ist, der er anhängt.
Ein anderer Punkt, der uns befremden müßte, ist die Art und Weise, wie die von Itard angewandten Verfahren der Reedukation mit der Zeit auch die Erziehung selbst, zumindest die der Kleinkinder, infiziert haben, zweifellos durch den Einfluß einer zu einfachen Theorie der intellektuellen *Entwicklung* – einer Theorie, die im übrigen auch in dem später aufgetauchten Begriff des Intelligenzquotienten impliziert ist. Diese Theorie verführt zu dem Glauben, daß die Methoden, die man bei einem zurückgebliebenen Kind für angemessen hält, auch für ein jüngeres und normales Kind Gültigkeit haben, das wohl einen anderen Quotienten, aber das gleiche geistige Alter hat. Sicherlich ist eine solche Rechnung niemals ausdrücklich aufgestellt worden; vor einer so krassen Begriffsverwirrung hat man sich gehütet. Doch die Begriffe, wenn sie einmal anerkannt sind (hier der so unklare Begriff der *Entwicklung*),

tun ihre Wirkungen von selbst, und zumindest in einigen Fällen[2] hat eine Art Verschiebung stattgefunden.
Doch abgesehen von diesen ganz besonderen Fragen, die nur Techniker und Spezialisten interessieren, stellt uns Itard, ohne es zu wissen, weitere und allgemeinere Fragen über die Natur der Kindererziehung an sich. Es liegt auf der Hand, daß das, was die Kinder zu lernen haben (ihre Muttersprache, die Familienstruktur und noch viele andere notwendige Dinge, und so überraschende, daß sie selbst Freud in Verlegenheit brachten und ihn die Hypothese einer Art von Gattungsgedächtnis vertreten ließen) nicht vollständig über die Erziehung führen kann, die Itard recht gut »das gewöhnliche Unterrichtssystem« nennt und deren Unzulänglichkeit er während der Reedukation seines Wilden erkennt. Dennoch verlegt er sich im Grunde darauf, dieses System zu vervollkommnen und zu ergänzen, womit er nicht einfach eine wirksamere Pädagogik schaffen wollte, sondern etwas, das man als *totale* Pädagogik bezeichnen könnte, die dem natürlichen Menschen, »dem schwächsten aller Tiere«, die wie er sagt »unberechnete« Summe der Kultur übermitteln würde. Daß eine solche Utopie scheitern mußte, ist jedoch nicht das Wesentliche, denn am Ende war der Mi+rfolg vielleicht auf jeden Fall unvermeidlich. Aber wenn heute nicht die Gefahr besteht, daß wir einem ähnlichen theoretischen Irrtum verfallen, so ist doch noch lange nicht gesagt, daß wir das Problem einigermaßen geklärt hätten.
Wie sieht unser Modell der Kindererziehung aus? Sollen wir auf die Ethnologen hören, die uns zeigen, wie sehr die Gesellschaft ihre Kinder mystifiziert und sie mit scheinbar willkürlichen Bedingungen und Forderungen konfrontiert, bevor sie sie in ihren Schoß aufnimmt, oder sollen wir vielmehr anderen Forschern folgen, wie zum Beispiel Erikson, welche die primitiven Gesellschaften beobachten, um festzustellen, wie die Kinder, als natürliche Absolutheiten gesetzt, vor der Aufgabe stehen, sich dem Relativismus der Gesellschaft anzupassen,

wenn sie nicht neurotisch werden wollen? Es sind dies zwei Standpunkte, die sich nicht miteinander vereinbaren lassen. Der eine würde, wenn man tief genug vorstößt, die Rolle erklären, welche die Kinder in der Synchronie spielen, und letztlich auch die Befriedigung, die Itard darüber empfindet, daß man ihm den Wilden anvertraut, den Eifer, mit dem er sich seiner Aufgabe widmet, sowie seine Pedanterie. Und in der Diachronie würde der andere Standpunkt erklären, auf welche Weise man von der Kindheit zum sogenannten Erwachsenenalter übergeht und warum der Wilde dabei scheitert[3].

Diese Fragen, die sich heute bei uns einstellen können, wenn wir Itard lesen, sind selbstverständlich nicht die seinen. Seine philosophischen Überzeugungen sowie seine medizinische Ausbildung tragen beide dazu bei, ihn eine empiristische Haltung einnehmen zu lassen, und er hofft, aus seinem Experiment zweierlei Lehren ziehen zu können. Da sich der Wilde im »Naturzustand« befindet, ist man gezwungen, ihm zwar nicht *alles* beizubringen, aber alles, was ihm die Natur nicht mitgegeben hat, womit der alte Traum von Psammetichos (Herodot II 2), nämlich die wahre Natur des Menschen zu erkennen, in Erfüllung ginge: die Natur des Menschen ist das, was von einem sozialisierten Menschen übrigbleibt, wenn man alles abzieht, was Itard dem Wilden beibringen mußte. Gleichzeitig muß die Erfahrung die Richtigkeit einiger Hypothesen beweisen (im wesentlichen die von Condillac). Der dritte Nutzen, die Erfindung neuer pädagogischer Methoden, wird keineswegs im voraus berechnet: es galt einfach, alle Erfahrungen einzusetzen. Wir sehen genau, daß sie von den zu verifizierenden Hypothesen beherrscht sind, doch dies wird kaum diskutiert, und selbst bei Mißerfolgen kommt es nur ausnahmsweise vor, daß Itard die Mittel, die er verwandt hat, rückblickend einer Kritik unterzieht.
Die Autoritäten des Konsulats haben sich an Itard gewandt,

damit er sich des »Wilden« annehme, weil er ein Spezialist und Neuerer auf dem Gebiet der Erziehung von Taubstummen war. Er ist der Erfinder der »*démutisation*«, der Aufhebung der Stummheit, d. h. er hat die Mittel gesucht und gefunden, den Tauben zur Sprache und zum Wort zu verhelfen. So wurde ihm der Wilde als ein Stummer anvertraut. Und gerade bei der Spracherziehung wird Itards Mißerfolg am deutlichsten – aber, wie schon gesagt, vielleicht konnte es gar nicht anders sein. Jedenfalls weiß Itard sehr genau, daß es sich hier um ein anderes Problem als bei den Tauben handelt. Es besteht ein radikaler Unterschied zwischen einem tauben Individuum, das in einer durch die Strukturen der Sprache organisierten Welt gelebt hat, selbst wenn es niemals einen ihrer Laute vernehmen konnte, und einem Individuum, das nicht sprechen kann, weil es immer nur in der stummen Natur gelebt hat. Ebenso kann man sagen: weil es nicht nur in der Stille, sondern auch in der Einsamkeit gelebt hat. Für Itard wird die Frage noch komplizierter; bald argumentiert er so, als würden die Schwierigkeiten daher rühren, daß sein Schüler das Alter überschritten hat, in dem man normalerweise sprechen lernt, und als müsse die Hypothese eines Verfalls der Fähigkeiten aufgestellt werden (gewissermaßen gegenüber der Theorie der Entwicklung), bald so, als ob das im Wald verbrachte Leben eine Schädigung der intellektuellen Fähigkeiten zur Folge gehabt und etwas erzeugt hätte, was man heute »psychogene Stummheit« nennen würde. Über all dies spricht er sich nicht ganz deutlich aus. Doch der Bürger Pinel, dem der »Wilde« vorgeführt wurde, fand, daß er in allen Punkten den Idioten der Pflegeanstalten ähnelte. Trotz der großen Autorität Pinels behauptet Itard, daß der Wilde normal sei. Es scheint, daß sich sowohl für Pinel wie für Itard, wenngleich die Antwort strittig war, die Frage dagegen eindeutig stellte: ob nun der »Wilde« in ihren Augen als normal oder nicht normal gelten kann – er war reine Natur. Für uns ist sie unklar: der »Wilde« befand sich nicht in einem normalen Zustand, sondern im Gegenteil in einem sehr traurigen Zustand, doch wir meinen, daß jedes Kind, was immer seine Anlagen sein mögen, sich unter gleichen Bedingungen nicht besser aus der Affäre ziehen würde. Und selbst die Anpassung Victors an das Waldleben würde uns veranlassen, ihm außergewöhnliche Qualitäten zuzuschreiben. Angesichts der bestehenden Verwirrung (was die Natur betrifft, ist der Wilde normal, und es genügt, ihr die Kultur hinzuzufügen; aber sein Leben hat seiner Entwicklung geschadet, er braucht ärztliche Pflege) führt Itard jene Vereinigung von Medizin und Pädagogik ein, die lange andauern wird, weil zweifellos ein konkreter Fall wie der von Victor den willkürlichen Charakter der gesellschaftlich begründeten Unterscheidungen enthüllt, so daß Itard gezwungen ist, das, was er das gewöhnliche Unterrichtssystem nennt, und auch die Grenzen des medizinischen Systems zu überschreiten. So entsteht eine Kategorie von (medizinisch-pädagogischen) Fragen, die aktuell bleiben. Die Ausbildung Itards, des Erziehers von Taubstummen, scheint für seine doppelte Kompetenz zu bürgen. Der Medizin entlehnt er seinen beobachtenden Geist, seine Versuch-Irrtum-Methode, das, was man seine empirische Phänomenologie nennen könnte. Dennoch wendet er keine medizinische Behandlung im technischen Sinne an: der »Wilde« ist kerngesund! Alles, was Itard gelingt (ihn mittels heißer Bäder kälteempfindlich zu machen, so daß er schließlich einen richtigen Schnupfen bekommt, worüber Itard sehr stolz ist), kann wahrhaftig nicht für ein therapeutisches Verfahren gelten. Die Begründung, die Itard gibt, daß nämlich der zivilisierte Mensch Krankheiten unterworfen ist und es anormal sei, wenn jemand ihnen so vollständig entgeht, können wir schwerlich ebenso ernst nehmen wie er. Und wenn man näher hinsieht und die Theorie untersucht, die er sich von der Rolle der Sinnesorgane und der Sensibilität im allgemeinen im Hinblick auf die Erziehung macht, die er in Angriff nimmt, so läßt sich ohne weiteres sagen, daß ihm seine medizinischen Auffassungen nicht nur

keine große Hilfe waren, sondern seine Arbeit auch in störender Weise kompliziert und behindert haben.
Im übrigen muß man gestehen, daß Itard, wenn er uns in seiner Rolle als Victors Arzt nicht sonderlich interessiert, auch selbst keinen großen Eifer hierbei zeigt. Er sieht sich vor allem als Pädagoge und als Philosoph. Auf dieser Seite konzentrieren sich seine Hoffnungen, und auf dieser Seite erlebt er auch unter Schmerzen und voll Zorn all die schlechten Erfahrungen, die er hier macht. Die Leser von Voltaire, von Montesquieu (sowie von Bernardin de Saint-Pierre oder Defoe) haben sich an die Gitter gestürzt, um die Ankunft des Wilden nicht zu versäumen und die Bewunderungsrufe zu vernehmen, die dieser beim Anblick all der Schönheiten der Hauptstadt unweigerlich ausstoßen müßte, oder um ihn von den Geheimnissen seines Waldlebens erzählen zu hören. Itard macht sich keine solchen Illusionen. Auch wird er nicht von dem pädagogischen Roman Rousseaus verlockt. Er glaubt, Glück gehabt zu haben, daß man ihm etwas anvertraut hat, womit sich am annäherndsten Condillacs Statue darstellen ließ. Aber da er noch mehr Pädagoge als Philosoph ist, rechnet er nicht damit, daß der Versuch, den er unternimmt, die Theorien Condillacs infrage stellen könnte, er wendet sie in blindem Glauben an. Damit enthüllt er uns im übrigen einen unbemerkt gebliebenen Aspekt der Condillacschen Theorie, nämlich daß sie wie ein pädagogisches Modell konstruiert ist, wobei sich die Statue mit dem traditionellen Bild des idealen Schülers trifft, dem vollkommen Unwissenden, so wie ihn die Alten durch das Purgieren mit der Nieswurz zu erhalten suchten. Wie ließe sich sonst verstehen, daß er sich nicht oder nicht genug für das interessiert, was der Schüler nicht von ihm lernt? Denn schließlich »weiß« Victor eine ganze Menge. Er dreht lebhaft den Kopf, wenn irgendwo eine Nuß geknackt wird: das liegt daran, sagt Itard, daß sein Gehörsinn nicht entwickelt ist. Er erkennt augenblicklich durch Beschnuppern, ob ein toter Vogel eßbar ist: das liegt daran, daß sein Geruchssinn nicht

ausgebildet ist[5]. Nach unseren »Überlebensaktionen« können wir uns eine Situation ausmalen, die Itard wahnwitzig vorgekommen wäre: es ist nicht undenkbar, sich einen Rollentausch vorzustellen und Itard zusammen mit dem Wilden in die Wälder von Caune zu schicken, um zu sehen, was er dort für ihn wirklich Neues lernen könnte. Aber man braucht eine solch ungereimte Vermutung gar nicht anzustellen, um zu erkennen, daß Itard nichts von dem Wilden lernt und daß er ihn zu der leeren Leinwand macht, auf die sich sein eigenes Wissen projiziert. Und wenn wir bei der Lektüre etwas lernen, so im Grunde weder über den Wilden noch über Itard, sondern über das Aufschlußreiche und Erregende ihrer Begegnung.

Wie in der *Unterrichtsstunde* von Ionesco ist der ideale Schüler auch das Haupthindernis, der anfängliche Reiz verwandelt sich in schmerzliche Pflicht, das Interesse weicht der Mission: als man den Wilden aus seinen Wäldern geholt hat, ist man ihm gegenüber eine Verpflichtung eingegangen, wie schwer es auch sein mag, ihr nachzukommen. Aber dabei wird die Schwierigkeit dem Schüler angelastet. Als sich Itard in einen seiner (für uns) unbegründetsten pädagogischen Versuche verbeißt und die jammervolle Verwirrung, in die er seinen Schüler gestürzt hat, für bösen Willen hält, ruft er aus, indem er uns diese dramatische Episode mit einiger Selbstgefälligkeit schildert: »›Unglücklicher‹, sagte ich zu ihm, als ob er mich hätte verstehen können, und mit wirklich beklommenem Herzen, ›da alle meine Mühen vergeblich sind und deine Anstrengungen nichts fruchten, so nimm denn wieder den Weg in deine Wälder und mit ihm die Freude am primitiven Leben; oder, wenn deine neuen Bedürfnisse dich in die Abhängigkeit von der Gesellschaft geführt haben, büße für das Unglück, ihr nicht nützlich zu sein, und gehe nach Bicêtre, um dort in Kummer und Elend zu sterben.‹« Hier, in dieser vorhersehbaren Wirkung des *furor docendi*, könnte man leicht jene Gefühle der Eifersucht erkennen, die sich bei Adoptivmüttern zeigen: kehre zu deiner wahren Mutter zurück (der Natur! oder, wenn das nicht möglich ist, zur öffentlichen Fürsorge! Daß Itard sich als Adoptivmutter betrachtet, steht außer Frage: er hat es deutlich geschrieben.

Der natürliche Mensch, der Wilde, das unwissende Kind, der Schüler nach der Purgierung mit der Nieswurz – was können sie in ihrer tiefen Hilflosigkeit anderes darstellen als das vom *Wissen* getrennte *Subjekt,* so wie es in uns selbst liegt, den inneren Unwissenden, mit dem der Autodidakt und der Pedant mit verschiedenen Mitteln so mühsam kämpfen.

Zwei Überzeugungen halten Itard aufrecht; sie sind zeitbedingt. Zum einen glaubt er, daß die Ungeduld des Pädagogen und selbst die Mißhandlungen, die er sich nicht scheut anzuwenden, im Grunde heilsam sind. Es gelingt ihm, den Wilden zum Weinen zu bringen: das ist ein gutes Zeichen. Zum anderen glaubt er aufrichtig, daß es, da die alten Vorurteile abgeschüttelt sind, keine wirklich unzugänglichen Probleme mehr gebe. (Dies wird später von Béranger verkündet und von Auguste Comte systematisiert.) Aus dieser Überzeugung gewinnt er, und dies ist kein geringes Verdienst, ein großes Vertrauen in den Erfolg seines Unternehmens. Aber dies ist auch der Grund, weshalb er sich selbst so wenig kritisiert.

Viele »medizinische« Einfälle von Itard sowie die Art, wie er sie anwendet, haben offensichtlich keinerlei Wirkung, aber sie führen auch zu keinem offenkundigen Mißerfolg, und Itard findet stets einen Weg, sich dazu zu beglückwünschen. Sagen wir, daß er große Befriedigung aus ihnen zieht und daß sie für Victor weder gut noch schlecht sind. Zum Beispiel steckt er ihn in heiße Bäder, weil die Bewohner der warmen Länder sensibler sind als die kalter Länder. Er fügt noch Duschen auf den Kopf hinzu: denn dies ist der Sitz des Intellekts, usw. Gleichzeitig macht der »Wilde« einige Fortschritte im Sinne der Sozialisation – was sicherlich nicht die Wirkung jener Maßnahmen ist. Ein gewöhnlicheres Unterrichtssystem ist wahrscheinlich auf einer anderen Seite am Werk, zweifellos in Händen jener Madame Guérin, die dem Wilden als Gouvernante gegeben wurde. Man kann sich schwer des Eindrucks erwehren, daß auch auf dieser Seite, auf der von Madame Guérin, die Partie gespielt wurde und vielleicht mit ebenso großen Chancen wie bei Itard. Darüber sind wir viel weniger informiert, denn Itard legt großen Wert darauf, den Unterschied zwischen diesen beiden Seiten zu betonen, zwischen den Stunden, die dem Unterricht gewidmet sind, und den anderen, die Erholungspausen ähneln. Diese Pausen verbringt er zum Teil mit ihm, und es scheint, als ob dort Dinge vor sich gingen, die uns interessieren könnten. Aber dies sind »Kindereien«, denen sich der Wilde mit ihm oder Madame Guérin hingibt. Itard findet rührende Töne, wenn er von diesen unschuldigen Spielen spricht: hier vergleicht er die Befriedigungen, die er erfährt, mit denen, die eine Mutter empfinden mag. Aber aus alledem meint er keinen Vorteil ziehen zu können, es sind auch seine eigenen Erholungsstunden, seine eigenen Kindereien, während er sich doch der harten Arbeit, der erschöpfenden und alles in allem unmöglichen Aufgabe der Reedukation zu widmen hat. Die ernste Welt von Itard ist, sobald die Pause beendet ist, eine Welt, in der jedes Vergnügen eine Belohnung, jeder Kummer eine Strafe ist, denn sonst wären sie ohne Bedeutung. Der Wunsch muß sich auf das Bedürfnis reduzieren. Einmal, im Laufe einer Wagenfahrt in die Wälder der Pariser Umgebung, gibt Victor so heftige Zeichen seiner Lust, dorthin zu laufen, daß Itard die Spazierfahrten unterläßt, um »ihm derartige Prüfungen künftig zu ersparen«. Ganz offensichtlich ist es für Itard selbst eine Prüfung, so wie sich vorher Victors Kindereien kaum von den seinen unterschieden. Freilich sind dies Züge, die sich ohne weiteres in der üblichen Haltung der damaligen Erzieher wiederfinden ließen. Aber auch diese Launen oder Härten von Itard haben keine besondere Wirkung.

Erst wenn es darum geht, die Sprache und das Wort in Angriff zu nehmen, enthüllt sich die Unzulänglichkeit der vorgefaßten Meinungen. Man sieht deutlich, daß Itard in der Hauptsache nicht eine größere medizinische Kompetenz fehlte, sondern vielmehr eine korrektere Theorie der Sprache. Wir wissen nicht, ob Victor die Sprache hätte erlernen können; wir wissen es nicht, weil wir deutlich sehen, daß Itards Erziehung kein gutes Mittel war, ihn dorthin zu führen.

In der biologischen und utilitären Welt Itards ist die Sprache ein Kommunikationsmittel, in erster Linie dazu bestimmt, die Bedürfnisse auszudrücken. Dazu gebraucht man Wörter, welche die Zeichen für die Dinge oder – eine Verdopplung, die Itard nicht stört – für die Ideen der Dinge sind. Auf diese Prinzipien gestützt, wird Itard eine Art Sprachdressur vornehmen. Victor soll so lange keine Milch bekommen, bis er sein Bedürfnis dadurch bekundet, daß er das Wort »*lait*« ausspricht. Dies ist eine Erweiterung dessen, was unser Autor die »pädagogische Versagung« nennt.

Itard hat diesen Begriff nicht im Hinblick auf die Spracherziehung erfunden: er verwendete ihn von Anfang an; so schränkte er die Muskeltätigkeit und Nahrung seines Wilden ein, damit sich die Funktionen entwickelten, die er für schlecht entwickelt hält, zum Beispiel die Sensibilität. Diese Auffassung hat er nicht nur von der alten humoralen Medizin, sondern vor allem von einer pädagogischen Tradition geerbt, die auch die Tradition der Tierdresseure ist. Ich werde dich das tun lassen, was ich will, denn ich bin der Herr deiner Bedürfnisse. Wenn die Analytiker, zumindest in der Vergangenheit, den Sinn der Freudschen Worte, »Die Kur muß in der Abstinenz durchgeführt werden«, so selbstverständlich verzerrt haben, um die Versagung zu einem Instrument der Kur zu machen, müßte man im einzelnen untersuchen, ob sie nicht unmerklich zur Tradition zurückgekehrt sind. Jedenfalls richtet sich die »pädagogische Versagung« Itards unmittelbarer und gröber auf die realen elementaren Bedürfnisse.

Der »Wilde« hat nun aber bewiesen, daß er seine Bedürfnisse sehr wohl mitzuteilen versteht, und zwar nicht nur ohne

Worte, sondern auch ohne irgendeine Sprache im wahren Sinn des Worts, denn als guter Beobachter bemerkt Itard, daß er sich nicht einer Gebärdensprache bediente, sondern eine »Aktionssprache« verwendete, d. h. etwas, das im Unterschied zur Gebärde eben *keine Sprache* ist. So hat der »Wilde« keinerlei Mühe, Itard zu verstehen zu geben, welch große Anziehung die Milch auf ihn ausübt, die er ihm vorenthält. Er tut dies sogar so gut, daß Itard schließlich nachgibt. Itard zieht daraus nicht den Schluß, daß sich die Verständigung auch ohne Sprache herstellen läßt; seine Pädagogik ist fehlgeleitet. Doch Victor treibt die Lektion noch weiter: wenn Itard, ohne ihm irgendein Wort entlockt zu haben, die Waffen streckt und ihm die begehrte Milch reicht, spricht Victor entgegen allen Erwartungen das Wort »*lait*« aus und wiederholt es wie zum Spiel. Itard ist darüber untröstlich: »Das ausgesprochene Wort war nicht ein Zeichen des Bedürfnisses, sondern zum Zeitpunkt, da es artikuliert wurde, nur ein nichtssagender Ausruf der Freude. Wäre dieses Wort aus seinem Munde gekommen, bevor er das Gewünschte erhielt, dann wäre es geschafft gewesen; dann hätte Victor den wahren Gebrauch des Worts erfaßt; der Anfang einer Verständigung zwischen ihm und mir wäre gemacht gewesen, und es hätten sich aus diesem ersten Erfolg rasche Fortschritte ergeben. Statt dessen hatte ich nur einen für ihn bedeutungslosen und für mich unnützen Ausdruck seines Vergnügens erhalten.« Er bemerkt wohl, daß Victor zuweilen das Wort ausspricht, bevor er die Milch erhält, aber stets, wie er sagt, »ohne Absicht«. Nach dieser grausamen Enttäuschung gibt Itard auf und betrachtet seine gesamte Spracherziehung (der »vierte Gesichtspunkt«) als demütigende Niederlage. Dennoch weiß er sehr gut, auf welche Weise das Wortgestammel bei allen Kleinkindern beginnt; er legt es im selben Abschnitt dar, und zieht keinerlei Vergleiche. Aus Treue zu den theoretischen Konzeptionen ist er unfähig geworden, das zu beurteilen, was vor seinen Augen geschieht, aber er ist durchaus über das unterrichtet, was er nicht in Betracht ziehen will. Victor scheint für ihn einen »mangelhaften Gebrauch« des ersten Wortes gemacht zu haben, das er aussprach. »Es wird ihm«, sagt er, »vielleicht ebenso gehen wie dem Kleinkind, das zuerst das Wort Papa stammelt, ohne irgendeinen Begriff damit zu verbinden, und es überall und bei jeder Gelegenheit sagt« usw. Eine treffende Bemerkung, in welcher der Pädagoge jedoch lediglich Trost findet. Mag sein, so scheint er zu sagen, daß die Natur meiner ohnmächtigen Kunst zu Hilfe kommt. Nur kommt er dabei nicht auf seine Rechnung. Man ist versucht, ihn zu parodieren und zu sagen, wenn Itard ohne vorgefaßte Meinung verstanden hätte, Victor zuzuhören, dann wäre es geschafft gewesen, dann hätte er die wahre Natur des Worts erfaßt. Oder er hätte zumindest daran zweifeln können, sie bereits zu kennen. Itard ist zu seiner Zeit der Mensch, der über die Spracherziehung (freilich bei den Tauben) am besten Bescheid weiß. Seine Begegnung mit der Stummheit des »Wilden« gewinnt daher einen pathetischen Aspekt, das pädagogische Drama ist fest geknüpft. Er wird es bei diesem ersten Mißerfolg nicht bewenden lassen, die Erziehung wird mit anderen Mitteln fortgesetzt, die zwar ebenso unangemessen, aber bezeichnend sind.

Da er auf die Dressur zum gesprochenen Wort verzichtet hat, unternimmt er eine Dressur zur Schriftsprache. Wenn man nach einer Entschuldigung für eine so gewagte Entscheidung suchen wollte, fände man sie gerade auf seiten seiner Praxis mit den Taubstummen. Er erfindet ein Spiel mit beweglichen Buchstaben (eben jenes, das Maria Montessori vervollkommnen sollte) und versucht, Assoziationen zwischen den mit diesen Buchstaben gebildeten Wörtern und den Gegenständen zu wecken, zu deren Zeichen sie somit werden. Seine Auffassungen hindern ihn an der Erkenntnis, daß eine solche Arbeit auf keinen Fall zum Erwerb einer Sprache führt: die Victor vorgelegten Wörter werden natürlicherweise zu Gegenständen, die in einer Wechselbeziehung zu anderen Gegenständen stehen; die Tatsache, daß sie aus Buchstaben bestehen, also in gewisser Weise »artikuliert« sind, macht sie in Wahrheit nur zu auseinandernehmbaren oder zusammengesetzten Gegenständen.

Man konnte Victor dazu abrichten, einen bestimmten Gegenstand zu holen, wenn man ihm einen bestimmten anderen zeigte. Dies gelingt jedem Dresseur. Man kann sogar einen Gegenstand verlangen, der auf gut Glück einer Klasse entnommen wurde, wenn diese Klasse aus hinreichend unterscheidbaren Gegenständen besteht. Es ist wahrscheinlich, daß dies tagtäglich bei Madame Guérin vorkam. Eine solche Schulung hat nichts mit dem Erwerb der Sprache zu tun. Und so kommt es, daß Itard Gegenstände ins Spiel bringt, die nur dank der Sprache auswechselbar sind. Er zeigt ihm das Wort *Buch* und entdeckt mit Verwunderung, daß in Victors Augen dieses Wort nur für ein einziges, ganz bestimmtes Buch gilt, nicht aber für die Klasse der Bücher. Gewiß war Victor, ohne im geringsten zu wissen, was es mit einem Buch auf sich haben mag, nicht mit Blindheit geschlagen und hatte bemerkt, was Itard übersieht, daß es sich, wenn man ein Buch sucht, niemals um ein x-beliebiges handelt. Sicherlich wäre es Madame Guérin, der es nicht um Pädagogik zu tun ist, nie eingefallen, Victor nach irgendeinem Buch zu schicken, denn das hätte weder für sie noch für Victor einen Sinn gehabt. Sie konnte ihn zweifellos einen Löffel holen lassen, das war überhaupt kein Problem. Itard hat, ohne es zu ahnen, eine Schwierigkeit erzeugt, die nicht so unverhofft war, wie er glaubt.

Die Seiten, die sich mit dieser Schwierigkeit befassen, welche den Schüler soviel Tränen kostete und dem Lehrer so viel Zorn und Verzweiflung eintrug, sind für uns von höchstem Interesse. Der Lehrer glaubte, daß er einfach wie ein Botaniker vorgehen könne, der an eine bestimmte Pflanze das Etikett mit dem Gattungsnamen heftet; er steht bereits in der konstituierten Sprache, sozusagen noch vor dem aristotelischen Schritt, der anhand der Sprache die Klassen konstituiert (aber nicht in der Lage ist, die Sprache zu konstituieren!). Die Stummheit seines Schülers verurteilt ihn jedoch dazu, eine der Sprache vorgängige Klassifizierung zu verwirklichen, und zwar durch die empiristischen Mittel der Ähnlichkeiten, und das, was bisher nur der verborgene Irrtum in der Theorie der Abstraktion war, als wahres Drama zu erleben. Immerhin lernt Victor dadurch zwar nicht die Sprache, aber die Möglichkeit, einen Gegenstand durch etwas Annäherndes zu ersetzen. Eines Tages, als es weder um Wörter noch um »Lesungen« geht und ihm kein Teller zur Verfügung steht, holt er sich statt dessen ein kleines Bild unter Glas von runder Form (wahrscheinlich mit einem weißen Rand). Die Tatsache, daß er so etwas tut, um einen Löffel Linsen zu bekommen, auf die er Lust hat, scheint mehr auf einen erfinderischen Geist als auf seine Abrichtungsfähigkeit zu deuten. Aber es fällt schwer, darin einen Fortschritt im Erwerb der Sprache zu sehen. Itard erklärt es damit, daß Victor zu Unrecht von der äußeren Ähnlichkeit auf die identische Funktion schließt; während es ganz offensichtlich Itard selbst ist, der ihm mühsam beigebracht hat, daß er, wenn ihm ein bestimmter Gegenstand vorgelegt wird, einen anderen bringen soll, und zwar nach Äquivalenzgesetzen, die in den meisten Fällen jemandem, der nicht sprechen kann, entgehen. Die Beobachtung Itards bleibt trotzdem zu begrenzt, und die Frage ist sicherlich nicht so einfach. Wir wissen, daß Victor in dem Teil seiner Welt, die von Madame Guérin regiert wird, die Aufgabe hat, den Tisch zu decken. Es ist anzunehmen, daß er, um diese Tätigkeit auszuführen, fähig ist, einen Teller als Äquivalent irgendeines anderen vom selben Typ zu behandeln, und daß es niemals nötig war, ihm diese Art der »Verallgemeinerung« beizubringen. Eine Philosophie muß sich zuerst selbst mit bestimmten Konzeptionen belastet haben, bevor sie ein so wenig reales Problem stellen kann. Erst wenn Itard eine signifikante Art der Beziehung zwischen den Wort-Gegenständen und den *verlangten* Gegenständen einführt, gerät Victor in Verwirrung.

Itard erkennt zwar, daß der Vorfall mit dem als Teller benützten Glasbild eine Nachwirkung seiner Pädagogik ist. Doch getreu dieser Pädagogik des Lernens, die unbewußt den Vorfall des Glasbildes der Versuch-Irrtum-Methode anrechnet, als ein zu korrigierender, also nützlicher Irrtum, fährt er unbeirrbar in dieser Richtung fort, recht befriedigt von diesen ersten Resultaten. Aber man könnte einwenden, daß man etwa in gleicher Weise auch normalen Kindern das Sprechen beibringt. Mehr noch. Vielleicht lernen sie das Wesentliche *trotz* aller Pädagogik[6]. Wie dem auch sei, Itard zählte auf die Arbeit mit den beweglichen Buchstaben, um seinen Schüler darauf vorzubereiten, zum Erlernen des gesprochenen Worts zurückzukehren. Alle seine Bemühungen sind vergebens. Er unterrichtet uns schlecht über diesen Teil seines Scheiterns. Er erwähnt nur einen wesentlichen Punkt: es kommt kein Wort aus Victors Mund; er scheitert an der »Widerspenstigkeit dieses Organs«. Es bleibt ihm nichts anderes übrig, als seinen Schüler, oder seinen Patienten, was die Stummheit betrifft, als unheilbar aufzugeben. Dennoch geschahen in den Pausen dieses sinnlosen Dramas recht interessante Dinge. Dieser unheilbar stumme »Wilde« gab recht häufig die italienisch ausgesprochene Silbe *gli* von sich. Itard erkennt darin einen Eigennamen, Julie, der Name eines jungen Mädchens, einer Verwandten von Madame Guérin. Dieser Zug ist interessant: ähnliche Silben, die ebenfalls Eigennamen bezeichneten, hat man auch bei Zwangsphantasien beobachtet, die auf die frühe Kindheit zurückgehen[7]. Itard hat das Phänomen sehr gut gesehen und verstanden. Die Gründe, warum er damit nichts anzufangen weiß, sind dunkel und komplex.

Der hauptsächlichste Grund ist vielleicht, daß dieser Fortschritt sich während der Erholungsstunden eingestellt hat; daher läßt er sich nicht mit dem pädagogischen System in Zusammenhang bringen, er gehört zu den »Kindereien«, die Madame Guérin betreffen und an denen Itard nur teilnimmt, um sich von seinem beschwerlichen Unternehmen zu entspannen. Aber was noch überraschender ist: Itard meint, daß diese Entdeckung des Eigennamens einen Sinn hätte, wenn Victor in der Pubertät stünde; vor dieser Zeit hat sie nichts zu bedeuten (zweifellos weil die Natur des Worts darin besteht, Bedürfnisse auszudrücken!). So als wüßte Itard nicht, daß alle Kinder Eigennamen aussprechen, ohne die Pubertät abzuwarten. Außerdem hören alle guten Mütter belustigt die ersten Namensnennungen der Kleinkinder: das zählt nicht. Schließlich wissen wir nichts über die unbewußten Schwierigkeiten unseres Pädagogen, der ein eingefleischter Junggeselle war.

Aber wenn er einer Sache keine Bedeung beimißt, die ihm eigentlich auffallen müßte – dem Auftauchen eines Eigennamens bei einem Stummen –, so auch deshalb, weil seine Hauptsorge, über die wir nichts genaues wissen, die aber mit der künftigen Pubertät seines Schülers zusammenhängt, vor dieser Beschäftigung mit dem Wort Vorrang hat. Es wird der Augenblick kommen, da er die Auswirkungen dieser Pubertät, auf die er so große Hoffnungen setzt, wird beobachten können. Dieser ausgezeichnete Beobachter, obwohl recht schamhaft hinsichtlich der Äußerungen dieser Pubertät, schildert sehr eindringlich die Verwirrung, in die er Victor gestürzt hat. Aber auch er selbst ist äußerst verwirrt. Er bemerkt, daß die ersten Anzeichen der Pubertät »den Ursprung gewisser Herzensneigungen, die wir für ganz natürlich halten, ernsthaft in Frage stellen«. Das heißt, daß der natürliche Mensch ein noch weit schwächeres Tier ist, als er angenommen und verkündet hatte. Unvermeidliche Konsequenz seines Systems: auch die Sexualität untersteht der Pädagogik. Ein ganz neuer Irrtum, damals eine wahre Entdeckung, die seither ihren Weg gemacht hat, aber in der Verwirrung, denn man darf die Unternehmen der Sexualerziehung nicht mit dem verwechseln, was Freud (dem Dr. Fürst) raten konnte[8], auch wenn man sich hier leicht täuschen kann. Die Auffassungen Freuds haben einen Sinn nur hinsichtlich der Mystifika-

tionen, Verbote und Moral der Eltern und setzen selbstverständlich die Sprache voraus: es geht nicht darum, die Unkenntnis der Natur durch den Beitrag eines Unterrichts zu ersetzen, der die Anpassung an das Reale betrifft. Die von Freud empfohlene »Aufklärung« hat nicht den Charakter der Mitteilung eines Wissens, sie hebt ein Verbot auf, das über dem Wissen liegt. Auch nachdem Freud die Frage umgewandelt hat, läßt sich erkennen, wie die pädagogische Tradition versucht hat, unmerklich und von verschiedenen Seiten her in das von der Psychoanalyse freigelegte Feld vorzudringen. Zur Zeit Itards war es ganz einfach eine neue Entdeckung, daß die Pubertät keineswegs das Auftauchen eines *natürlich* angepaßten Sexualtriebs ist. Sonst hätte man darauf gefaßt sein müssen, daß sich dieser Trieb mit noch größerer Gewalt (einer »wilden« Gewalt) bei Victor, dem Naturkind, äußert. Trotz seinen Feststellungen glaubt Itard auch weiterhin, daß dieser natürliche Trieb bereit sei, sich zu entfesseln. Er sieht zwar, daß dem nicht so ist, *aber trotzdem* hat er Angst vor den Wirkungen, die entstanden wären, »wenn man es gewagt hätte, diesem jungen Mann das Geheimnis seiner Unruhe und das Ziel seiner Begierden zu enthüllen«. Angesichts dieser Gefahr wird der Neuerer abermals zum Arzt seiner Zeit und zieht es vor, durch Aderlaß den Frieden wiederherzustellen.
Da Victor die Sprache und ihre Wirkungen fehlen, vermag er das, was ihm widerfährt, nicht auf eine Weise zu empfinden, die wir uns vorstellen könnten. Jener Aderlaß zum Beispiel läßt sich *für ihn* nicht mit einer Kastration vergleichen. Was er für Itard bedeutet, ist eine andere Sache, aber wir haben nicht genügend Informationen, um analysieren zu können, inwieweit Itard in Victors sexuelle Schwierigkeiten verwickelt ist. Die Tatsache selbst steht zwar außer Zweifel, doch nur in groben Zügen. Sie ist die Ursache dafür, daß er seinen Wunsch und seine Furcht zu erkennen gibt, seine Rolle als Pädagoge bis zu dieser Art Initiation weiterspielen zu müssen. »Da ich selbst auf diese Zeit wartete wie auf einen Quell neuer

Sensationen für meinen Schüler und reizvoller Beobachtungen für mich, hielt ich aufmerksam Ausschau nach allen Vorläufern dieser moralischen Krise und wartete jeden Tag...« usw. Er durchlebt noch einmal seine eigenen Jugendträume oder seine kindliche Neugier. Doch schließlich ist das nicht so wichtig[9]. Die Fragen, die sich uns bei dieser Begegnung eines Mannes, der zu wissen glaubt, mit dem Unwissen stellen, sind von größerem Interesse als die persönlichen Probleme Itards und die unhaltbaren Lehren über die Natur des Menschen, die er aus der Beobachtung Victors ziehen zu können meinte, bei aller Faszination, die sie noch immer ausübt.

Itard beginnt seinen ersten Bericht mit einigen Anmerkungen über die Unwissenheit der früheren Jahrhunderte. »Doch in jenen vergangenen Zeiten«, sagt er, war der Weg des wissenschaftlichen Studiums, das ganz von der Sucht des Erklärens, der Ungewißheit der Hypothesen und der ausschließlichen Arbeit in der Studierstube besessen war, so mangelhaft, daß die Beobachtung für nichts geachtet wurde und jene unschätzbaren Tatsachen für die Naturgeschichte des Menschen verlorengingen.« Die Metaphysik war »kaum im Entstehen«, und die Medizin hatte nur einen »durch eine gänzlich mechanistische Doktrin notwendig beschränkten Blick«, der sich »nicht zu philosophischen Betrachtungen über die Krankheit des Geistes emporzuschwingen vermochte«. Doch haben diese beiden Wissenschaften »ihre alten Irrtümer abgelegt und ungemeine Fortschritte gemacht«. Sie hätten es also erlauben können, die physische und moralische Entwicklung eines Menschen wie Victor zu garantieren oder zumindest »gewissenhaft die Geschichte eines so erstaunlichen Wesens« aufzuzeichnen.

Solche Worte fordern uns auf, wenn wir es Itard nicht gleichtun wollen, uns nicht mit den Fortschritten zu brüsten, die wir seither gemacht haben, denn diese Fortschritte messen vielleicht nur seine Unzulänglichkeiten und können uns nichts über die unseren sagen, und absolut nichts bürgt dafür, daß wir zu besseren Ergebnissen gelangen könnten als er. Eines seiner Ziele hat er erreicht: die Art, mit der er »gewissenhaft die Geschichte eines so erstaunlichen Wesens« verfolgte, macht seine Beobachtung zu einem einzigartigen Dokument. Zweifellos ist sie weit entfernt, uns zufriedenzustellen, aber nur deshalb, weil unsere theoretische Haltung, die uns zwar kaum gestattet, bessere Antworten zu formulieren als die, die er erhalten hat, uns hingegen in die Lage versetzt, eine Fülle von Fragen zu stellen, an die er nicht denken konnte. Doch die Theorie, über die er verfügte, so unannehmbar sie für uns sein mag, hat eine Beobachtung ermöglicht, die in vieler Hinsicht in hohem Maße gültig ist und ein ganz anderes Interesse verdient, als man ihr gewöhnlich zubilligt, weil man ihr entweder in der Praxis zu blindlings folgt oder sie zu Unrecht geringschätzt. Gewiß scheint Madame Guérin, da ohne jeden theoretischen Ehrgeiz, weit verständiger zu sein als Itard. Jedenfalls hat sie weniger Schaden gestiftet. Aber man hätte von ihr keine brauchbare Beobachtung erwarten dürfen. In einer dialektischen Bewegung, die derjenigen der Fortschritte der Wissenschaft in ihren Anfängen analog (und nur analog) ist, enthüllt die Beobachtung des »Wilden« (freilich nicht in den Augen Itards) das Falsche seiner theoretischen Haltung; aber nur weil er eine starre theoretische Haltung einnahm, konnte er so gut beobachten und berichten.

Ohne allen Zweifel hat dieser Arzt und Pädagoge nichts von einem Wissenschaftler, denn sonst hätte er bei jedem Schritt gesehen, daß die Tatsachen sein Wissen in Frage stellen. Er, der sich nicht mit einer Untersuchung beauftragt, sondern mit einer Mission bekleidet sieht, kann sich nur über sein ungerechtes Los beklagen, wenn er sich seiner Hoffnungen beraubt sieht, die er so sehr durch die Lehre begründet hält, und über das, was er charakteristischerweise die »unvorhergesehenen Hindernisse« nennt. Diese missionarische Haltung bringt ein Element mit sich, das nicht geringzuachten ist: ihr verdankt er sein mutiges Vertrauen und die Gewißheit, daß selbst für den unheilbaren Victor etwas getan werden kann. Man mag der Meinung sein, daß gerade diese Tatsache erklärt, warum seine Beobachtung, die das klarste Modell einer verfehlten Reedukation beibt, noch heute all denen eine Ermutigung ist, die ähnliche Aufgaben zu übernehmen haben. So ist seinem Werk trotz allem ein Überleben beschieden, welches das technische Scheitern nicht rechtfertigen würde.

Doch nicht nur der humanitäre Eifer des Protagonisten ist der Grund dafür, daß wir uns noch immer für dieses alte Drama interessieren, statt darin nur eine Merkwürdigkeit der Geschichte zu sehen. Denn in neuen Versionen wird es auch weiterhin gespielt. Und hier taucht ein heikles Problem auf, dem man vielleicht noch nicht genügend Aufmerksamkeit geschenkt hat. Wenngleich die Theorien, auf die Itard sich stützte, kaum mehr von Interesse sind, so muß man sich dennoch fragen, woher es kommt, daß sie mehr oder weniger verschleiert, aber real, noch immer vielen pädagogischen Praktiken als Grundlage dienen. Es ist eine sehr einfache und dennoch rätselhafte Tatsache, daß Schulkinder beispielsweise mit Hilfe von Kunstgriffen Rechnen lernen, die in allen Punkten den Vorstellungen von der Zahl entsprechen, die sich die Empiristen machten, und somit radikal den Vorstellungen zuwiderlaufen, die wir von ihr haben. Allgemeiner gesagt: man kann beobachten, wie dieser oder jener Pädagoge das Wissen von heute verbreitet und sich dabei einer Pädagogik bedient, die ihre Grundlagen im Wissen von vorgestern hat. Die Rechtfertigungen, die allgemein für diese Tatsache vorgebracht werden (z. B. daß diese Auffassungen den Kindern entsprechen aufgrund des Entwicklungsgrads ihrer Fähigkeiten), sind meiner Meinung nach unhaltbar.

Mir scheint eher, daß man die Frage vertiefen und einmal darüber nachdenken sollte, warum jahrtausendelang die alten Mythen bezüglich der Erziehung fortbestehen. Sie verschleiern uns die doch deutlich sichtbare Tatsache, daß das Kind in der Welt der Erwachsenen eine gewisse Funktion einnimmt, ähnlich wie Victor das ausgewählte Objekt Itards geworden ist. Die Ethnologie beginnt, uns die Rolle der Kinder in einer Gesellschaftsorganisation zu enthüllen, die sich zum großen Teil um ihr Leben dreht und in der sie aufgrund ihrer kultivierten Leichtgläubigkeit die unabdingbaren Träger mythischer Wahrheiten sind. Gleichzeitig entdeckt die Psychoanalyse des Kindes die Rolle, die es in den Phantasien der Eltern spielt. Wir wissen natürlich nur wenig über den Platz, den Victor in Itards Phantasien einnimmt, aber wir wissen, daß diese Frage ihn gar nicht erreichen kann, denn für ihn sind die Kinder reine Leistungen der Natur, und die Kultur hat sie auszustatten, genauso, wie sie ihnen Kleider liefert, die gleichsam ihr Symbol sind. Die Tatsache, daß diese Aufgabe mit Victor schwierig und vielleicht unmöglich ist – all dies verliert sich letztlich auf seiten der ehrwürdigsten Traditionen, denn der Pädagoge war tendenziell stets der Meinung, daß seine Aufgabe eine kaum erträgliche Last sei, daß er sich abmühe, sein Wissen mitzuteilen, und er findet immer alle möglichen Gründe, angesichts der Enttäuschungen erbittert zu sein. Aber schließlich kann ein Mythos auch einen anderen verbergen.

Die Philosophien, die es erlauben, sich das Kind als den natürlichen und jungfräulichen Träger einer Erfahrung und eines Wissens vorzustellen, die sich unmittelbar und als solche in ihm niederschlagen – diese Philosophien, von denen einige zur Zeit Itards noch neu waren, schlagen sich auf die Seite eines Aspekts der Erziehungsmythen, und deshalb überleben sie auch, zwar nicht bei den Philosophen, aber dort, wo die Unterstützung jener Mythen verlangt wird.

Wir sehen deutlich, daß in dem »gewöhnlichen Unterrichtssystem« tausendjährige Mythen fortbestehen können, ohne merklichen Schaden anzurichten. Sicher gilt dies nicht, wenn es sich um die Reedukation oder um die damit verbundenen technischen Probleme handelt. Itard hat dies sehr gut erkannt und ausgesprochen. Dennoch vertraute er auf eine Philosophie, die den Einfluß der Mythen auf seine Haltung nur verschärfte. Er konnte glauben, daß der geschichtliche Augenblick zusammen mit der sich bietenden Gelegenheit es ihm gestatten werde, das pädagogische Meisterwerk, d. h. das mythische Ideal zu verwirklichen, da man ihm die reine Natur anvertraute, damit er sie bilde. Er verfügte über ein doppeltes Wissen: ein alltägliches, das er mit Madame Guérin teilte und vermitteln mußte, und ein anderes, kostbareres, das ihn zu dieser Aufgabe befugte. Er konnte nicht erkennen, daß Victor der Träger dieser wirklich imaginären Herrschaft war. Es ging um ihn selbst in einem Spiel, über das er Herr zu sein glaubte. Trotz bemerkenswerten Fähigkeiten zur Erfindung und Erneuerung wurde er zu einem Pedanten, d. h. zum Helden im Dienst eines Mythos, der von vornherein dazu verurteilt ist, vor den »unvorhergesehenen Hindernissen« zu scheitern. Ebensowenig konnte er sich die Frage stellen, ob die Erfolge, deren er sich hätte rühmen können, als Beweise für die Richtigkeit seiner Überzeugungen hätten gelten können. Diese Richtigkeit stellte er nicht in Frage.

1 Aus *Les Temps Modernes* Nr. 233 (Oktober 1965), wiederabgedruckt in: Octave Mannoni, *Clefs pour l'Imaginaire ou l'Autre Scène,* Paris 1970

2 Z. B. bei Montessori und Decroly.

3 Obwohl Freud als erster eine Haltung eingenommen hat, die diejenige von Erikson rechtfertigen würde, stimmen seine Auffassungen eher mit den Beobachtungen der Ethnologen überein.

4 Psammetichos wollte das Alter der Völker feststellen, indem er experimentell den *natürlichen Menschen* rekonstruierte.

5 Das ist ein pädagogischer Fehler von Itard, daß er sich nicht für die Nüsse und die toten Vögel interessiert hat.

6 Itard weiß es, da er die Geschichte des Mädchens von Sogny, die Louis Racine 1747 aufgezeichnet hat, kennt und keine Einwände dagegen erhebt.

7 Mitteilung von Serge Leclaire.

8 Vgl. S. Freud, *Zur sexuellen Aufklärung der Kinder.* Offener Brief an Dr. M. Fürst, GW VII, S. 19–27.

9 Bekanntlich darf man sich nicht darüber wundern, wenn die pädagogische Sorge in einer gewissen unbewußten Beziehung zur kindlichen Bedrängnis angesichts der sexuellen Fragen steht.

st 10 Alexander Mitscherlich,
Thesen zur Stadt der Zukunft
176 Seiten
Der Band faßt Mitscherlichs Publikationen zum Thema Städtebau zusammen, soweit sie nach der »Unwirtlichkeit unserer Städte« entstanden sind. Wer ernsthaft an die Lösung der Probleme denken will, die der Zustand der Großstädte und ihrer Bewohner heute aufgibt, wird an Mitscherlichs Thesen nicht vorbeigehen können.

st 11 Theodor W. Adorno,
Erziehung zur Mündigkeit
Vorträge und Gespräche mit Hellmut Becker.
Herausgegeben von Gerd Kadelbach
160 Seiten
Diese Vorträge und Gespräche, die von 1959 bis 1969 vom Hessischen Rundfunk gesendet wurden, zeigen einen »anderen« Adorno als die meisten seiner Bücher: er wirkt unmittelbarer, kommunikativer, verständlicher; er leitet den Leser – wie einst den Hörer – zum Mitdenken und zum Selbstdenken an.

st 12 Ernst Bloch,
Subjekt – Objekt.
Erläuterungen zu Hegel
544 Seiten
»Diese Schrift erhebt nicht den Anspruch, ein Buch über Hegel zu sein, sie ist eher eines zu ihm, mit ihm und durch ihn hindurch. Sie intendiert die durch Hegel und die Folgen bezeichnete Erhellung unseres geschichtlichen Woher, Wohin, auch Wozu. Hegel leugnete die Zukunft, keine Zukunft wird Hegel verleugnen.«
Ernst Bloch im Vorwort zu »Subjekt – Objekt«

st 13 Siegfried Kracauer,
Die Angestellten. Aus dem neuesten Deutschland
Mit einer Rezension von Walter Benjamin:
Die Politisierung der Intelligenz
144 Seiten
Kracauers Angestellten-Buch ist ein Klassiker der analytisch-dokumentarischen Literatur, der seit seinem Erscheinen (1930) kaum etwas an Aktualität eingebüßt hat. »Der Wirklichkeit wird hier so sehr zugesetzt, daß sie Farbe bekennen muß«, schrieb damals Walter Benjamin.

st 14 Ludwig Wittgenstein,
Philosophische Untersuchungen
272 Seiten
Außer seinem berühmten Frühwerk, dem »Tractatus logico-philosophicus« (1918), hat Wittgenstein nur noch ein Manuskript für den Druck vorbereitet, die »Philosophischen Untersuchungen«, die 1945–49 geschrieben und 1953 posthum veröffentlicht wurden. Sie sind das Hauptwerk Wittgensteins, das die Philosophie unseres Jahrhunderts entscheidend beeinflußt hat.

st 15 Claude Lévi-Strauss,
Strukturale Anthropologie
464 Seiten
Aus dem Französischen von Hans Naumann.
Die Sammlung von Aufsätzen enthält die Quintessenz der Forschungen von Lévi-Strauss. Sie stellen eine vergleichende Strukturanalyse aller Äußerungen des sozialen Lebens dar, von den Verwandtschaftsbeziehungen und Siedlungsformen bis zur Sprache, Religion, Kunst und Kochgewohnheiten. All das sind Manifestationen der unbewußten Tätigkeit des menschlichen Geistes, die als eine Gesamtheit symbolischer Systeme oder als eine Syntax betrachtet werden können.

st 16 Bertolt Brecht,
Geschichten vom Herrn Keuner
128 Seiten
Brecht hat von 1930 bis in die fünfziger Jahre hinein »Geschichten vom Herrn Keuner« geschrieben; sie werden hier zum ersten Mal in einer separaten Ausgabe vollständig veröffentlicht. Diese Geschichten zeigen Brecht als Meister der kurzen Prosa: als Meister klarer, sachlicher Formen und der aggressiven sozialen Kritik.

st 17 Ödön von Horváth,
Jugend ohne Gott
176 Seiten
Ödön von Horváth ist nicht mehr ein Geheimtip für Kenner. So gut wie unentdeckt sind aber immer noch seine Kurzprosa und die Romane. »Jugend ohne Gott« ist Horváths zweiter Roman. Noch 1938, unmittelbar

nach Erscheinen, wurde er in 8 verschiedene Sprachen übersetzt.

st 18 Bernard Shaw,
Die Aussichten des Christentums
Deutsche Übersetzung von Siegfried Trebitsch
144 Seiten
In fünf, der Reihenfolge des »Neuen Testaments« entsprechenden Kapiteln analysiert Shaw die vier Evangelien und die Briefe des Apostels Paulus. Mit der ihm eigenen Originalität und Schärfe weist Shaw die klassenorientierte Entstellung der ursprünglichen Lehre Jesu unter der Orthodoxie der Kirchensysteme nach.

st 19 Allerleirauh
Viele schöne Kinderreime
versammelt von Hans Magnus Enzensberger
400 Seiten
»Neben und seit ›Des Knaben Wunderhorn‹ ist uns kein Buch bekannt, das in solcher Gründlichkeit und Fülle Kinderverse und Sprüchlein aus vielen Jahrhunderten enthält. Es ist dazu mit 380 kleinen, unbekannten Holzschnitten aus dem 18. und 19. Jahrhundert geschmückt, die es zu einem hochwertigen Bilderbuch machen.«
Aargauer Tagblatt

st 20 Jürgen Becker,
Eine Zeit ohne Wörter
270 Seiten
Eine Zeit ohne Wörter: unter diesem Titel veröffentlicht Jürgen Becker eine Serie von Fotos, die er in einer »Zeit ohne Wörter« aufgenommen hat. Er demonstriert mit seinen Fotos nicht nur die bloße Anwesenheit der Dinge, sondern er versucht vor allem darzustellen, wie sie unter veränderten Umständen, zu verschiedenen Zeiten, in wechselnden Stimmungen wahrnehmbar werden.

st 21 Walter Benjamin,
Über Haschisch. Erzählungen, Materialien, Protokolle
Walter Benjamins Texte über Haschisch dokumentieren nicht nur die individuellen Rauscherfahrungen des Autors, sondern stehen in engem Zusammenhang mit der Tradition der Drogenliteratur. Der Band enthält außer dem bekannten Stück »Haschisch in Marseille« eine an entlegener Stelle veröffentlichte Haschisch-

geschichte sowie zahlreiche Protokolle und Berichte von Drogenexperimenten.

st 22 Bertrand Russel,
Autobiographie I 1872–1914
400 Seiten
Als letzes Buch Russels vor seinem Tod 1970 erregte seine Autobiographie weltweites Aufsehen. In dem hier vorliegenden 1. Band schildert er in einer brillanten Prosa den bizarren Puritanismus seiner Erziehung, seinen Weg zur mathematischen Logik und seine Freundschaft mit bedeutenden Zeitgenossen.

st 23 Studs Terkel,
Der große Krach
Aus dem Amerikanischen von Dieter Hildebrandt
240 Seiten
Dieses Buch beschreibt in einer Fülle von Interviews den tiefen Schock, den die Amerikaner in den Tagen und Jahren der Weltwirtschaftskrise erlitten haben; dabei wird deutlich, daß das Trauma bis heute nachwirkt. Ein Buch, das nicht nur Auskunft gibt über den »großen Krach«, sondern auch über die Gefahr »schweigender Mehrheiten«.

st 24 Hans Henle,
Der neue Nahe Osten
528 Seiten
Hans Henle erweist sich mit seinem Buch »Der neue Nahe Osten« als der bedeutendste deutsche Nahostspezialist. Zum ersten Mal wird hier die gesamte arabische Unabhängigkeitsbewegung im Wechselspiel mit den ehemaligen Kolonialmächten und den neuen Weltmächten zusammenhängend dargestellt. Die verschiedenen Wege zur Unabhängigkeit, vom neo-kolonialistischen Kompromiß bis zum sozialistischen Experiment werden miteinander verglichen und auf ihre Erfolgschancen hin geprüft.

st 25 Katharina II. in ihren Memoiren
480 Seiten
Die hier gebotene Auswahl aus den Memoiren der Zarin Katharina II. von Rußland gibt ein abgerundetes Bild von ihrem Leben, von ihren frühesten Kindheitstagen bis zum Beginn des verwickelten und intrigenreichen

Aufstiegs zu ungeahnter Macht, wie es sich ihr selbst in späteren Jahren spiegelte. Die Sitten- und Hofgeschichte des europäischen 18. Jahrhunderts.

st 26 H. C. Artmannsens Märchen
ca. 120 Seiten
Es hat sich mittlerweile herumgesprochen, daß H. C. Artmann alles kann: Man kennt seine Gedichte, seine Theaterstücke, seine böse und kauzige Prosa. Daß er auch Märchen schreibt, wußten bislang nur »Eingeweihte«. Anläßlich des Readers »The Best of H. C. Artmann« fanden sich fünf. Später entdeckte Artmann noch eine Mappe, schrieb weitere hinzu.

st 27 Peter Handke,
Die Angst des Tormanns beim Elfmeter
128 Seiten
Karl Heinz Bohrer schrieb über »Die Angst des Tormanns beim Elfmeter«, das erfolgreichste Buch eines jungen Autors der letzten Zeit: »Diese Erzählung mit dem eingängig parabolischen Titel gehört zu dem Bestechendsten, was in den letzten zehn Jahren deutsch geschrieben worden ist.«

st 28 Martin Sperr,
Bayrische Trilogie
Jagdszenen aus Niederbayern; Landshuter Erzählungen; Münchner Freiheit.
176 Seiten
Zwei Jahrzehnte bundesdeutscher Wirklichkeit umfaßt Martin Sperrs Bayrische Trilogie; denn was der 1944 in Niederbayern geborene Stückeschreiber in den Anmerkungen zu ›Jagdszenen aus Niederbayern‹ schreibt, gilt auch für ›Landshuter Erzählungen‹ und ›Münchner Freiheit‹: »Die Fabel des Stückes ist von Bayern unabhängig.«

st 29 Cthulhu
Geistergeschichten von H. P. Lovecraft
256 Seiten
Lovecraft, in der Tradition Edgar Allan Poes stehend, ist der Erfinder eines völlig neuartigen Grauens, einer, der die Verdrängungen und Archetypen der Seele zu einer riesenhaften Science Fiction aufbauscht, ein Bücherträumer wie J. L. Borges.

st 30 Algernon Blackwood,
Das leere Haus
Phantastische Geschichten
256 Seiten
In diesem Band der »Bibliothek des Hauses Usher« wird ein Meister der phantastischen Literatur aus England zum erstenmal dem deutschen Leser vorgestellt. In den Geschichten unseres Bandes geraten Menschen in den Bann unheimlicher Plätze und Behausungen, in denen die bösen Gedanken früherer Bewohner Macht über sie gewinnen.

st 32 Noam Chomsky,
Im Krieg mit Asien. Essays
Aus dem Amerikanischen von Jürgen Behrens
ca. 200 Seiten.
Noam Chomsky ist nicht nur ein Linguist, durch seine Theorie der generativen Grammatik international bekannt geworden, sondern auch durch sein politisches Engagement. Seine Aufsätze, Reden, Diskussionsbeiträge halfen der amerikanischen Widerstandsbewegung, sich zu artikulieren und zu begründen. Auf sein Buch »Amerika und die neuen Mandarine« folgt nun »Im Krieg mit Asien«.

st 33 Robert Minder,
Dichter in der Gesellschaft
ca. 380 Seiten.
Robert Minder, 1902 in Wasselonne im Elsaß geboren, ist Professor für Germanistik am Collège de France in Paris. Er versteht es, seine immensen Kenntnisse der deutschen und französischen Literatur in fesselnd geschriebenen Al-fresco-Essays darzubieten, die das Buch auch für den Laien zu einer anregenden Lektüre machen.

st 35 Wolfgang Werner,
Vom Waisenhaus ins Zuchthaus
Ein Sozialbericht, herausgegeben und mit einem Nachwort von Martin Walser
288 Seiten
Etwa 22 Jahre war der 27jährige Wolfgang Werner in den Händen des Staates: in den ersten 17 Jahren als Waisenkind, dann vom 17. bis 27. Lebensjahr mit kurzen Freiheitsstrafen als Sträfling. Jetzt packt er aus. Was dabei herauskommt und wie es herauskommt, das zeigt wie in unserer Gesellschaft erzogen und Strafe vollzogen wird.

st 36 George Gaylord Simpson,
Biologie und Mensch
240 Seiten.
Dieser Band enthält die wichtigsten biologischen und anthropologischen Aufsatz-Veröffentlichungen George Gaylord Simpsons seit 1964. Simpson, einer der heute bedeutendsten Evolutionsforscher, ebenso brillanter wie streitbarer wie humorvoll-ironischer Essayist, versteht nicht nur Biologen zu fesseln – seine Aufsätze wenden sich an alle, denen Gegenwart und Zukunft des Menschen prominentes Gesprächsthema ist.

st 37 E. Fromm, D. T. Suzuki, R. de Martino,
Zen-Buddhismus und Psychoanalyse
240 Seiten
Der amerikanische Psychoanalytiker Erich Fromm, Richard de Martino, Professor für Philosophie und Religionswissenschaft an der japanischen Universität von Kyoto, und D. T. Suzuki, einer der bedeutendsten Vertreter des Zen-Buddhismus im Westen, unternehmen in diesem Buch den Versuch, die wesentlichen Züge des Zen-Buddhismus zu zeichnen und eine Brücke zwischen östlicher Religiosität und westlicher Wissenschaft zu schlagen, indem sie die Frage beantworten, welchen Wert die Begegnung von Zen und Psychoanalyse haben könnte.

st 38 Ulli Olvedi,
LSD-Report
ca. 240 Seiten.
LSD, die halluzinogene Droge mit dem schwierigsten Namen: Lysergsäurediäthylamid, hat längst auch auf der deutschen Drogen-Szene einen zentralen Platz eingenommen. Die Meinungen über die Gefährlichkeit von LSD sind gespalten. Ulli Olvedi kann zum erstenmal einen kompletten Bericht über alle Aspekte dieses Halluzinogens vorlegen.

st 40 Gunnar Myrdal,
Politisches Manifest über die Armut in der Welt
(gekürzte Ausgabe)
288 Seiten
Das Buch ist die Kurzfassung von Gunnar Myrdals grundlegender dreibändiger Studie »Asian Drama«, die die ökonomische Basis der asiatischen Länder untersuchte. Myrdal (Friedenspreisträger des Deutschen Buchhandels 1970) macht reichlich unkonventionelle Vor-

schläge, wie die reichen Nationen ihre Beziehungen zu den armen Ländern gestalten müssen, wenn sie überleben wollen.

st 41 Peter Weiss,
Das Duell
Mit Zeichnungen des Autors.
ca. 128 Seiten
Der Autor beschreibt in einer Folge von inneren Projektionen die gestörte Beziehung Gregors zur Umwelt, zu Lea und zu sich selbst. Die Doppelgängerfigur Robert verstärkt diese Grenzsituation. Aber der ästhetische Protest gegen diese Verhältnisse, gegen diese Kulturtradition läßt ihm die Kunst zu einem Totem, zur illusionären Selbsthilfe werden.

st 42 Der andere Hölderlin,
Materialien zum »Hölderlin«-Stück von Peter Weiss
Herausgegeben von Thomas Beckermann
und Volker Canaris
ca. 200 Seiten
In diesem Band soll die von Peter Weiss mit neuen Thesen vorangetriebene Kontroverse um Hölderlin dokumentiert werden: in Texten, die bei der Entstehung des »Hölderlin« eine wichtige Rolle spielten; in Aufzeichnungen, die Peter Weiss während der Arbeit am Stück niederschrieb; aber auch in Beiträgen, die eigens für diesen Band geschrieben wurden und den »Fall« Hölderlin am Stück von Peter Weiss erörtern.

st 43 Peter Handke,
Stücke I
ca. 220 Seiten
Peter Handke hebt mit seinen Sprechstücken, »Publikumsbeschimpfung«, »Weissagung«, »Selbstbezichtigung« und »Hilferufe« und mit seinem »Kaspar« den Illusionscharakter der Bühne auf. Er entwirft nicht Bilder von Handlungen, die andere Handlungen imitieren, sondern er macht die Sprache selbst zum Inhalt.

st 44 Gustav J. V. Nossal,
Antikörper und Immunität
Aus dem Englischen von P. G. Munder
ca. 300 Seiten, mit vielen Abbildungen
Dieses Buch ist eine Einführung in das menschliche Immunsystem und seine Mechanismen. Es behandelt die

Antikörper und jene Zellen, die sie produzieren, und es beschreibt die Funktionsweise unseres Immunsystems.

st 45 C. L. Duddington,
Baupläne der Pflanzen
Aus dem Englischen von Elke Kranz
ca. 300 Seiten, mit vielen Abbildungen
Duddington hat ein Buch geschrieben, das all jene anspricht, die über ihre Freude an Pflanzen und Bewunderung für Pflanzen hinaus einen tiefen Einblick in die von der Natur vorgegebenen Entwicklungspläne von Pflanzen gewinnen möchten.

st 46 Samuel Beckett,
Watt
Aus dem Französischen von Elmar Tophoven
ca. 280 Seiten
»Watt« ist Becketts komischstes Buch, vielleicht eines der komischsten Bücher schwarzen Humors. Die Figuren dieses Romans, die bereits an »Warten auf Godot« denken lassen, sind eigentlich alle Clowns und ihre Reden Clownsreden.

st 47 Thomas Bernhard,
Frost
Roman
ca. 300 Seiten
»Frost« ist Thomas Bernhards erster Roman; er erschien 1963. Schon in diesem Prosatext kommt er zu seinem Thema: die ausweglose, weil exzentrische Situation; findet er seine Sprache und Form: das unablässig bohrende Ausschreiten einer erstarrten Sprach- und Gedankenwelt.

st 48 Unterbrochene Schulstunde
Eine Anthologie mit Texten von
Bertolt Brecht, Alfred Döblin, Hermann Hesse, Ödön von Horváth, James Joyce, Erich Kästner, Thomas Mann, Robert Musil, Bernard Shaw, Kurt Tucholsky, Robert Walser, Franz Werfel, Paul Nizan, Stefan Zweig
Zusammengestellt von Volker Michels
ca. 250 Seiten
14 Autoren des zwanzigsten Jahrhunderts reproduzieren das Erlebnis der Schulzeit. Das Resultat ist eine engagierte, kritische Auseinandersetzung mit dem, was Schule ist: erste Konfrontation mit Autorität und Gesellschaft.

st 49 Ernst Bloch,
Naturrecht und menschliche Würde
ca. 480 Seiten
»Naturrecht und menschliche Würde« erörtert die abendländische Naturrechtsdiskussion von Epikur und der Stoa über Thomas von Aquin, Althus, Hobbes, Grotius, Rousseau, Kant, Fichte, die Französische Revolution und Marx bis zum Bürgerlichen Gesetzbuch und faschistischen Theorien.

st 50 Hans Erich Nossack,
Spirale
Roman einer schlaflosen Nacht
ca. 320 Seiten
»Ein Mann erzählt, was ihn schlaflos machte. Er müht sich, sein Leben zurück und zu Ende zu denken. Traum und Bewußtsein, Romantik und Psychoanalyse, Parodie und Märchen bestehen hier nebeneinander.« *Willi Fehse*

st 51 Tschingis Aitmatow
Der weiße Dampfer. Roman
Aus dem Russischen von Hans-Joachim Lambrecht
176 Seiten
In der Zeit einer neuen aufgeklärten Gesellschaft hat sich irgendwo in kirgisischer Bergeinsamkeit der Märchenglaube erhalten. Mit poetischer Eindringlichkeit erzählt Aitmatow die Geschichte des Jungen, der zwei Märchen besaß und von denen kein einziges blieb. Aitmatow – 1928 in Kirgisien geboren – ist als ein Meister des Erzählens bekanntgeworden. Aragon nennt »Dshamilja«: Die schönste Liebesgeschichte der Welt. (Bibliothek Suhrkamp)

st 52 Hermann Hesse
Unterm Rad
Erzählung
Kein anderes Buch Hermann Hesses hat unmittelbar nach Erscheinen (1906) eine vergleichbare Welle der Entrüstung ausgelöst. Neben Musils »Die Verwirrungen des Zöglings Törleß« war »Unterm Rad« die nachhaltigste Anklage gegen das Erziehungsritual jener Jahre. Auch heute noch gilt die Empfehlung von Theodor Heuss: »Ein Tendenzwerk? Ja, dort, wo es mit warmen Worten das Recht der Jugend auf eine Jugend verlangt!«

st 53 Materialien zu Hermann Hesses Steppenwolf
Herausgegeben von Volker Michels
Eine Dokumentation der Entstehungs- und Wirkungsgeschichte des Werkes, das Hermann Hesse zum meistgelesenen europäischen Autor in den USA und Japan gemacht hat. Der Band enthält eine Fülle von unveröffentlichtem Material, das erstmals die zeit- und gesellschaftskritischen Motivationen Hermann Hesses in das Bewußtsein rückt.

st 55 Lucien Malson
Die wilden Kinder
Aus dem Französischen von Eva Moldenhauer
286 Seiten
Lucien Malson stellt alle bisher bekanntgewordenen Fälle von Kindern dar, die außerhalb jeder menschlichen Gesellschaft quasi wie Tiere aufgewachsen sind. Der Band enthält außerdem die Beschreibung der Sozialisierungsversuche des »Wolfsjungen von Aveyron«, die sein Erzieher Jean Itard Anfang des 19. Jahrhunderts veröffentlicht hatte. Diese Beschreibung diente dem französischen Regisseur François Truffaut als Vorlage für seinen erfolgreichen Film »Der Wolfsjunge«.

st 57 Marie Luise Kaschnitz
Steht noch dahin
96 Seiten
Prosaskizzen, gewichtiger als manches umfangreiche Buch. Marie Luise Kaschnitz hat darin Einsichten ihrer Weltschau gesammelt. Sie reflektiert die menschliche Vergeßlichkeit, die Unfähigkeit, aus Erfahrungen zu lernen. Zugleich aber klingt die Hoffnung an, der Mensch könne zu der Einsicht gelangen, daß er veränderbar sei.
Hermann Kesten: »Man findet eine poetischen Reichtum auf engstem Raum, eine Fülle von lakonischen Einfällen. Es ist eine Weltkritik in Blitzlichtern.«

st 97/98 Knut Ewald
Innere Medizin
ist das auf dem aktuellsten Stand befindliche, derzeit erhältliche Kompendium der Inneren Medizin. Als übersichtliches – den ganzen Stoff der Inneren Medizin stichwortartig resümierendes – Nachschlagwerk ist es das ideale Handbuch für alle Studierenden, Ärzte und interessierte Laien. Ein umfangreiches Sachwortverzeichnis ermöglicht eine rasche Orientierung.